新时代高校
"三全育人"理论研究
与实践创新丛书

**XIN SHIDAI
GAOXIAO**
SAN-QUAN YUREN
LILUN YANJIU
YU SHIJIAN CHUANGXIN
CONGSHU

新时代高校课程育人

理论与实践

主　编　王　谦　李　红

副主编　薛宏丽　常志斌
　　　　周正嵩　梁　浩

江苏大学出版社
JIANGSU UNIVERSITY PRESS

镇　江

图书在版编目(CIP)数据

新时代高校课程育人理论与实践 / 王谦,李红主编
. — 镇江:江苏大学出版社,2021.4
(新时代高校"三全育人"理论研究与实践创新 /
李洪波主编)
ISBN 978-7-5684-1601-6

Ⅰ. ①新… Ⅱ. ①王… ②李… Ⅲ. ①高等学校—课
程建设—研究—中国 Ⅳ. ①G642.3

中国版本图书馆 CIP 数据核字(2021)第 061565 号

新时代高校课程育人理论与实践

Xin Shidai Gaoxiao Kecheng Yuren Lilun yu Shijian

主　编/王　谦　李　红
责任编辑/汪　勇
出版发行/江苏大学出版社
地　　址/江苏省镇江市梦溪园巷 30 号(邮编:212003)
电　　话/0511-84446464(传真)
网　　址/http://press.ujs.edu.cn
排　　版/镇江市江东印刷有限责任公司
印　　刷/江苏凤凰数码印务有限公司
开　　本/710 mm×1 000 mm　1/16
印　　张/17.5
字　　数/310 千字
版　　次/2021 年 4 月第 1 版
印　　次/2021 年 4 月第 1 次印刷
书　　号/ISBN 978-7-5684-1601-6
定　　价/75.00 元

如有印装质量问题请与本社营销部联系(电话:0511-84440882)

总　序

习近平总书记强调，高校立身之本在于立德树人。党的十八大以来，习近平总书记对教育事业特别是培养社会主义建设者和接班人工作高度重视，多次强调"要坚持把立德树人作为中心环节，把思想政治工作贯穿教育教学全过程，实现全程育人、全方位育人，努力开创我国高等教育事业发展新局面""要把立德树人的成效作为检验学校一切工作的根本标准""要把立德树人内化到大学建设和管理各领域、各方面、各环节，做到以树人为核心，以立德为根本"等等。习近平总书记的重要论述为进一步开创新时代高校思想政治工作新局面指明了方向。2017 年 12 月，教育部印发《高校思想政治工作质量提升工程实施纲要》，强调要充分发挥课程、科研、实践、文化、网络、心理、管理、服务、资助、组织方面工作的育人能力，构建"十大"育人体系，大力提升高校思想政治工作质量。2020 年 4 月，教育部等八部门联合印发《关于加快构建高校思想政治工作体系的意见》，强调要健全立德树人体制机制，加快构建目标明确、内容完善、标准健全、运行科学、保障有力、成效显著的高校思想政治工作体系。

江苏大学历来重视思想政治工作，紧扣立德树人根本任务，按照"贴近实际、贴近学生、贴近生活"的要求，逐步构建形成了"全员化参与、全过程教育、全方位引导、全媒体跟进"的"四全"学生成长成才服务引导体系。学校多次荣获"江苏省高校思想政治工作先进集体"，学校思想政治工作经验入选教育部《高校德育成果文库》，教育部《加强和改进大学生思想政治教育工作简报》6 次刊发学校经验做法，2016 年 12 月 8 日全国高校思政工作会议结束当天，专题刊发《江苏大学以实施思想政治教育质量提升工程为抓手加强大学生思想政治教育》。2019 年 1 月，学校获批为教育部"三全育人"综合改革试点高校。

以试点建设为契机，江苏大学认真贯彻落实党中央的决策部署和江苏省委、教育部的工作要求，以立德树人为根本，以强农兴农为己任，积极推进"三全育人"综合改革，健全"三全育人"体制机制。以"十大"育人体系为载体和依托，充分整合全校育人力量，着力构建育人机制"大协同"、思政教育"全贯通"、育人要素"强融合"的"大思政"格局，一体化构建内容完善、标准先进、运行科学、保障有力、成效显著的"三全育人"工作体系，打造"知农爱农、工中有农、以工支农、强农兴农"育人特色，形成了育人的江苏大学模式和经验。

为总结"三全育人"综合改革的经验，江苏大学组织编写了"新时代高校'三全育人'理论研究与实践创新"系列丛书。本套丛书共 11 本，包括 1 本"三全育人"总论和 10 本"十大"育人专题论著，主要介绍了"三全育人"及课程育人、科研育人、实践育人、文化育人、网络育人、心理育人、管理育人、服务育人、资助育人、组织育人的基本理论和江苏大学的具体实践。总论以高校"三全育人"及其实践探索为对象，围绕如何在新时代开展"三全育人"工作，践行立德树人的根本使命展开论述，从理论和实践两个层面全面阐述了"三全育人"的理论逻辑与实践路径。10 本专题论著分别围绕"十大"育人体系的理论与实践展开论述，力图呈现江苏大学在习近平新时代中国特色社会主义思想指导下，大力推进"三全育人"工作，全面落实立德树人根本任务方面的理论依据、实践探索和方案启示。

沐浴新的阳光，播种新的希望。随着中国特色社会主义进入新时代，我国高等教育也进入新的发展阶段。新时代高等教育面临着新形势、新任务，那就是要适应建设高等教育强国需要，适应高校思想政治工作质量提升需要，着力健全和完善全员全过程全方位育人格局，大力培养能够担当民族复兴大任的时代新人。发展没有终点，改革永无止境，实践不会终结。站在新的起点上，我们要始终坚持以习近平新时代中国特色社会主义思想为指导，增强"四个意识"，坚定"四个自信"，做到"两个维护"，坚定不移地全面贯彻党的教育方针，始终坚持社会主义办学方向，坚守为党育人、为国育才的初心，改革创新，奋发进取，以坚如磐石的信心、只争朝夕的干劲、坚忍不拔的毅力，立足新发展阶段，贯彻新发展理念，服务构建新发展格局，推动"三全育人"综合改革不断走向深入，在育人工作中创造出无愧于新时代的新业绩，努力创造"三全育人"的江苏大学实践、江苏大学经验。

期望本套丛书能为我国高等教育深化"三全育人"改革、落实立德树人根本任务、推进高质量发展贡献绵薄之力，为兄弟院校提供些许借鉴，不胜欣慰。

袁寿其

2021.4.19

前　言

　　课程是实现育人目标的重要载体，全面推进课程思政建设，是落实立德树人根本任务的必然要求，也是全面提高人才培养质量的重要任务。

　　为深入贯彻落实习近平总书记关于教育的重要论述和全国教育大会精神，把思想政治教育贯穿人才培养体系，发挥好每门课程的育人作用，我校以习近平新时代中国特色社会主义思想为指导，以"三全育人"综合改革试点校建设为契机，落实主体责任，统筹各类资源，做好顶层设计，建立起包括工作体系、教学体系、内容体系和评价体系在内的一整套课程思政育人新体系，采取了一系列措施深化思想政治理论课和课程思政教学改革。一是坚持全局意识、整体规划，提高课程思政站位高度。学校加强党委对课程思政建设工作的统一领导，成立了江苏大学课程思政建设工作领导小组，统筹研究重大政策，指导开展课程思政建设工作。先后出台了一系列文件，明确了"课程育人"的指导思想和基本原则，以及"课程育人"的总目标、总任务、总要求。二是坚持与时俱进、强化共识，加大课程思政落实力度。及时组织全校教师认真学习课程思政各类文件，查找自身不足，凝聚思想共识，充分发挥教师队伍"主力军"、课程建设"主战场"、课堂教学"主渠道"作用，推动课程思政建设工作落实做细。三是坚持协同效应、同向同行，拓展课程思政建设维度。以教育部印发的《高等学校课程思政建设指导纲要》为指导，对全校 12 大学科门类课程提出明确的课程思政建设要求，每门课程都深入挖掘思政元素，在教学目标、教学内容、教学设计和课程考核各方面均要体现思政建设要求，发挥价值引领作用。四是坚持以点带面、统筹推进，拓宽课程思政覆盖广度。学校以一流专业和一流课程建设为抓手，要求各学院要结合专业人才培养特色，加强师德师风建设，推动全体教师参与课程思政工作，找准课程思政切入点，使课程思政建设有机融入学院整体的教育教学。五是坚持打造品牌、彰显特色，提高课程思政名片亮度。学校先后开展了课程思政教学名师、教学团队、示范课程、示范专业培育、建设和遴选工作，打造品牌；同时加强宣传，发挥其示范、辐射、带动作用。六是坚持质量优先、持续改进，提升课程思政教学效度。学校建立了校领导联系思想政治理论课制度和"五制并举"教学质量监控评价体系，不断完善专业课程育人评价和持续改进机制，将"立德树人"作为教学过程管理中的重要监测指标，在课程评价、一流课程建设评审验收等环节中提高"立德树人"考核指标的权重，通过不断丰富育人内涵，拓宽育人载体，提升育人成效，推进课程思政建设，逐步形成了学校高度重视、院系广泛动员、教师积极参与，专业课教学与思政课教学紧密结合、同向同行的育人格局。

本书对江苏大学课程育人工作进行了深度思考和探讨。第一章全面探讨了课程育人的内涵整体架构与课程育人的现实依据；第二章深入探讨了课程育人的理论基础；第三章阐述了课程育人的原理与路径；第四章对课程育人现状进行了梳理和分析；第五章总结了江苏大学在"课程育人"方面进行的实践和探索；第六章介绍了部分课程思政示范课典型案例。

本书由王谦和李红主编，其中第一章由蔡伟仁编写；第二章由鲁英（第1节）、霍秀红（第2节）、郭昭君（第3节）编写；第三章由陆道坤、丁春云编写；第四章由钟勇为编写；第五章和第六章由薛宏丽、常志斌、李晓春、马学文等编写。薛宏丽、常志斌对全书进行统稿定稿；李晓春、马学文、周正嵩、梁浩参与了本书的校对整理工作。

在本书的编写和出版过程中，还得到了许多其他人士的帮助和支持，在此一并深表感谢。

由于编者水平有限，错误在所难免，敬请广大读者批评指正。

编　者

2021 年 3 月

目 录

第一章 课程育人及其现实依据

习近平总书记在全国高校思想政治工作会议上指出："要坚持把立德树人作为中心环节，把思想政治工作贯穿教育教学全过程，实现全程育人、全方位育人，努力开创我国高等教育事业发展新局面。"[①] 在 2018 年 9 月 10 日的全国教育大会上，谈到培养什么人的问题，习近平总书记旗帜鲜明地指出："我国是中国共产党领导的社会主义国家，这就决定了我们的教育必须把培养社会主义事业建设者和接班人作为根本任务，培养一代又一代拥护中国共产党领导和我国社会主义制度、立志为中国特色社会主义奋斗终身的有用人才。"[②] 目前，三全育人作为一项全面提升高校思想政治工作质量的系统工程，已经在全国高校全面推进。其中课程育人作为"十大"育人体系中的重要内容与育人主阵地，其育人作用巨大，但是目前对于课程育人的完整内涵与整体架构、课程育人的价值追求、课程育人的现实依据等内容还缺乏统一的认识，需要进一步总结提升。本章下面将对课程育人的内涵与整体架构，以及课程育人的现实依据等进行全面深入的探讨。

第一节 课程育人概述

正确理解"课程"、课程类型、课程结构、课程实施、课程评价、"课程育人"等概念的科学内涵和大学课程的价值追求对于实现课程育人有着重要的指导意义，很难想象我们没有科学理解上述概念前，能够正确反思、构建、实施

---

① 把思想政治工作贯穿教育教学全过程，开创我国高等教育事业发展新局面 [N]. 人民日报，2016 - 12 - 09.

② 习近平：坚持中国特色社会主义教育发展道路 培养德智体美劳全面发展的社会主义事业建设者和接班人. 新华网. http://www.xinhuanet.com/politics/2018 - 09/10/c_1123408400.htm.

与评价大学课程的课程育人体系。

一、 课程内涵

宋代朱熹在《朱子全书·论学》中多次提及"课程"一词，如"宽着期限，紧着课程""小立课程，大作工夫"等。这里"课程"的含义是指功课及其进程、学习内容的安排次序和规定。当代关于课程的内涵，常见的几种理解包括如下几种：课程即教学科目；课程即有计划的教学活动；课程即预期的学习结果；课程即学习经验；课程即社会文化的再生产；课程即社会改造等①。上述理解分别代表了课程理论的知识中心课程理论、学生中心课程理论与社会中心课程理论的三种取向，其中知识中心课程理论至今依然是我国高校的主导课程范式。尽管有着不同的课程理论视角，但是课程研究领域对课程内涵的一个共识是："课程是学校为实现培养目标而选择的教育内容及其进程的总和，它包括学校教师所教授的各门学科和有目的、有计划的各种教育活动。"② 这一课程内涵的界定融合了课程理论的三种取向，包含了学科科目、学生的在校经历与社会实践活动等，反映了课程具有获得学科知识与方法、丰富学生经验、传承与改造社会的育人功能。这一课程范式包含了学生在学校安排下所获得的一切经验，是一种大课程观；课程的主要内容是各种科目与教育活动等。对于高校而言，这一课程范式包含了大学的使命、培养目标与培养计划（含课程体系等）、课程大纲（含课程目标、课程内容、教学方法与评价体系）、课堂教学、校园文化与物质环境等。这一课程范式隐含着从学生的整体经验层面对其产生教育影响，从而促进学生的自由全面发展。

二、 课程类型

（一）根据课程内容固有的属性分为学科课程、活动课程

学科课程是以学科为中心来编定的，根据知识逻辑体系，将所选出的知识组织为学科的课程。学科课程是学科本位的，其优点是重视学科知识的逻辑性与系统性，有助于学生系统学习和巩固基础知识，易于教师教授知识及进行教

---

① 施良方. 课程理论——课程的基础、原理与问题 [M]. 北京：教育科学出版社，1996：3 - 7.
② 项贤明，冯建军，柳海民. 教育学原理 [M]. 北京：高等教育出版社. 2019：224 - 225.

育评价，教学效率高。缺点是易忽视学科间的联系，导致认识的割裂；易忽视与学生生活和社会实践的联系，忽视学生的兴趣和需要；易导致单调的教学组织和缺少变化的讲解式教学方法，不利于因材施教。所以说，学科课程育人的优点在于系统学科知识与方法的传授，其育人的较大问题是易脱离学生的生活与不易调动学生的学习兴趣。目前，学科课程是高校课程体系的主导类型，如何充分发挥学科课程的育人功能是当前课程思政领域的一个热点问题。

活动课程是从学生的兴趣和需要出发，以学生主体性的活动经验为中心组织的课程。活动课程的特点是强调主动性，以及学生在活动中的主动经历、体验和操作；强调活动性，强调通过实践活动获得直接经验；突出综合性，强调综合知识的学习、综合能力与个性的发展。其优点是有利于发挥与培养学生的主动性，强调要结合学生的兴趣与经验，培养学生的综合能力。其可能带来的问题是易忽视知识本身的逻辑顺序，不利于学科知识的系统学习。马克思在《关于费尔巴哈的提纲》中指出："人的思维是否具有客观真理性，这并不是一个理论问题，而是一个实践问题。人应该在实践中证明自己思维的真理性，即自己思维的现实性和力量，亦即自己思维的此岸性。"实践是检验真理的唯一途径，马克思主义的真理观要求高校课程不能只是学科理论知识的学习，更应紧密结合实践开展各种活动，践行"课程活动化"与"活动课程化"。活动课程类型有常规性活动课（如班团队活动、毕业仪式）、科技类活动课（如种植养殖、金属加工）、联科活动课（如各种学科类的兴趣小组活动）、社会实践活动课（如社会服务、社会调查)[1]。在课程活动化上，高校思想政治理论课常采用社会实践活动课的实践教学形式，这是一个"为配合理论教学而有计划、有目的地组织大学生深入社会的一种社会实践活动，是一种通过社会实践以使大学生对所学理论有具体而深刻认识的过程"[2]。而活动课程化在高校的表现则有大学生社团活动与创新创业实践活动等，近年来由于创新创业日益显现出其在社会发展中的关键价值，各国高校都非常重视此类活动，比如美国斯坦福大学的大学生创新创业活动分为创新创业竞赛类活动和学术研讨类活动。其中斯坦福创业挑战赛、斯坦福社会创业挑战赛和斯坦福社会运动挑战赛赢得了全校

---

① 靳玉乐，杨红. 当前活动课程建设的问题与对策 [J]. 中国教育学刊，1999 (6)：53 - 56.
② 王萍霞. 课程活动化 活动课程化：高校思想政治理论课实践教学的合理选择 [J]. 教育探索，2012 (10)：54 - 56.

学生的青睐，汇聚了来自教育学、历史学、社会学及众多理工类专业的学生①。

（二）根据课程内容的组织分为分科课程与综合课程

分科课程是从不同门类学科中选取知识，按照知识自身的逻辑体系，以分科教学形式传授知识的课程。分科课程的优点是注重通过分科课程基础知识的系统学习来增长知识。分科课程的缺点是相关学科之间也缺乏应有的横向联系，又由于知识分割过细，某些学科之间还存在不必要的重复，故占用了一些不该占用的教学时间②。分科课程与学科课程的关系是，分科课程属于学科课程的下位概念，即分科课程是学科课程，但是学科课程可以是分科课程，也可以是综合学科课程。

综合课程是打破分科课程的知识领域，组合两个或两个以上的学科领域构成的课程。根据综合课程关注的中心主题或问题的来源，可以把综合课程分为学科本位综合课程（中心主题或问题源于学科知识）、社会本位综合课程（中心主题或问题源于社会生活现实）、经验本位综合课程（中心主题或问题源于学生自身的需要、动机、兴趣、经验）③。常见的学科本位综合课程如物理化学、生物化学、材料基因工程，社会本位综合课程如"科学—技术—社会课程"（简称 STS 课程），经验本位综合课程如各种类型的活动课程。综合课程的优点是打破了学科间的界限，有利于培养学生对事物的整体认识能力；从学生生活、社会实际出发，具有较强的实践性，有利于调动学生的学习兴趣与培养学生的多方面能力。这种综合的特点体现了专业与非专业知识的综合、教师经验与学生经验的综合，以及学术与实践的综合等④。建设与实施综合课程正日益成为高校教育改革的一大趋势，其在一定程度上也反映了学科交叉发展的趋势。众多高校把这类跨学科研究型课程作为现代高等学校课程体系中一个不可缺少的部分，如美国的杜克大学、马里兰大学、威斯康星大学、俄亥俄州大学等都规定大学生必须参加一定学分的跨学科问题研究和学习⑤。2020 年 12 月

---

① 包水梅，杨冬．美国高校创新创业教育发展的基本特征及其启示——以麻省理工学院、斯坦福大学、百森商学院为例 [J]．高教探索，2016（11）：62 – 70.

② 廖哲勋．论中小学课程结构的改革 [J]．教育研究，1999（7）：59 – 65.

③ 张华．关于综合课程的若干理论问题 [J]．教育理论与实践，2001，21（6）：35 – 40.

④ 曹辉．新时期大学课程改革的特点与价值取向 [J]．现代教育管理，2010（2）：71 – 73.

⑤ 刘少雪，洪作奎．综合课程：现代大学通识教育之路 [J]．高等教育研究，2002，23（3）：78 – 81.

教育部和国务院学位委员会联合发文，设立"交叉学科"门类，下设两个一级学科：集成电路科学与工程和国家安全学。教育部的这一最新举措也表明，新技术的突破、社会高端人才的培养需要学科综合与交叉的大力推行。

（三）根据课程管理的要求，分为必修课程与选修课程

必修课程是法定的，为保证所有学生的基本学力，要求全体学生或某一专业学生必须学习的课程。选修课程是学生可以按照一定规则自由选择学习的课程。在高校课程体系中，必修是指课程完全由学校决定，学生没有选择的权力；选修则是学校规定学生需要修读的学科领域和最低学分数，学生在此基础上进行自由选择[①]。必修课程是实现人才培养目标的基石，选修课程则有利于学生多方面兴趣与个性化的发展及整个课程生态的建设。在一定程度上来说，选修课程也是个体自由全面发展的一个前提，即只有给予学生一定的自由选择权，才能满足学生个体的发展需要，才能实现其独特的发展道路。选修课在美国高校课程体系中大量采用，学生可选择的范围也相当广，涵盖了除本专业必修课程之外的所有课程。比如在哈佛大学法学院的课程体系中，自由选修课在学生学习的比重中占 25% 左右[②]。我国高校同样建设了丰富的选修课体系，包括校公选课与专业选修课等。近年来，强化大学生的自由全面发展，一些高校要求学生选择美育、创新创业等通识教育类的选修课。

（四）根据课程开发与管理的主体分为国家课程与校本课程

国家课程是指国家委托有关部门或机构制定的课程方案与必修课程。校本课程指的是学校根据自己的教育理念，在对学校学生需求进行系统评估基础上，充分利用区域和学校的课程资源，通过自行研究、设计或专业研究人员或其他力量合作等方式开发出的多样性、可供学生选择的课程[③]。高校开发与实施校本课程可以充分利用地方与本校的教育资源，促进高校教师把自己的科研成果引入课程，满足学生的多样化兴趣和培养学生的创新意识，进而形成自己的办学特色。如江苏省内具有农科优势的高校开设涉农的校本课程群，可以包括"苏南农村集体产业经济学""苏南农村教育"等。

---

① 李会春. 中国高校通识课程设置现状研究 [J]. 复旦教育论坛，2007，5（4）：21 - 27.

② 鲁霜慧. 中美高校选修课课程设置的比较研究 [J]. 湖北教育学院学报，2007，24（1）：90 - 91.

③ 杨明权，袁书卷. 关于高校校本课程开发的几点思考 [J]. 汉中师范学院学报，2003，21（2）：73 - 78.

（五）根据课程的表现形式分显性课程和隐性课程

显性课程是正式列入学校教学计划的各门学科，以及有目的、有组织的教育活动。显性课程一般体现在学校的课程方案或培养方案中，是课程育人的主要平台。隐性课程，就是指学校范围内除显性课程之外的、按照一定的教育目的及其具体化的教育目标规范设计的校园文化要素的统称①。这种校园文化要素包括实体性精神文化（如图书馆馆藏图书资料、实验设施等）、非实体性精神文化（如学校的规章制度、学校机构体制、教师的职业道德规范、师生关系等）、学校物质环境文化（如校园布局、建筑造型、教室环境、绿化环境等）。隐性课程所包含的这些要素对学生发展的影响具有无意识性、非预期性与隐藏性，都发挥着育人的作用。比如高校教师的思想意识、价值观念、理想信念、思维方式会在课堂上，以及与学生交往的过程中对学生产生潜移默化的影响；学校采取的评价机制对师生价值导向的影响。

三、课程结构

课程结构是课程内部各要素的内在联系和相互结合的组织形式，其规定了课程体系中各课程类型的组合关系，以及各课程内部的组织关系等。结合前面论述的课程类型的各种分类，课程结构在宏观上表现为各种课程类型的有机组合，如必修课与选修课的组合关系；中观上表现为各类具体课程间的关系，如必修课中《中国近现代史纲要》与《毛泽东思想和中国特色社会主义理论体系概论》的关系；微观上表现为某一具体课程内部的内容组织，如《中国近现代史纲要》课程自身的内容体系（课程大纲与教材）。

课程结构也是高校人才培养方案的核心部分，是落实人才培养目标的载体。高校课程结构一般包括必修课程、选修课程、学时配比、课程开设的顺序及各类课间的关系②。如江苏大学2020版本科人才培养计划中的课程结构包含通识教育课程（含必修与选修）、学科专业基础课程（必修）、专业课程（含必修与选修）、实验实践环节（必修）、自主研学（选修）。通识教育课程旨在拓展学生的基础科学知识和能力，提升学生家国情怀、人文素养、工程伦理、

① 庞学光. 关于隐性课程的探讨 [J]. 课程. 教材. 教法，1994（8）：9-14.
② 王彬斐. 我国高等学校课程结构优化改革研究 [D]. 兰州：兰州大学. 2007.

法律法规、科学精神、身心品质、国际视野、批创思维等，主要包括思政课、军事课、英语课、计算机课、体育课、自然科学基础课（数学、物理等）和校选课。其中人文社会科学类通识教育课程不少于总学分的 15%，各专业人才培养方案设置至少 2 个美育学分和 1 个劳动教育与实践学分，其中美育学分含 1 学分艺术审美类课程学分和 1 学分艺术实践活动。上述课程体系体现了各种课程类型的有机结合，较好地服务于本校的教育使命与人才培养工作，具有丰富的育人价值，其中通识教育中的一些课程更是思政教育的直接载体。

四、 课程目标

课程目标和教育目的、培养目标等概念有着密切的关联，"如果以目标概括性程度为准则，可以依次分为：教育目的（总体目标）、培养目标、课程目标、教学目标"①。

教育目的是国家对把受教育者培养成什么样的人的总要求。作为对教育培养的人才而确定的质量规格和标准要求，教育目的是教育工作的出发点和归宿，统领各级各类学校，具有普遍性。一般来说，教育目的主要包括两个方面：一是培养为什么社会服务的人，对教育培养人才的社会价值做出定位，明确教育培养人才的社会立场；二是培养什么素质的人，对教育培养人才的身心素质做出规定，明确受教育者在哪些方面得到发展，发展的水平要求如何②。党的十九大报告指出："要全面贯彻党的教育方针，落实立德树人根本任务，发展素质教育，推进教育公平，培养德智体美全面发展的社会主义事业建设者和接班人。"2018 年 9 月 10 日的全国教育大会上，习近平总书记再次把"劳"与"德智体美"提到同等重要的位置。这充分体现了我国的教育目的，即坚持人才培养的社会主义性质，培养德智体美劳全面发展的人才。

培养目标是教育目的在各级各类学校的具体化，是对各级各类学校人才培养的特殊要求。培养目标在高校本科阶段表现为本科培养目标（包含在本科培养计划中）与具体专业的培养目标，一般有三种取向，即专才取向、通才取向、"通 + 专"取向。美国名校多采取通才取向，如耶鲁大学本科生的培养理

---

① 施良方. 简论课程目标的三种取向 [J]. 课程·教材·教法，1995（6）：60 – 62.
② 项贤明，冯建军，柳海民. 教育学原理 [M]. 北京：高等教育出版社，2019：121.

念是：任何一个在耶鲁读完四年大学的毕业生，如果他从耶鲁毕业时变成物理、电脑、化学或者是任何领域的专家，那是一种失败，因为四年大学教育的目标不是培养专家①。倡导本科阶段打造人才培养基础的学者也响应着这一理念，李立国（2016）提出，"明确工业 4.0 时代的人才培养目标，培养学生的非认知能力与态度比知识更为重要、学生掌握普通知识比专业知识更为需要"。而国内本科院校多数采取"通+专"取向，如以培养德智体美劳全面发展的社会主义合格接班人为根本任务，以培养具有科学人文素养、创新精神、实践能力和国际视野的高级专门人才为基本要求。专业培养目标依据《普通高等学校本科专业类国家教学质量标准》和专业认证标准，结合行业、地区发展需求和专业特色，提出本专业的培养目标，体现培养人才的层次、类型和主要服务面向。

课程目标是指特定阶段的学校课程所要达到的预期结果②。作为教育目标的下位概念，"它指明了学习者在学习过程中或在学习完成后，应该掌握的知识与能力、理解的过程与方法以及体验的情感态度与价值观等"③。上述课程目标的界定体现了三维目标观。而从大课程观的视角，有学者认为可把培养目标归属于课程目标的范畴，"不同层次、不同类型教育的培养目标也可称为课程目标，即培养目标和课程目标是一个重合的概念，两者不存在上下位关系"④。从大课程观的角度来说，大学的培养计划对应基础教育的课程计划，因此把培养目标视作课程目标的宏观体现也是合理的。本书主要是按照传统的观点来解读课程目标的内涵，即课程目标主要是指一门具体课程所要达到的预期育人结果。

厘清教育目的、培养目标与课程目标的内涵后，下面探讨这三个概念间的关系。教育目的具有最上位的概括性与一般性，其决定着培养目标与课程目标的内容和方向，教育目的又是基于某种教育价值取向来选择的，因此，以何种教育价值取向为依据、制定何种教育目的，就决定了培养目标与课程目标的内容、性质与方向。我国当前教育目的的价值取向是自由全面发展的人与高度发

---

① 李立国. 工业 4.0 时代的高等教育人才培养模式 [J]. 清华大学教育研究，2016，37（1）：6 - 15，38.

② 和学新. 促进学生主动发展：课程目标的转型 [J]. 学科教育，2002（1）：6 - 10.

③ 项贤明，冯建军，柳海民. 教育学原理 [M]. 北京：高等教育出版社，2019：229.

④ 韩和鸣. 课程目标问题探讨 [J]. 教育理论与实践，2006，26（1）：62 - 64.

展的社会主义事业，所以高校的培养目标与课程目标就必须紧紧围绕这一教育目的。而后确定课程目标，不仅有助于明确课程与教育目的、培养目标的衔接关系，从而明确课程编制工作的总体方向，而且还有助于课程内容的选择和组织，并可作为课程实施的基本依据和课程评价的主要准则①。所以把教育目的与培养目标的育人追求转化为课程目标，这是课程开发者与实施者的一项重要任务。

科学化课程开发的里程碑式人物泰勒在其《课程与教学的基本原理》一书中提出，课程目标的三个来源分别是学习者的需要、社会生活的需要、学科发展的需要②。这三个来源体现了课程目标的综合性，即课程目标旨在促进学生、社会与学科的发展需要满足。基础教育阶段课程目标包含在课程标准中，比如最新版《普通高中物理课程标准》中的课程目标："形成物质观念、运动与相互作用观念、能量观念等，能用其解释自然现象和解决实际问题。"高中物理的课程目标的表述体现了目标的三个源头，即掌握这些物理的基本概念，不仅为物理学人才培养与物理学科的发展奠定基础，也服务于学生对物质世界的探索兴趣与社会生活的基本需要。大学课程没有课程标准，也没有统一编写的课程目标，大学课程的课程目标一般在课程大纲中进行阐述，所以大学教师要有编写课程大纲与表述课程目标的能力。这要求大学老师要紧密结合我国的教育目的、高校与专业的培养目标，并且需要从课程目标的三大来源来清晰阐述自己所授课程的课程目标，来深入发挥课程的完整育人作用。

近年来，课程目标领域大力推崇学生发展的核心素养及其在教育中的实现。学生发展的核心素养（以下简称核心素养）主要是指"学生应具备的，能够适应终身发展和社会发展需要的必备品格和关键能力"③。核心素养是以"全面发展的人"为核心，分为文化基础、自主发展、社会参与三个方面，综合表现为人文底蕴、科学精神、学会学习、健康生活、责任担当、实践创新六大素养。④ 上述六大核心素养的凝练充分体现了我国的教育目的、培养目标与课程目标，揭示了社会主义事业建设者与接班人必备的品格与关键能力。其中

① 施良方. 简论课程目标的三种取向 [J]. 课程·教材·教法, 1995（6）：60－62.
② 傅岩. 关于课程目标来源问题的思考 [J]. 上海教育科研, 2003（3）：56－59.
③ 核心素养研究课题组. 中国学生发展核心素养 [J]. 中国教育学刊, 2016（10）：1－3.
④ 核心素养研究课题组. 中国学生发展核心素养 [J]. 中国教育学刊, 2016（10）：1－3.

人文底蕴就是要培养人类文化精神中的正确价值取向、文明情怀与审美情趣。科学精神包括科学知识、理性思维与科学探究的方法，以及勇于探索求真的科学精神。学会学习是要学会用正确的学习策略与思维方法来自主学习，为终身学习打下基础。健康生活是要学会自我管理，获得身心的健康发展。责任担当主要是学生在处理与社会、国家、国际等关系方面所形成的情感态度、价值取向和行为方式，其具体包括社会责任、国家认同、国际理解等。实践创新是学生在日常活动、问题解决、适应挑战等方面所形成的实践能力、创新意识和行为表现，具体包括劳动意识、问题解决、技术应用等。目前注重核心素养的发展业已成为基础教育课程体系的主要目标，那么对于高校课程，借鉴这一目标体系来构建高校课程的课程目标是值得尝试的。也有研究者提出，"社会主义核心价值观是学生核心素养培育的理论导向、内在要求、实然基础和价值体现"[1]。所以如何用社会主义核心价值观来引领大学生核心素养的培养是高校课程育人工作的一个新任务。

五、 课程实施

课程实施的主要途径是教学活动。教学是教师的教与学生的学的统一活动，在这一活动中，学生掌握一定的知识和技能，身心获得一定的发展，形成良好的思想品德，教师也在其中获得自身的专业发展[2]。教学作为教育的基本途径，能有目的、有计划地使学生掌握系统的科学文化基础知识，形成基本技能，发展学生智力，培养学生的基本能力，发展学生体力，提高学生的健康水平；培养学生高尚的审美情趣，养成良好的思想品德，形成科学的世界观及良好的个性心理品质。教学活动的上述基本任务与目标充分体现了赫尔巴特提出的教学所应具有的教育性。在教学过程中还需处理好以下几对关系。

第一是掌握知识与思想品德教育相统一的关系。教学中既要注重科学文化知识的学习，也要发展学生的思想品德和政治素养，两者要有机结合起来。这一点充分体现了教学的教育性，教学不只是获得知识，更要发展学生的积极心

---

① 冯荣. 论社会主义核心价值观融入学生核心素养的逻辑与路径之维 [J]. 高教学刊，2017（4）：10-12.

② 柳海民. 教育学原理 [M]. 北京：高等教育出版社，2011：200.

理倾向，其中世界观、人生观、价值观是核心。三观正确向上在我国表现为树立和践行科学唯物主义世界观、人的全面自由发展与解放的人生观及社会主义核心价值观，三观正确的个体会在积极参与推动我国社会主义建设的进程中实现自我。2016 年 12 月，习近平总书记在全国高校思想政治工作会议上强调："其他各门课都要守好一段渠、种好责任田，使各类课程与思想政治理论课同向同行，形成协同效应。"① 因此，高校教师应积极在课堂教学中进行思想政治教育，充分调动与发挥学科课程的综合育人功能。

第二是掌握知识与发展能力相统一的关系。知识是对客观世界的认识。能力是直接影响活动效率，并使活动顺利完成的个性心理特征。能力一般包括智力、学习能力、人际交往能力、创新能力、实践能力等。传授知识与发展能力二者是相互统一和相互促进的。知识是发展能力的基础，知识为开展活动提供了广阔的领域，只有有了某一方面的知识，才有可能去从事某方面的活动；缺乏知识是能力发展的障碍。同时，发展能力又是掌握知识的重要条件，掌握知识的速度与质量，依赖于一定的智力、学习能力与人际能力等。智力水平高、学习能力强、会积极与他人合作交流的人，知识学得就快、就好。此外，我们有时说高分低能，就是指知识的多少与能力的高低并不等同。因此教学过程中既要注重知识的学习，也要注重能力的培养，尤其是高阶能力（创新能力、实践能力）的发展，这些能力的发展不仅有利于知识的学习与掌握，而且也是个体发展与社会主义事业建设的要求。马克思主义者的人生不仅是认识这个世界，更是改造这个世界，所以高校教师需要在教学中充分调动学生践行社会主义核心价值观与创新创业活动，在实践中深入学习知识，在实践中培养多方面的能力。

第三是智力因素与非智力因素相统一的关系。智力是认识和解决问题的能力，包括注意力、观察力、记忆力、想象力、思维能力和问题解决能力等，其中抽象思维、批判性思维及创新思维是智力的核心。智力是影响学习的重要因素，影响着学生掌握知识与技能的速度、深度和灵活性，决定着学生学习的可教育性程度。非智力因素是指除了智力与能力之外的又同智力活动效益发生交

---

① 把思想政治工作贯穿教育教学全过程，开创我国高等教育事业发展新局面［N］. 人民日报，2016 - 12 - 09.

互作用的一切心理因素①。一般说来，非智力因素就是指那些具有动力作用的个性心理因素，它包括需要、动机、兴趣、世界观、人生观、价值观、情感、意志、气质和性格等。在学习活动中，智力因素和非智力因素是相互制约、彼此促进的，智力发展会促进非智力因素积极特征的发展，非智力因素的积极特征对学习具有调节、控制、维持功能，是提高学习质量和促进智力发展的强大动力。因此，教学的任务既要发展智力，又要培养非智力因素，并有意识地让智力促进非智力因素的发展，让非智力因素促进智力水平的提高。教学的任务在于培养自由的、完整的人，让个体潜能充分发挥出来，因此课程育人追求的不仅是行为或认知的发展，还包括情感、态度、社会主义核心价值观等的积极发展，进而促进学生发现与形成自己的独特品质。一个有着坚定社会主义理想与信念的人，必定会奋力拼搏来发挥自己的智力，直面我国当前社会亟待解决的重大问题。

第四是间接经验与直接经验相统一的关系。教学活动以间接经验为主，但也要辅之以直接经验，把二者有机结合起来。学生要把间接经验的书本知识转化为自己的知识，必须有一定的直接经验作基础。所以在加强理论知识教学的同时，也要充分利用学生已有的直接经验，并通过运用知识的实践（如实验与实习）扩大学生的直接经验，深入对知识的理解。为此，要防止两种倾向：一种是只重书本知识的传授，忽视学生的生活经验，"把学生限制和束缚在书本世界之中，割裂了书本世界与现实生活世界之间的联系，致使课堂教学变得如同一潭死水，缺乏生机和活力"②；另外一种是只强调学生的直接经验，忽视书本知识的学习，而无法系统建构学科知识。显然，对于当前的思政教学，忽视学生的直接经验是一个比较突出的问题。学生的社会和道德知识，大多数是从亲身社会实践中得来的，学生的间接社会和道德知识只有与直接经验融合，才能在学生大脑中扎根和发挥作用③。因此在课程思政中必须紧密联系学生的生活经验来展开相关的思政教育。

第五是教师主导作用与学生主体作用相统一的关系。教师的教主要依赖于

---

① 林崇德. 智力活动中的非智力因素 [J]. 华东师范大学学报（教育科学版），1992（4）：65－72.

② 张天宝. 关注学生的生活世界：当代课堂教学改革的重要特征 [J]. 中国教育学刊，2007（3）：56－59.

③ 李志. "大政治课"教学必须正确处理的八个关系 [J]. 山东教育. 2002（4）：23－27.

学生的学，学生的学要靠教师教，教与学是辩证统一的。教师在教学活动中起主导作用。教师是教学活动的领导者与组织者，是学生学习的指导者和学习质量的检查者，引导学生沿着社会所期望的方向发展，使学生在实现自我的同时成为社会所需要的人才。学生是教学活动的主体。主体性是个体在主客体间相互作用的过程中表现出来的自主性、能动性、创造性等特征[①]。学生是有主动性、积极性的人，他们能够能动地反映与改造客观事物，他们的学习动机、兴趣、意志等都直接影响学习的效果。因此，在教学中必须发挥学生的主体性，事实上发展学生的主体性本身也是教学的目的之一。贯彻教师主导与学生主体相统一的教学规律，必须把二者有机结合起来，教师的主导作用和学生主体作用是相互促进的。教师的主导作用要依赖于学生主体作用的发挥，学生学习的主动性、积极性越高，说明教师的主导作用发挥得越好；反之，学生主体作用要依赖于教师的主导作用来实现。综上所述，教学体现了双重的育人性，教学不只是促进学生的知识、能力、自我意识、个体主体性与思想品质等的发展，也促进了教师的专业发展。

六、 课程评价

课程评价是根据一定的课程价值观或课程目标，运用一定的科学手段，通过系统地搜集信息、资料，分析、整理，对课程方案、课程实施过程和结果等的价值或特点做出判断，从而为课程决策提供可靠信息的过程[②]。这一内涵的界定体现了泰勒的目标评价模式，也体现了课程评价为课程决策服务的功能，即判断课程方案与课程实施等是否有效服务于课程目标的实现，并根据这一判断采取跟进式的改进。课程评价的主要功能还包括鉴定与选拔、促进个体的发展。同时，课程评价不只是对学生进行鉴定、选拔与促进其发展的，也对教师进行评价，对教师进行鉴定、选拔与促进其发展。

随着课程改革的不断推进，课程评价也日益注重以下几种转变：淡化甄别与选拔，重视发展，旨在促进被评价者的发展，实现评价功能的转化；注重综合评价，关注个体差异，实现评价指标的多元化；注重质性评价，定性

---

① 包小红. 教育主体与师生关系阐释 [J]. 高等师范教育研究，2000，12 (2)：17-20.
② 柳海民. 教育学原理 [M]. 北京：高等教育出版社，2011：186.

与定量相结合，实现评价方法的多样化；强调自评与他评相结合，实现评价主体的多元化；注重过程，终结性评价与形成性评价相结合。在上述转变中，一个最为核心的转变是评价要以发展性评价为中心，旨在促进所有相关者的发展过程性评价为。发展性评价是对学生学习过程中的表现及情感、态度、策略等方面的发展做出评价，是一种以促进学生发展为根本目的的评价方式①。结合我国实际，发展性评价必须首先坚持把立德树人成效作为根本标准，坚持以德为先、能力为重、全面发展，尤其需要关注学生的道德品质、情感、态度与社会主义核心价值观等的积极发展，而不只是知识与技能的发展。课程评价改革中另外两个值得关注的是倡导过程性评价与综合评价。2020 年10 月，中共中央、国务院印发的《深化新时代教育评价改革总体方案》中提到："创新德智体美劳过程性评价办法，完善综合素质评价体系，切实引导学生坚定理想信念、厚植爱国主义情怀、加强品德修养、增长知识见识、培养奋斗精神、增强综合素质。"课程评价的这些转变致力于紧扣"培养什么样的人"的教育目标与课程目标，来充分发挥课程评价的育人功能。

七、 课程育人内涵

2016 年12 月，习近平总书记在全国高校思想政治会议上强调："做好高校思想政治工作要用好课堂教学这个主渠道。其他各门课都要守好一段渠、种好责任田，使各类课程与思想政治理论课同向同行，形成协同效应。"2017 年12 月，教育部党组出台《高校思想政治工作质量提升工程实施纲要》（以下简称《实施纲要》），明确提出"课程育人"的要求。在三全育人的十大育人体系中，课程育人位列第一，这说明课程育人发挥着三全育人的排头兵作用。《实施纲要》的第一条原则提出："坚持育人导向，突出价值引领。全面统筹办学治校各领域、教育教学各环节、人才培养各方面的育人资源和育人力量，推动知识传授、能力培养与理想信念、价值理念、道德观念的教育有机结合，建立健全系统化育人长效机制。"②《实施纲要》的第一个基本任务是课程育人质量

---

① 董玉来. 高校思想政治理论课考核方法的改革与实践［J］. 思想理论教育，2011（4）：58－61.
② 中共教育部党组关于印发《高校思想政治工作　质量提升工程实施纲要》的通知. http://www.moe.gov.cn/srcsite/A12/s7060/201712/t20171206_320698.html.

提升体系，"要大力推动以'课程思政'为目标的课堂教学改革，优化课程设置，修订专业教材，完善教学设计，加强教学管理，梳理各门专业课程所蕴含的思想政治教育元素和所承载的思想政治教育功能，融入课堂教学各环节，实现思想政治教育与知识体系教育的有机统一"①。

综合习近平总书记的讲话和《实施纲要》提出的育人原则、育人要求与课程育人的任务，我们可以对课程育人的内涵进行如下界定：课程育人就是课程既要促进学生的知识学习与能力发展，也要促进学生思想政治素质与品德的发展，并让知识与能力的发展和思想政治素质与品德的发展相互促进，培养德智体美劳自由全面发展的社会主义事业建设者与接班人。由于我国一线教育实践长期以来一直过于强调知识学习与能力培养及其评价，对学生思想政治素质与品德的发展重视不够，带来了众多的学生发展与社会发展问题。为了大力推进我国社会主义事业的建设和中华民族的伟大复兴，课程育人的内涵需要更多地凸显"课程思政"的时代特征与要求。如冯刚（2017）提出，"课程育人：用马克思主义中国化的最新理论成果武装师生头脑"②。郝芳（2019）提出，"重视课程育人，要充分发挥'教学课堂的主渠道作用'，将培养德智体美全面发展的社会主义合格建设者和可靠接班人的目标融入各专业课程的教学活动中，将育人目标渗透到教育教学全过程，牢固树立'四个意识'，坚定'四个自信'"③。也有研究者认为，课程育人就是培养"又红又专"的人，"专"的落脚点在于专业知识教育，"红"的实现途径就在于"课程思政"④。综上所述，课程育人的完整内涵是课程要促进知识、能力和思想政治素质、道德品质的协同发展，培养德智体美劳自由全面发展的社会主义事业建设者和接班人。课程育人的新时代特征与要求是突出强调课程对思想政治素质与道德品质的育人功能，也就是课程思政。"课程思政"是将思想政治教育融入课程教学的各环节、各方面，以"隐性思政"的功用与"显性思政"——思想政治理

① 中共教育部党组关于印发《高校思想政治工作 质量提升工程实施纲要》的通知. http://www. moe. gov. cn/srcsite/A12/s7060/201712/t20171206_320698. html.

② 冯刚. 思想政治教育创新发展的四个着力点 [J]. 教学与研究, 2017（1）: 23 – 29.

③ 郝芳. 新时代高校教师在课程育人中的主体担当 [J]. 吉林工程技术师范学院学报, 2019, 35（7）: 23 – 26.

④ 吴月齐. 试论高校推进"课程思政"的三个着力点 [J]. 学校党建与思想教育, 2018（1）: 67 – 69.

论课一道，共同构建全课程育人格局①。这一隐性思政的功用在一定程度上是隐性课程，也体现了综合课程的性质，即某一学科课程与思政课程的融合。

联系前面阐述的课程内涵、课程类型、课程结构、课程目标、课程实施与课程评价，这要求我们以一种大课程观或课程结构的视角来审视课程育人的完整内容。课程是学校提供的各种科目与有计划、有目的的教育活动的总和，课程结构涉及各种课程类型的有机结合，课程目标涉及课程结构的整体目标与具体某一课程的目标，课程实施的主要途径包括第一课堂教学与第二课堂等，课程评价是对课程目标达成度的评价。这要求我们在构建课程体系、阐述课程目标、实施课堂教学与进行课程评价的过程中牢记课程育人的时代使命，审视课程的每一个环节是否符合三全育人与课程育人的要求，真正做到课程育人的全阶段落实。

需要指出的是，课程育人的对象不只是学生，也包括教育工作者（如教师、教育教学管理人员、教育服务人员等）。在《实施纲要》的"十大"育人体系中，基本上提的都是"师生"，而在课程育人体系的思政课程与课程思政中，应该说没有授课教师自身的思想政治素质与道德品质的提升，很难有学生的相应发展。因此，课程育人也必须追求育人工作者的"又红又专"。

第二节　课程育人是应对现实发展的需要

长期以来，我们一直强调思想政治素质与品德的发展，我国的教育目的更是旗帜鲜明地提出培养德智体美劳自由全面发展的社会主义事业建设者与接班人。但是由于现实中教育评价体制的方向性与指导性作用，思想政治素质与品德的评价在整个教育评价体系中不占据中心位置，教育评价主要是看课程考试分数、论文发表与科研成果等，这使得我们的教育实践一般主要是致力于促进学生知识的掌握、能力的发展与科研成果的产生，而对思想政治素质与品德的发展不够重视。这一过于强调智育而不重视德育的教育实践带来了一系列的学生发展问题与社会发展问题。而全面落实"三全育人"与"十大"育人体系的工作则有助于解决这些问题和应对当前学生发展与社会发展的困境。

---

① 陆道坤. 课程思政推行中若干核心问题及解决思路 [J]. 思想理论教育，2018（3）：64-69.

一、 课程育人是应对大学生素质发展挑战的必然要求

大学生是建设社会主义事业的生力军，是一股最有活力与激情的力量，"他们对于新生事物和突发事件反应强烈、敏感，易受外界条件的影响，具有极强的可塑性"①。由于我国大学生在进入大学前有着强烈的、明确的奋斗目标（即考上理想的大学），他们主要受求学压力与动力的影响。而当他们来到大学，进入一种崭新的学习与生活世界时，面对多姿多彩的大学校园生活、纷繁芜杂的社会大环境及良莠不齐的网络世界，很多大学生面临着成长与迷惘、奋斗与诱惑、正能量与不良信息的抉择与困扰。在这样的新环境影响下，他们的可塑性显得更为明显，同时，他们面对着人生中又一次的全新挑战与发展任务。其中尤以身心素质的协调发展（尤其是思想政治素质、品德与知识能力间的协调发展）任务最大，要帮助大学生成功应对这一挑战与顺利完成发展任务，作为育人的主阵地，大学课程体系必须充分发挥其育人功能，促进大学生素质的协调发展与实现高等教育人才培养的目标。

那么我们培养的大学生的素质状况如何？又存在哪些问题？大学课程在促进大学生素质的发展中可以发挥怎样的作用？要探讨上述问题，我们首先需要厘清素质的内涵。一般认为，狭义的素质是指人的身体、器官及其机能上的特点。广义的素质是指以先天遗传的生理特点为基础，在后天环境的作用下形成和发展起来的身体及精神各方面相对稳定的品质结构②。素质一般可以分为身体素质（或生理素质）、心理素质与社会素质。身体素质是素质发展的物质基础，主要包括力量、速度、耐力、灵敏和柔韧等人体在日常生活、劳动及体育活动中所表现出来的基本能力③。心理素质是指在一定遗传素质的基础上，在自身努力与外界教育、环境的影响下所形成的心理状态、心理品质与心理能力的综合。④ 一般认为，心理素质具体包括个体的心理倾向（如兴趣、动机、人生观、价值观等）、心理特征（如情感特征、意志特征等）与能力（如智力、

① 李玉华，关旭. 当代大学生综合素质的缺陷与改善措施 [J]. 西安交通大学学报（社会科学版），2005，25（1）：93 - 96.

② 李虹. 素质、心理素质与素质教育 [J]. 心理与行为研究，2004，2（4）：592 - 596.

③ 黄元汛，陈元武，郭良继，等. 大学生身体素质现状与对策的研究 [J]. 武汉体育学院学报，1999，33（5）：36 - 39.

④ 邢邦志. 心理素质的养成与训练 [M]. 上海：复旦大学出版社，2002：3 - 5.

学习能力、实践能力等）。而社会素质是人的社会性的集中体现，主要包括政治素质、道德素质、思想素质、科学文化素质、审美素质等①。依据我国的教育目的，这要求我们把培养学生的思想政治素质与道德素质放在首位，坚持立德树人，培养社会主义事业的建设者与接班人；同时大力发展学生的身体素质、心理素质及其他社会素质。结合上述素质的内涵与类型，下面来考察当前我国大学生的各种素质的发展状况以及课程育人在素质协调发展中的作用。

1. 课程育人是身体素质发展的需要

在身体素质方面，有研究针对湖北省普通高校的 554 名大学生的身体素质进行了调研，调研结果显示："大学生身体素质的达标状况令人担忧，未达标者竟约占 20%～25%。"② 另一项针对天津大学 1 年级和 2 年级 7112 名大学生身体素质的研究发现："调查对象身体素质总体水平比 2005 年全国及天津市大学生高，但普遍处于《国家学生体质健康标准》较低水平线上。"③ 这些研究表明，我国很多大学生的身体素质不如人意。身体素质不只是个人发展的物质基础，其本身的发展也会促进心理素质与社会素质的发展，如团体篮球比赛可以促进意志力、自我调节力、团队合作与领导力等的发展。身体素质在一定程度上受到先天遗传的影响，同时也是后天发展的结果。针对大学生身体素质的不尽人意，大学课程体系必须加强体育类课程的学时比例与评价机制，督促师生保质保量地参与和完成各项体育锻炼项目，充分发挥体育课程提高学生身体素质的主阵地作用；同时也可以通过课程思政的形式，在体育活动过程中来促进学生思想品德等的发展。

2. 课程育人是心理素质发展的需要

当今时代是知识经济时代，知识经济时代的最显著特征是新知识的生产，而新知识的生产需要直觉思维、批判性思维、创新与解决问题的能力等，这些能力都属于个体的心理素质范畴。有研究者指出，"知识经济时代的到来，必

① 黄晓丽，金育强. 论体育与人的素质 [J]. 临沂大学学报，2012，34（6）：89－92.

② 罗旭，周凤桐，韩凤芝，等. 普通高校大学生身体素质现状及影响因素——以天津大学为例 [J]. 北京体育大学学报，2010，33（4）：81－84.

③ 罗旭，周凤桐，韩凤芝，等. 普通高校大学生身体素质现状及影响因素——以天津大学为例 [J]. 北京体育大学学报，2010，33（4）：81－84.

将对当代大学生的心理素质产生强烈冲击和全方位挑战"①。为了响应知识经济时代对于创新等能力的要求和帮助学生应对上述挑战,中共中央、国务院在《关于深化教育改革全面推进素质教育的决定》中指出:"实施素质教育,就是全面贯彻党的教育方针,以提高国民素质为根本宗旨,以培养学生的创新精神和实践能力为重点,造就'有理想、有道德、有文化、有纪律'的德智体美等全面发展的社会主义事业建设者和接班人。"

国家层面对于知识经济时代所需要的心理素质培养的举措是比较多的,如创新创业教育、心理健康教育、素质拓展项目等,然而现实中大学生的心理素质发展状况并不令人满意。李越与孙枕(2002)对清华大学学生思维倾向的一项研究表明,清华大学高年级工科学生在思维倾向上表现出强烈的逻辑思维与想象思维优势,其中逻辑思维占主导地位,而直觉思维和条理思维倾向的表现相当弱②。他们的研究还发现,只有近30%的学生保持充足的学习热情,其余大多数学生则不同程度地产生了学习动机波动、下降现象;同时指出,大学生在探索精神、整体观念系统分析能力、抗挫折能力、语言文字表达能力等方面需要加强培养。樊富与王建中(2001)对北京大学生心理素质与心理健康的研究则发现,部分北京大学生的个性存在明显的弱点,表现为缺乏认真负责精神、责任感不强、以自我为中心、言行易脱节、自制力较差、缺乏坚忍不拔、持之以恒的精神等③。黄朝阳(2013)对3032名大学生的批判性思维进行测量发现,我国本科生、特别是专科生的批判性思维水平偏低,并且,接受本科阶段教育(或同等学历教育)之后,研究生的批判性思维水平并无明显提高。④综合众多国内的此类研究,我们不难发现,我国大学生的心理素质(尤其是批判性思维、发散性思维、创新精神、实践能力与学习动机等)的发展水平和知识经济时代的要求,以及学生自身的发展要求还是有差距的。我国学生的优点是知识掌握的比较牢固,缺点是在一些关键能力上发展不足,这要求我们进一步明确大学课程体系的课程目标,把培养高素质的、解决实践问题的创新型人才作为我们的价值追求;整体构建综合的大学课程体系,通过各种类型的课程

① 崔景贵. 知识经济挑战与大学生心理素质教育 [J]. 青年研究, 1999 (1): 38 - 41.
② 李越, 孙枕戈. 大学生创新能力培养研究 [J]. 清华大学教育研究, 2002 (5): 35 - 40.
③ 樊富, 王建中. 北京大学生心理素质及心理健康研究 [J]. 清华大学教育研究, 2001 (4): 26 - 32.
④ 黄朝阳. 批判性思维对大学素质教育的重要性和迫切性 [J]. 现代大学教育, 2013 (2): 27 - 31.

组合和灵活多样的课程实施方式，以及多样的课程评价方式来促进大学生多方面的心理素质（尤其是高阶心理素质）的高水平发展。

3. 课程育人是社会素质发展的需要

社会素质由信仰、道德、职业意识、价值取向及知识技能等多方面内容或要素组成，这些内容或要素相互影响、相互作用，从而让个体适应社会①。在大学生的社会素质发展层面，其主要涉及思想政治素质、道德素质、文化素质等方面的发展。思想政治素质是一个人的政治态度、政治观点、思想观念、理论素养和道德品质等基本政治品质的总称②。道德素质是一个人在社会生活中如何为人处世、如何处理同他人、同社会各种关系的一种素质，是指一个人在社会生活中自觉遵守社会道德规范的素质③。在社会素质中，道德素质是基础，思想政治素质是核心，是最重要的素质。我们的教育要立德树人，更要培养社会主义事业建设者与接班人，不断增强学生的社会主义核心价值观。同时，由于大学生进入人生的第一次独立探索阶段，面对环境中的各种良莠不齐的信息与诱惑，需要应对各种复杂的社会形势与社会关系问题，这都需要我们来培养其良好的思想政治素质与道德素质。

那么当前大学生的思想政治素质与道德素质的发展状况如何呢？吴志功、张立成（1999）对北京师范大学学生的调查研究显示，"部分学生的社会主义政治信念不够坚定，思想上存在一些模糊认识。有48%的学生对'社会主义终究可以战胜资本主义'的观点表示疑虑，40%的学生对'多党制不适合中国国情'的观点不能做出正确回答，还有47%的学生赞成'不管实行什么制度只要国富民强就行'的观点。"④ 邢鹏飞（2012）对国内六所高校的调研发现，大学生思想政治素质多元化趋势明显，"有些大学生对马克思主义指导思想和党的路线方针政策并不认同，政治认同度低，思想落后消极，个人主义、拜金主

---

① 郭平，杨越，熊艳. 论大学生社会素质发展的内容与路径 [J]. 中国青年研究，2011（11）：101 – 104.

② 郝贺. 提高思想政治素质是高校教师思想政治工作的核心 [J]. 中国高教研究，2000（1）：54 – 55.

③ 陈川雄. 简论大学生道德素质教育 [J]. 道德与文明，2000（3）：59，61.

④ 吴志功，张立成. 在全面推进素质教育中加强思想政治素质的培养 [J]. 思想教育研究，1999（6）：16 – 18.

义现象广泛存在，一些大学生认为美国等发达资本主义国家就是人间天堂"[①]。部分学生的人生观、价值观中拜金主义、享乐主义、个人主义思想还没有得到根本抑制，甚至有少数学生因个人主义膨胀，走上了违法犯罪的道路。何秋叶（2002）认为，大学生的思想政治状况的本质和主流是好的，同时存在如下几个问题："对集体、对国家的责任感淡化，对物质的需求日趋强烈，甚至大大超出对精神的需求；一些人的政治信仰淡化，思想政治观念处于不稳定状态；在价值观上过分崇尚自我，以个人为主，过分强调自我价值的实现，整体协作观念差，服务和奉献精神以及艰苦奋斗的作风欠缺。"[②] 而在道德素质发展上，有研究认为大学生的整体道德素质较高，对国家的发展和自己的社会角色有所思考，人生使命感明显增强，但也有少数学生存在道德错位和歪曲，个别大学生甚至政治信仰迷茫、价值取向模糊[③]。

综上所述，我国大学生的思想政治素质与道德素质还是不错的，但是也存在一些问题，突出体现在社会主义信念与社会主义核心价值观还不够坚定，世界观与人生观及道德素质发展相对不足。这要求我们建设好大学课程体系，牢固树立"立德树人，培养又红又专的复合型人才"的课程目标，大力提升思政课程的育人效果，充分挖掘各门课程的思政育人要素，整体发挥课程思政的育人功能。只有充分提升大学生的思想政治素质与道德素质的发展水平，提升大学生对社会主义事业的建设热情、理想与信念，以及他们的自我实现才能得以更好实现。

二、 课程育人是社会文明建设的要求

在改革开放的四十多年中，我国社会主义事业取得了辉煌的成就。我们以经济体制改革为牵引，政治、文化、社会、生态文明体制配套推进，已经形成系统、全面深化改革开放的大好局面。2020 年，我国 GDP 首次突破 100 万亿元人民币大关，成为中国经济的历史分水岭。这表明我国经济实力、科技实

---

① 邢鹏飞. 当前大学生思想政治素质实证研究 [J]. 江西师范大学学报 (哲学社会科学版)，2014，47 (1)：34－43.

② 何秋叶. 加强大学生思想政治素质教育的思考 [J]. 中国青年政治学院学报，2002，21 (3)：17－19.

③ 崔海涛. 论社会主义核心价值体系与大学生道德素质 [J]. 吉林师范大学学报 (人文社会科学版)，2009 (2)：110－112.

力、综合国力又跃上一个新的大台阶，全面建成小康社会也取得了伟大的历史性成就。目前，我国社会主义事业进入新发展阶段，开启了全面建设社会主义现代化国家的新征程，也有了一些新挑战与新矛盾，主要是人民日益增长的美好生活需要和不平衡不充分的发展之间的矛盾。这一主要矛盾具体表现为地区发展不均衡，城乡二元结构的不平衡，结构性过剩和结构性不足并存，政治生态还需要继续强化，基础科学和核心技术与发达国家依然有差距，文化事业还不够繁荣。同时，当今世界处于百年未有之大变局：世界权力出现去中心化趋势，国际力量对比呈现历史性变化；大国博弈日趋激烈推动国际体系发生深刻变革；经济全球化与逆全球化交错发展，给全球经济治理带来诸多新挑战；新一轮科技和产业革命在加快重塑世界的同时也带来更多不确定性。面对上述国内矛盾的新变化、国际形势的大变局，以及新时代社会主义建设的新任务，我们需要培养更有创造力与解决实践问题的各种类型的人才。高等教育肩负着人才培养的大任，而人才培养的主阵地是课程，所以我们必须要充分发挥课程育人的主阵地功能，通过课程来培养社会发展亟须的各类人才。下面分别就课程育人对社会文明各主要领域的意义进行论述。

1. 课程育人是政治文明建设的需要

政治文明是社会文明的重要组成部分，是社会主义建设和发展的重要目标。政治文明是指人类改造社会的政治成果总和，是人类政治活动的进步状态和发展程度的标志①。政治文明不仅关系着政治制度、体制、法律、规则和相应的理念，而且关系着政治体制和政治法规的结构合理与程序合理，包含着作为政治主体的人的政治精神与政治行为的合理化与现代化②。要建好我国社会主义事业的政治文明，高校必须培养具有高水平政治精神与政治行为的现代合格公民，加强大学生政治教育刻不容缓。前面提到我国大学生的思想政治素质还存在较多的问题，这要求我们要继续加强大学生的思政教育，提升思想政治理论课的思政效果，建设好社会主义意识形态教育和思想道德教育的主阵地。同时在其他课程中引入思政要素，潜移默化地实施思政教育。通过课程育人，培养学生坚定的社会主义信念与价值观，并且积极合法地参与社会政治活动，维护

① 李良栋. 21 世纪的社会主义与人类的政治文明 [J]. 科学社会主义, 2001 (1)：19 – 23.

② 葛荃，韩玲梅. 从政治教育到公民教育——政治文明与人的发展刍议 [J]. 理论与现代化, 2003 (1)：53 – 58.

社会安定，遵守社会制度与规范，积极推进社会主义文明的建设。

2. 课程育人是经济均衡发展的需要

经济发展一直是我国改革开放的主要抓手，取得了非凡的发展成就。由于我国生产力的高速发展，以及科学与技术的广泛应用，我国产业发展已进入西方国家的核心产业地带，引发了美国的战略性警惕，最近几年美国借助基础学科的优势、核心技术的垄断对我国高端实体产业实施打压。值得注意的是，我们对国外技术的依赖度高达50%，而美国不到10%，日本仅5%[①]。虽然近几年这种依赖度有所下降，但总体还是很高，这对我国的产业经济安全是一种潜在的不利因素。同时，国内区域发展的不均衡、城乡二元结构的不平衡、国内消费水平的不足、供给侧的结构性过剩与不足并存的现象引发了对我国经济发展结构的反思。要实现经济的高质量均衡发展，突破美国对我们科技的打压与发展高附加值的新兴产业，我们必须进一步解放与发展生产力，而生产力中最关键的要素是人。这要求我们大力培养各种类型的高素质人才，因为"经济社会发展不仅需要勇于创新的基础科学和高新技术研究人才，也需要视野开阔的经营管理人才、善于将新成果转化为新产品的应用人才，更需要直接服务于社会的具有熟练技术技能的实用型人才"[②]。课程作为培养人才的主阵地，也必须服务于我国新时代产业经济的发展要求，致力于培养具备复合素质的、能解决经济建设中实际问题的人。这要求大学课程的课程目标要紧密结合新时代经济建设的任务与要求，课程内容要充分联系现实经济建设的内容，课程实施要充分调动学生来合作探究经济建设的有效方案与途径，课程评价要关注学生对于现实科技与产业发展的思维与应对能力。

3. 课程育人是新时代文化建设的需要

新时代的文化建设涉及文化自觉、文化自信与文化自强的建设。

文化自觉，主要指一个民族、一个政党在文化上的觉悟和觉醒，包括对文化在历史进步中地位作用的深刻认识，对文化发展规律的正确把握，对发展文

---

① 眭依凡. 大学：如何培养创新型人才——兼谈美国著名大学的成功经验 [J]. 中国高教研究，2007（12）：3 – 9.

② 袁广林. 供给侧视野下高等教育结构性改革 [J]. 国家教育行政学院学报，2016（6）：15 – 22.

化历史责任的主动担当①。文化自觉是坚定社会主义文化自信和建设中国特色社会主义文化强国的前提和基础，我们的大学生在这方面的发展情况如何呢？有研究指出，当代大学生文化自觉的发展状况存在以下问题。对于传统文化，"大学生的传统文化底蕴普遍不足，对传统文化的精髓知之甚少，文化历史视野比较狭窄，突出表现为对传统文化的认同逐渐弱化，对传统文化的无意识、无认知和无选择"②。对于西方文化，"多数人对西方文化的认识是比较片面和肤浅的，感性强而理性弱，不少大学生对西方文化有一种近乎病态的痴迷"③。对于中国特色社会主义先进文化，一些大学生存在关注度不够、认识不深入与参与度不足的情况。因此我们需要借助思政课程与课程思政来培养大学生的文化自觉意识，让学生认识我国传统文化与社会主义先进文化对人的素养发展与社会的发展所具有的巨大作用，对文化发展的过程有着科学的认识，而且要有勇于继承传统文化和创造新时代文化的历史使命感。

文化自信，是一个国家、一个民族、一个政党对自身文化价值的充分肯定，对自身文化生命力的坚定信念④。十八大以来，习近平总书记在不同场合多次阐述文化自信，将文化自信发展为继"道路自信、理论自信、制度自信"后的第四个自信，逐步形成了具有中国特色和新时代内涵的文化自信思想。习近平总书记指出："中国特色社会主义文化，源自于中华民族五千多年文明历史所孕育的中华优秀传统文化，熔铸于党领导人民在革命、建设、改革中创造的革命文化和社会主义先进文化，植根于中国特色社会主义伟大实践。"⑤ 所以说新时代的文化自信就是对中华民族优秀传统文化、党领导下的革命文化和社会主义先进文化产生强烈的认同感与自豪感。这要求我们要着力去培养大学生的文化自信，然而现实中部分大学生文化自信的发展现状令人担忧，主要表现在：对民族传统文化认知不足，对西方外来文化盲目认同和对当代中国先进文

① 云杉. 文化自觉 文化自信 文化自强——对繁荣发展中国特色社会主义文化的思考（上）[J]. 红旗文稿，2010（15）：4 – 8.

② 姚亮亮，李艳. 大学生的文化自觉问题及教育方略 [J]. 现代教育科学，2013（2）：21 – 25.

③ 姚亮亮，李艳. 大学生的文化自觉问题及教育方略 [J]. 现代教育科学，2013（2）：21 – 25.

④ 云杉. 文化自觉 文化自信 文化自强——对繁荣发展中国特色社会主义文化的思考（中）[J]. 红旗文稿，2010（16）：4 – 8.

⑤ 王习胜. 美好生活的文化需要：新时代文化建设的基本视点 [J]. 中国特色社会主义研究，2018（3）：90 – 94，111.

化不够关注①。一个重要原因是长期以来西方发达国家借助其科技与经济优势，利用电影电视、网络和新媒体社交工具输出其价值观与文化模式，逐步进行文化渗透，妄图削弱我国传统文化与社会主义文化的凝聚力与向心力。为此，我们需要通过课程育人，通过思政课程与课程思政来协同培养大学生坚定的文化自信感，增强对中华民族文化的认同，促进传统文化与新时代的融合，批判借鉴外来文化，创造一种以社会主义核心价值观为中心的新时代文化。

文化自强的内涵首先是"自"，就是立足自己的实际，依靠自己的力量，突出自己的特色，走自己的文化发展道路，建设面向现代化、面向世界、面向未来的民族的科学的大众的社会主义先进文化；然后是"强"，就是要使我们的文化具有强大的吸引力影响力、强大的活力创造力、强大的实力竞争力，把我国建设成一个中国特色社会主义的文化强国②。简而言之，文化自强就是要立足自身，发展出具有强大活力与吸引力的中国特色社会主义的文化。这要求我们的大学生具有创造新时代文化的实践能力，这一实践能力的培养不是坐而论道培养出来的，而是在创造新文化的实践中逐步培养的。为此，大学的课程体系不仅要渗透大量的优秀传统文化与社会主义先进文化，而且大学课程本身就是一种新时代文化建设的平台。显性课程的课程目标就需要包括社会主义新时代文化的建设目标，课程实施中也包含了师生合作建设新文化的实践；隐性课程（如校风、班风、社团活动、实践活动等）的建设与实施中同样可以增加大量的新时代的文化元素。

总之，社会主义新时代的文化建设需要我们充分发挥课程育人的主阵地作用，培养高文化素质的大学生，让学生树立起深刻的文化自觉意识与坚定的文化自信信念，更要促使他们投身到新时代文化自强的建设事业中。

4. 课程育人是生态文明建设的需要

十八大以来，以习近平总书记为核心的党中央坚持以人民为中心，创立习近平生态文明思想，不断开拓关于生态文明认识的新视野、新境界。生态文明，是指人类在开发利用自然的时候，从维护社会、经济、自然系统的整体利

① 黄秋生，薛玉成. 当代中国大学生文化自信缺失现状及其对策分析 [J]. 成都理工大学学报（社会科学版），2013, 21 (2)：110 – 113.
② 云杉. 文化自觉 文化自信 文化自强——对繁荣发展中国特色社会主义文化的思考（下）[J]. 红旗文稿，2010 (17)：4 – 8.

益出发，尊重自然，保护自然，致力于现代化的生态环境建设，提高生态环境质量，使现代经济社会的发展建立在生态系统良性循环的基础之上，有效解决人类经济社会活动的需求同自然生态环境系统供给之间的矛盾，实现人与自然的共同进化①。生态文明的具体内容可以包括生态物质文明（如绿色食品、绿色产业、生态建筑等）、生态精神文明（包括生态意识、生态道德、生态情感与生态制度等），以及生态行为文明（不同主体表现出来的生态文明行为，如人们的垃圾分类行为、不乱扔垃圾行为）。生态文明建设作为新时代建设的一个重要课题，致力于人与自然的可持续的协调发展，致力于"建设美丽中国，实现中华民族永续发展"②。然而，当空气污染、食品污染、水污染等问题频发时，我们就知道生态文明的建设还需要花大力气，新时代生态文明的建设者还需要大力来培养。那么大学生的生态文明素质的发展情况如何呢？国内有研究发现：大学生对生态文明重要性认知度高，但对生态文明知识概念认知度低；大学生生态道德责任意识薄弱，知行不够统一③。另外一项研究也发现，大学生接受生态文明观教育意愿较弱与大学生生态行为能力不高。④ 这要求我们必须通过课程思政与思政课程来不断促进大学生发展出新时代的生态意识、生态道德与情感及践行良好的生态行为，围绕生态文明的建设设置相关的课程，把生态文明素质融入课程目标、课程内容、课程实施及课程评价中。

综上所述，作为大学育人的主阵地，课程是培养人才的主要途径。只有充分发挥课程育人的整体作用，我们才能促进学生的全面发展，我们培养的人才能自信又自豪地投身社会主义新时代的政治建设、经济建设、文化建设、生态文明建设中。这要求我们来整体建设大学课程体系，把新时代要求的各项建设目标与内容融入课程中，致力于培养各条建设战线上的新时代人才。

---

① 杨继瑞，黄潇，田杰. 生态文明建设的若干思考与对策 [J]. 经济社会体制比较，2013 (3)：119 - 124.

② 陈烈荣. "美丽中国"视域下的大学生思想政治教育 [J]. 思想教育研究，2013 (1)：36 - 38.

③ 张晓芳. 大学生生态文明素质教育的现状及其对策研究——基于成都市部分高校的调研 [D]. 成都：西华大学，2015：12 - 15.

④ 陈晨. 大学生生态文明观教育研究 [D]. 无锡：江南大学，2016：19 - 20.

第三节　课程育人是新时代高等教育使命的需要

习近平总书记在党的十九大报告中把"坚持以人民为中心"作为新时代坚持和发展中国特色社会主义的重要内容。我们党的初心和使命是为中国人民谋幸福、为中华民族谋复兴，我们党的根本宗旨是全心全意为人民服务①。习近平总书记在报告中还提到，我们必须坚持人民主体地位，践行全心全意为人民服务的根本宗旨，把人民对美好生活的向往作为奋斗目标，依靠人民创造历史伟业。这一坚持以人民为中心的价值追求和执政为民的责任担当，为新时代高校使命的构建提供了基本价值追求。为了满足人民的发展需要与美好生活的实现，为了服务于社会主义新时代的文明建设，新时代高校的使命就是"立德树人，培养德智体美劳全面发展的社会主义事业建设者与接班人"。下面分别从四个方面对课程育人与新时代高等教育使命的关系进行论述。

一、课程育人是落实高校立德树人使命的要求

习近平总书记在 2016 年 12 月的全国高校思想政治工作会议上提到，"高校立身之本在于立德树人"，"要坚持把立德树人作为中心环节，把思想政治工作贯穿教育教学全过程，实现全程育人、全方位育人，努力开创我国高等教育事业发展新局面。"中共中央国务院在 2017 年 2 月印发的《关于加强和改进新形势下高校思想政治工作的意见》中指出，高校要"坚持社会主义办学方向，扎根中国大地办大学，以立德树人为根本，以理想信念教育为核心，以社会主义核心价值观为引领"②。2018 年 5 月 2 日，习近平总书记在北京大学师生座谈会上指出："人无德不立，育人的根本在于立德。这是人才培养的辩证法。"习近平总书记和中央的上述论述鲜明地指出了高等教育的根本任务与工作中心，那就是立德树人。大学的立身之本在于立德树人，特别是帮助青年学生树

---

① 王京清. 深入理解和贯彻坚持以人民为中心（深入学习贯彻习近平新时代中国特色社会主义思想）[N]. 人民日报, 2020 – 06 – 10.

② 中共中央国务院印发《关于加强和改进新形势下高校思想政治工作的意见》[N]. 人民日报, 2017 – 02 – 28 (1).

立正确的世界观价值观，定位人生的航向①。

"才者，德之资也；德者，才之帅也。"然而过去存在的一个潜在问题是，我们过于重视对学生智育的培养而忽视对学生品德、社会主义信念与核心价值观的养成，这导致"一部分高校学生不同程度地出现理想信念模糊、政治信仰迷茫、价值取向扭曲等倾向，大学生的德育工作遇到很多新问题和新挑战"②。有些高校，"眼中只盯着论文与课题，忽视立德与育人，只关注学术成果有没有效益，却忘了追问是否立场端正"③。面对当前青年一代成长的复杂社会环境与高校德育工作的不足，我们要追问的是，如果我们高校培养的人没有形成为人民谋幸福的社会主义信念与价值观，而是成了精致的利己主义者，那么我们的社会主义事业又该如何建设？为此，我们要牢记党中央提出的立德树人的时代使命，培养政治信念坚定、德才兼备、以德为先的社会主义新时代的新人。这一新人的培养过程是育人和育才相统一的过程，育人是本，人无德不立，育才固然很重要，但育人更重要。

作为高校培养人才的主阵地，课程对于落实高校立德树人的使命有着极为关键的作用。课程是培养人思想政治素质、道德素质等素质的主要载体，各种课程类型及其组合形成的课程结构，具体的课程目标与内容，以及课程的实施与评价等直接决定着大学立德树人的整体效果。通过思想政治理论课与高校各类课程同向同行地发挥课程育人的协同效应，高校可以促进学生各项素质的协调发展，尤其是思想政治素质与品德素质的发展，增强大学生的道路自信、理论自信、制度自信和文化自信，将自己的发展和社会主义事业的建设与中华民族的伟大复兴紧密结合起来，努力成长为有着崇高道德品质、远大理想与抱负且付诸持续实践的社会主义实干家。所以，构建全课程育人的高校思想政治教育体系，促进知识传授、能力培养与价值引领的深度融合，是向"大学之道，在明明德，在亲民，在止于至善"的回归，也是落实高校立德树人根本使命的必然要求。

---

① 光明日报评论员. 坚持把立德树人作为中心环节［N］. 光明日报，2016 - 12 - 09.

② 刘瑞，周海亮. 以立德树人为根基的高校"三全育人"工作机制建构研究［J］. 学校党建与思想教育，2019（2）：82 - 84.

③ 光明日报评论员. 坚持把立德树人作为中心环节［N］. 光明日报，2016 - 12 - 09.

二、 课程育人是维护高校意识形态安全的必然要求

意识形态工作是党和国家的一项极其重要的工作，这项工作关系着全国人民凝聚力与向心力的生成，以及我国社会主义事业建设的顺利推进。高校是培养社会主义事业建设者与接班人的重要基地，也是意识形态工作的重要阵地。做好高校的意识形态安全工作，这关系着高校的社会主义办学方向，关系着能否落实立德树人的根本任务，关系着"高校培养什么样的人"和"为谁培养人"的重大政治问题。因此，做好意识形态工作是高校的一项重要使命与任务。

高校的意识形态工作是一项任务艰巨的工作，一方面，大学生具有较大的可塑性，其人生观、价值观、理想信念等尚未牢固确立，易受社会媒体、网络信息等的影响，在多元文化的冲击与西方价值渗透中，他们可能会逐步失去对社会主义理想信念与价值观的信心。另一方面，西方势力一直在各种渠道中进行思想意识形态的渗透工作。这些对高校的意识形态工作带来众多挑战，包括"西方理论的'神化'与大学生思想的'西化'，西方思潮的多元化与大学生认知的混乱化，西方文化的强势化与大学生文化自信的削弱化，西方价值观的泛滥化与主流意识形态的边缘化，西式评价的圭臬化与马克思主义的弱势化"①。面对如此严峻的高校意识形态工作，我们的少数教师对于西方势力的政治渗透还存在麻痹或失误现象，比如"国内一些大学在学科教育与思想政治教育过程中忽略马克思主义政治学、政治经济学等理论基础课程，只要求掌握西方政治学、西方经济学、管理学、社会学的原版教材，轻易地失去高校学生思想的价值阵地"②。

为了应对上述高校意识形态工作中存在的问题，培养又红又专的新时代人才，高校必须肩负起新时代意识形态工作的使命与担当。为此，我们需要充分借助课程育人的主阵地，构建全课程育人的高校思想政治教育系统，通过相关的课程设置、把确立社会主义意识形态作为课程目标的一个重要追求，在各种

---

① 严静峰. 中西"文化势差"背景下高校意识形态安全的维护 [J]. 当代青年研究，2016（1）：5-10.

② 卢建有，臧宏. 大数据时代我国高校意识形态安全的现状与对策 [J]. 黑龙江高教研究，2016（11）：67-70.

类型的课程及其教育教学活动中渗透思政要素，向师生与社会大众积极传播中国特色社会主义的思想文化，促进师生与广大人民牢固树立起以社会主义核心价值观为中心的社会主义意识形态。

三、 课程育人是落实高校培养创新人才使命的要求

创新是一个国家和民族进步的灵魂，是一个国家兴旺发达的不竭动力。从"科技创新、制度创新要协同发挥作用，两个轮子一起转"到"创新驱动实质上是人才驱动"，习近平总书记一再强调"创新"，并指出"坚持把创新作为引领发展的第一动力"。在党的十九大报告中，习近平总书记从新时代与新发展阶段的战略高度，庄严宣告"坚定实施科教兴国战略、人才强国战略、创新驱动发展战略"。上述战略的核心指向是高素质创新人才的培养，而高等教育的一个基础使命与任务就是培养人才。在新时代与新发展阶段下，为了解决基础研究与核心技术的卡脖子难题，我们必须建设高等教育强国和加快"双一流"建设，实现高等教育内涵式发展，通过创新驱动来培养创新型人才。

然而一个问题是，长期以来"我国高等教育在人才培养方式上不重视创新能力的培养，重书本，轻实践，不能做到知识、能力、素质的协调发展"①。同时，大学生"从小学、从中学起养成的在学习上当知识'搬运工'的习惯在大学学习过程中仍然发挥着强大而可怕的惯性作用"②，他们也缺乏创新的动机，这些阻碍了他们创新能力的发展。为了解决上述问题，我国开始大力推行创新创业教育，设置相关的创新创业课程，致力于培养高素质的创新型人才。但是有研究者指出，目前创新创业课程体系存在诸多问题，比如课程的实践性不强、课程体系建设得不完善，"从数量和种类上讲，创新创业课程的整体开设数量偏低，且主要以知识技能类课程为主，兼有零星的创业意识、创业精神和创新思维类的课程"③。

为此，我们要改革大学课程体系，不只是设置几门创新创业课程，还要实施大课程的创新创业教育，让其他课程协同发挥培养创新人才的育人作用。其

---

① 叶剑峰. 高等教育要不辱使命 [J]. 中国人力资源开发，2011（8）：1.
② 沙洪成. 构建大学生创新能力培养模式的探索 [J]. 中国高教研究，2004（8）：76－77.
③ 高志刚，战燕，王刚. 论高校创新创业教育课程教学体系构建 [J]. 黑龙江高教研究，2016（3）：93－95.

他课程也不只是在课程中进行创新思维培养与创业实践活动，更需要通过对大学生的思想、情感与行为进行价值引导，培养学生的中国精神与社会主义价值观，促使其发展出符合社会主义新的发展阶段的要求的创新理想与追求，主动迎难而上、奋发图强、立志于解决基础研究与核心技术等领域的重大难题，为中国特色社会主义道路的创新发展贡献自己的智慧。

四、 课程育人是落实大学文化传承与创新使命的要求

文化是一个国家、一个民族的灵魂。在纪念中国共产党成立 95 周年大会上，习近平总书记指出："文化自信，是更基础、更广泛、更深厚的自信。在5000 多年文明发展中孕育的中华优秀传统文化，在党和人民伟大斗争中孕育的革命文化和社会主义先进文化，积淀着中华民族最深层的精神追求，代表着中华民族独特的精神标识。"① 党的十九届五中全会进一步提出了到 2035 年建成文化强国的战略目标，这一文化强国的建设目标对大学文化传承与创新的使命提出了新的时代要求。

大学不仅肩负着人才培养、科学研究与社会服务的使命，其本身作为一个文化的堡垒，也传承着人类社会的优秀文化，更是时代文化的一面旗帜，引领着时代文化的创新。20 世纪初，北京大学师生高举民主和科学的大旗，发起并领导了新文化运动，推动了中国文化的现代转向。1978 年，南京大学一位青年教师以特约评论员名义在《光明日报》发表了《实践是检验真理的唯一标准》一文，揭开了新时期思想解放运动的序幕。今天，在中华民族伟大复兴的战略全局与世界百年未有之大变局的时代中，大学也要肩负起社会主义新时代文化建设的使命。"大学，无论出于其文化本质，还是其肩负的文化使命和时代责任，都有必要积极地成为社会先进文化塑造和传播的重要平台，成为'文化强国'战略推行的积极参与者。"② 大学要不忘初心，不仅要守住自己"高贵而神圣的场所"，坚守"成为社会的良心、人类精神的家园"③，更要成为新时代

① 习近平. 在庆祝中国共产党成立 95 周年大会上的讲话. 2016 – 07 – 01. http://www. xinhuanet. com/politics/2016 – 07/01/c_1119150660. htm? 2017/04/03/689442. html.

② 迟海波，李根. 新时期"文化强国"战略视域下的大学文化使命 [J]. 黑龙江高教研究，2019（3）：102 – 107.

③ 高晓清，蔡剑桥. 大学的文化诉求与创新使命 [J]. 大学教育科学，2013 (2)：8 – 13.

文化的一面旗帜。

　　课程作为大学育人的主阵地，新时代大学的文化传承与创新使命要求课程必须切实发挥文化育人的作用。文化育人就是要"反对人才培养的功利性、暂时性和工具性，强调以高度的文化自觉和教育意识，弘扬理想主义，重视人文关怀，不断塑造学生的高尚人格，促进学生的全面发展"①。这要求我们把我国优秀的传统文化、社会主义先进文化与社会主义新时代的文化整合与渗透到大学课程中来，要在各项教育教学活动中注意发掘文化元素，促使师生发展出清晰的文化自觉、坚定的文化自信与开展创造性的文化自强活动，让师生都成为文化素质高、引领时代的社会主义事业建设者与接班人。

　　综上所述，作为高校育人工作的主要途径与主阵地，大学课程体系对于具体落实高校立德树人的使命、维护国家意识形态安全的使命、培养创新人才的使命及文化传承与创新的使命有着关键性的作用与价值。大学也必须充分发挥课程育人的作用，为社会主义新时代的建设培养又红又专的创新型人才。

---

① 朱庆葆. 大学的文化使命 [J]. 阅江学刊，2012 (4)：5-11.

第二章　课程育人的理论基础

第一节　人的全面发展理论

关于"人的全面发展"思想在马克思主义经典原著中论述颇多，它是整个马克思主义不可分割的重要组成部分。实现人的全面发展是马克思主义的根本价值取向，也是马克思主义人文关怀的最高体现。习近平总书记多次深刻指出要"不断促进人的全面发展"，这是对马克思主义"人的全面发展"思想的继承和发展，也是习近平新时代中国特色社会主义思想的重要内容。

一、马克思主义关于人的全面发展的内涵

马克思主义认为，人的发展的最高境界是人的自由全面发展，是社会关系的充分发展，是人的本质的真正实现。在《1844年经济学哲学手稿》中马克思指出："人以一种全面的方式，也就是说，作为一个完整的人，占有自己的全面的本质。"这里所指的"人"更应该理解为马克思在《德意志意识形态》中指出的"现实的人"，即并不是与世隔绝的人，而是处在一定历史条件下、在一定的社会关系中生活、从事实践活动的人，是现实的人、具体的人、实践的人。这样的人既是物质生产的承担者，也是政治生活和精神生活的承担者，是现实的、可以通过经验观察到的发展过程中的人。而"人的全面发展"是"以一种全面的方式"发展，这种全面是一种全方位的发展，是体力、智力、个性、品质等方面的充分、自由、和谐的发展。《1844年经济学哲学手稿》中，马克思关于"人的发展"思想还未完全摆脱费尔巴哈人本主义的影响，仍然大量地运用了费尔巴哈在哲学中表述人和整个人类时所用的术语，但其中明确提出了全面性的概念。他指出，已经产生的社会创造着具有人的本质的这种

全部丰富性的人，创造着具有丰富的、全面而深刻的感觉的人作为这个社会恒久的现实，从而提出了"共产主义是使人以一种全面的方式，作为一个完整的人，占有自己的全面的本质"的理论。

马克思曾在《关于费尔巴哈的提纲》中为我们解释了人的本质的问题，"人的本质不是单个人所固有的抽象物，在其现实性上，它是一切社会关系的总和"。人不仅是自然产物，也是社会产物，人是由各种社会关系构成的社会关系网络中的人，所以人是其所处的一切社会关系的总和。马克思认为，社会关系的发展是人的全面发展的关键，社会关系实际上决定着一个人能够发展到什么程度。社会关系网络丰富、复杂、全面，人要实现全面发展，必然要实现本质的全面发展，即其社会关系需要实现全面充分的发展。也就是说，在人的各种最基本、最基础的素质得到完整发展的基础上，在能够充分享受政治、经济、文化、社会等各项权利的同时，在社会中实现自己的价值，使得类特性在个体身上得到充分的体现。

需要指明的是，马克思不仅仅是从人来看人的发展，而且还从社会的发展来看人的发展。人的发展不仅是社会发展的内在要求，而且是社会发展的最终体现。马克思所说的人的全面发展，指的是类和个体都得到发展。人在这里既指全人类，也指个人，两者是一般和个别的关系。毋庸置疑，人的全面发展必然推动人类社会的全面发展。马克思在《德意志意识形态》中指出，个人是"现实中的个人，也就是说，这些个人是从事活动的，进行物质生产的，因而是在一定的物质的、不受他们任意支配的界限、前提和条件下能动地表现自己的"，也就是能够充分发挥自身能动性去推动社会发展的。马克思在《德意志意识形态》中同样指出："个人只有在社会中并通过社会来获得他们自己的发展。"可见，这里既讲了个人与社会之间的相互依存性，也讲了社会物质生产并包括在此基础上发展起来的精神文化等相对个人来说的"前提和条件"对人的全面发展的基础性地位。因而，人类社会的全面发展必然为人的更加自由、全面、充分的发展提供环境支持。黑格尔也曾说："社会和国家的目的在于使一切人类的潜能以及一切个人的能力在一切方面和一切方向都可以得到发展和表现。"

马克思在《共产党宣言》中明确指出："代替那存在着阶级和阶级对立的资产阶级旧社会的，将是这样一个联合体，在那里，每个人的自由发展是一切人的自由发展的条件。"马克思"一切人的自由发展"观，是在批判资本主义社会的基础上提出来的，所强调的是整个人类的发展不再以牺牲一部分人的发展为代价，而着眼"一切人的自由发展"构建的"自由人联合体"。这种"自由人联合体"是人的自由与社会的自由的高度统一，是人的个性、人格、创造性和独立性得到最大限度的发挥，既不妨碍别人的自由发展，也不妨碍正常的社会秩序。同时，每个人作为社会的个人，在联合体中处于发挥独特个性、潜能的自由状态，获得充分发展其才能的手段。这样的联合体只能是共产主义社会，它是"以每个人的全面而自由的发展为基本原则的社会形式"。

二、 不同社会形态下人的发展的不同阶段

人朝什么方向发展、怎样发展、发展到什么程度取决于社会条件。从历史发展的进程来看，人的发展同其所处的社会生活条件是相联系的，在马克思看来，个人的发展与生产力的发展是一致的过程，因而在不同的社会形态下，有着不同的表现形式。

原始社会中，人们眼中的自然界是神秘的、至高无上的，他们崇尚"天命不可违"的思想，完全听命于自然界，并且使自己的行为尽量符合自然界，人们从事一些维持生存的活动，在这样的社会中，人的自由发展是最不充分的。马克思在《1844年经济学哲学手稿》中指出："自由自觉的劳动是人类的特性。在生产力低下的情况下，人们在原始的共同体中呈现出一种原始的丰富，从而加强了人与人的整体关系，使人的活动带有盲目性而缺乏自由自觉性。"

奴隶社会中，由于社会生产力和分工的发展，劳动生产率的提高，使得劳动者能够生产剩余产品，从而使奴役他人变为有利可图的事。在这种情况下，出现了人类历史上第一个人剥削人的形式，即奴隶占有制。奴隶占有制生产方式决定着整个社会的基本发展方向。这种社会形态中，奴隶主有一定的发展，但极大地抑制了整个社会奴隶的发展。

封建社会中，生产力有了较大的发展，人类社会进入了一个新的阶段。但是在这一阶段中，大部分的社会生产资料掌握在统治阶级手中，人们有着强烈的小农意识，生产力水平不高，分工不发达，劳动者往往要完成整个劳动的全过程，人的自由全面发展受私有制和生产力的制约。

资本主义社会中，生产力有了巨大的提高，社会分工发达，但资本主义私

有制、对劳动者的剥削、体力劳动与脑力劳动的分工极大程度上制约着人的发展，劳动变成了维持个体生存的手段，成为奴役个人的工具。马克思在《1884年经济学哲学手稿》中主要论述了其异化劳动学说，并以此说明人的本质及其异化的发展。工人在劳动中面对着人同劳动产品的异化、劳动活动本身的异化、人同自己"类本质"的异化及人与人的异化。劳动者凭借劳动创造出来的价值却要被资本家所占有，资本家为了获得更多的利益，延长工人的劳动时间，增加工人的劳动强度，不断获得绝对剩余价值和相对剩余价值，劳动者只能够维持自身的生存，没有时间、金钱和精力去发展自身，循环往复，致使贫富差距两极分化，极大地阻碍了人的全面发展。

共产主义社会中，按照马克思的观点，人的全面发展与人的个性自由发展是统一的。而今我国处在社会主义初级阶段中，人们依然没有实现人的全面发展，但这一过程是一个必经阶段。在这一阶段，社会生产力相比以前的社会得到更进一步的发展，人追求全面发展的意识和要求更加强烈，现实可能性也越来越大。但是生产力水平仍然不能满足人实现自身的全面发展，而社会主义初级阶段的社会依然存在的分工和私人占有严重地阻碍着人的全面发展的实现。在实现了共产主义社会之后，人的全面发展绝不意味着用一个固定的模式要求每一个个体，而是指在德智体要求基础上的人的个性的独特而自由的发展，人们将在新的劳动基础上进行新的实践活动，劳动不再是谋生的手段而成为人的需要，劳动真正成为自由自觉的创造性活动，表现出人的活动的全面性。所以人的自由自觉的创造性劳动是人的全面发展的前提和基础，使人的个性和才能得到最大程度的发挥和体现。

三、 实现人的全面发展的条件及途径

实现人的全面发展需要正确理解实践活动。马克思在《关于费尔巴哈的提纲》中着重强调实践的重要性，提到"实践"一词 13 次，并多次出现"人的感性活动"。实践的观点在马克思主义哲学中处于关键地位。首先，一个社会人的情感结构、思维方式，一个社会的价值观念，一个社会全部的人与人的关系，人与物的关系、伦理道德、审美都在实践之中，实践中蕴含着普遍性。其次，实践是人的存在方式，实践的目的指涉自身，人通过实践使人成为人，实践内含着使人成为人的价值，包含着内在向度、自我的价值追求。实践是理解

人类社会的根本，是理解人的根本。最后，所有的实践活动都是自我超越性的表现，实践是当下的活动，却开辟人的未来，内在包含着人类超越的方向，是一种价值引领。因而人的全面发展必然离不开实践，需要在实践中超越原本的自己，寻求内在的突破，不断发展自己。实践是实现人的全面发展的方式。

实现人的全面发展的根本条件是生产力的高度发展。生产力的高度发展不仅可以给人的发展提供丰富的物质资料，更重要的是生产力的发展本身就是人进行实践活动的过程，是人的能力不断提高的过程，同时也是人的个性丰富和发展的过程。

实现人的全面发展的重要条件是消灭私有制，实行生产资料的社会占有。在私有制条件下，生产资料为少数人占有，大多数的劳动人民因为没有生产资料而难以实现个人的全面发展。

实现人的全面发展需要人与社会相互依存，和谐发展。作为活生生的存在，个人都不可避免地会出现在一定的社会关系中。因此，现实的个人的发展离不开"一切社会关系总和"所形成的社会状况，社会关系的不断前进和进步，带动了人的发展，给人的发展提供了活力和稳定的基础。因此我们可以这样来理解人的全面发展，由于人的实践活动产生了各种各样的社会关系，而每种社会关系又会相应地衍生其他的关系，这样，社会交往就更加全面，个人也由于交往的扩大，发展也就更加全面。马克思说："一个人的发展取决于和他直接或间接进行交往的其他一切人的发展。"

实现人的全面发展的关键环节和唯一方法是教育。马克思在《资本论》等著作中指出，"教育不仅是提高社会生产的一种方法，而且是造就全面发展的人的唯一方法"，认为这一结合包括两个方面：一是社会生产过程中的生产劳动要与教育相结合（即劳教结合），一是在国民教育过程中的教育要与生产劳动相结合（即教劳结合）。正是教育使人们不断获得新的知识、经验和技能，拥有新的认识能力、劳动能力和生活能力，因此，教育是促进人的全面发展的不可缺少的重要条件。马克思在《哥达纲领批判》中写道："生产劳动和教育的早期结合是改造社会的最强有力的手段之一。"恩格斯也在《反杜林论》中这样阐述道："从工厂制度中萌发出了未来教育的幼芽，未来教育对所有已满一定年龄的儿童来说，就是生产劳动同智育和体育结合，它不仅是提高社会生产的一种方法，而且是造就全面发展的人的唯一方法。"他们为"人的全面发展"共同提出了教育和生产劳动相结合的要求。

四、 立足新时代促进人的全面发展

《共产党宣言》提出的"每个人的自由发展是一切人的自由发展的条件"的命题，概括了未来新时代的精神，体现了社会主义的最高目标和终极价值。

习近平总书记在党的十九大报告中庄严宣告："经过长期努力，中国特色社会主义进入了新时代。"这是我国发展新的历史方位，置身新的历史方位，就要按照习总书记在纪念马克思诞辰 200 周年大会讲话所说的："必须不断提高运用马克思主义分析和解决实际问题的能力，不断提高运用科学理论指导我们应对重大挑战、抵御重大风险、克服重大阻力、化解重大矛盾、解决重大问题的能力，以更宽广的视野、更长远的眼光来思考把握未来发展面临的一系列重大问题，不断坚定马克思主义信仰和共产主义理想。"站在新的历史起点上，习近平新时代中国特色社会主义思想为推动人的全面发展提供了科学理论指导。这是对马克思主义人的全面发展思想的继承和发展，要求"更好推动人的全面发展，社会全面进步"。中国特色社会主义一方面促进人的全面发展，同时也依靠人的全面发展。当前，我国人民生活总体上达到小康水平。随着全面建成小康社会奋斗目标的即将实现，我国经济将更加发展、民主将更加健全、科教将更加进步、文化将更加繁荣、社会将更加和谐、人民生活将更加殷实，这将为更高层次、更高水平上推动人的全面而自由发展奠定坚实的社会基础。

中国特色社会主义进入新时代，我国社会主要矛盾已经转变为"人民日益增长的美好生活需要和不平衡不充分的发展之间的矛盾"，这是人的全面发展过程中的一个新阶段。习总书记指出："人民对美好生活的向往，就是我们的奋斗目标""我们任何时候都必须把人民利益放在第一位，把实现好、维护好、发展好最广大人民根本利益作为一切工作的出发点和落脚点。"正是有了永远把人民放在首位的政党，我们才有信心、有决心去实现人的全面发展。"人的全面发展"是一种人本的回归，立足于这样一个新时代，我们就必须与时俱进，根据发展阶段对促进人的全面发展提出新的时代要求。新时代对"美好生活"的认识要从理解生活开始，有学者认为"生活的内在规

定性就在于生命的真、生命活动和社会性三个方面。"生命的个体——人，在感性的活动中发展自身的社会关系，这种社会关系的发展程度决定了人的发展的程度。也就是说，我们追求的美好生活不仅意味着中华民族"强起来"，也意味着当代中国人的发展已经从对物的需求转向主体自身存在的丰富性，符合马克思主义人的全面发展的前提，即人类劳动应该是"自由的劳动"，生产本身就是生活，生活本身就是生产的论述。生产劳动的目的在于自身，在于促进自身的发展，而不在于外在的工具性目的，是为了更好地实现人的价值，即自由自觉地劳动。由此可见，我国人民在社会主义制度下对人的全面发展有了更高的诉求。

我国的社会主义制度是实现人的全面发展的社会条件，生产力的长足发展为人的全面发展提供了可能。面对实现人的全面发展的唯一方法——教育，习总书记高度重视，并把教育放在坚持和发展中国特色社会主义的战略高度来谋划。2018 年，习总书记在全国教育大会上做出了优先发展教育事业、加快教育现代化、建设教育强国的重大部署。教育是民族振兴、社会进步的重要基石，是功在当代、利在千秋的德政工程，对提高人民综合素质、促进人的全面发展、增强中华民族创新创造活力、实现中华民族伟大复兴具有决定性意义。步入新时代，我们更要做好教育工作。习近平总书记指出，要努力构建德智体美劳全面培养的教育体系，形成更高水平的人才培养体系，要把立德树人融入思想道德教育、文化知识教育、社会实践教育各环节，贯穿基础教育、职业教育、高等教育各领域，学科体系、教学体系、教材体系、管理体系要围绕这个目标来设计。加强教育不仅促进教劳结合，在工人之中的各种职业技能培训、情感建设也促进劳教结合，这样才能更好地促进人的全面发展。

习近平总书记在《之江新语》中指出："人，本质上就是文化的人，而不是'物化'的人；是能动的、全面的人，而不是僵化的、'单向度'的人。"共产党人以促进人的全面发展为己任，带领人民充分发挥人的能动作用，从各个维度进行发展，活出意义，实现人之为人。习近平新时代中国特色社会主义思想的人民主体的价值追求与马克思关于人的全面发展学说本质相通，是对无产阶级作为解放主体这一马克思主义解放思想的再次确认和创造性发展，更是我们党"全心全意为人民服务"根本宗旨的生动体现。

第二节　马克思主义教育思想

一、　马克思主义教育思想的形成

　　马克思主义教育思想是在长期革命实践中逐步形成和发展起来的，包含在马克思主义当中并随着它的发展而发展。虽然马克思不是专业的教育家，也没有留下系统专业的教育专著，但他和恩格斯在马克思主义理论体系中系统阐述了其教育思想。马克思教育思想是在对资产阶级教育理论成果的批判中逐步形成和发展起来的，他运用辩证唯物史观和历史唯物史观考察教育，深刻认识了教育的内涵、影响、效力，正面、科学地阐释了教育的基本问题，逐步形成了关于教育的一系列科学理论和观点，主要包括教育实现人类全面自由发展、教育要与生产劳动相结合、教育公平性、教育的社会经济思想价值等理论，这些理论统归在一起就构成了马克思主义教育思想[①]。

　　任何伟大思想都是在深厚的时代背景和深刻的理论背景下应运而生的，蕴含在伟大的马克思主义中的教育思想也不例外。在教育领域，应新兴资产阶级要求国立的和强制性的教育逐渐形成，由过去的教会或慈善机构办教育发展到国家、国民办教育。哲学史上的全部唯物主义和辩证法的成果，为马克思主义哲学的产生做了充分的思想理论准备，而工人无产阶级反对资产阶级的斗争是它产生的时代背景。因为在 19 世纪 40 年代，资本主义生产方式在欧洲大陆已经占据统治地位，社会逐渐被饱受剥削、依靠出卖劳动力谋生的无产阶级和资产阶级割裂，资产阶级承诺的"平等教育""普及教育"变成一纸空文，他们限制无产阶级的受教育权，害怕工人阶级和劳动群众受到教育，"对资本家来说，工人受教育有很多可怕的地方"[②]，于是一味压榨。随着资本主义制度内部矛盾和资本主义社会矛盾不断暴露与激化，经济危机反复发生，资产阶级变本加厉，甚至大量使用童工，这些童工身心饱受践踏和伤害，对他们来说接受教育是不可能的。

[①]　孙丹. 马克思主义教育思想中国化的历史进程与启示 [D]. 通化：通化师范学院，2016：5.

[②]　中共中央马克思恩格斯列宁斯大林著作编译局. 马克思恩格斯全集：第 2 卷 [M]. 北京：人民出版社，1957：195 - 198.

写于 1844 年的《经济学哲学手稿》站在人的角度，批判了黑格尔的"抽象劳动"，提出只有在共产主义社会才能让教育从束缚中释放出来，真正实现人的全面发展，这为马克思教育思想的提出打下了铺垫。1845 年，《关于费尔巴哈的提纲》论述了唯物主义和朴素唯物主义、机械唯物主义、形而上学唯物主义对"人"的本质的不同理解，间接提出了教育与社会实践之间关系的思想，为了清除朴素唯物主义、机械唯物主义对教育的错误认识，并基于对教育的社会价值、教育实践对人的改造功能的认识，提出教育必须坚持知识来源于实践又服务于实践，坚持理论与实际相结合的思想。在 1848 年 2 月问世的《共产党宣言》中，马克思、恩格斯的教育思想和盘托出。一方面，《共产党宣言》揭露了资本主义教育的本质，批判了资本主义的教育思想，指出资产阶级把阶级意志强加于教育之上，资产阶级的教育观念是由资产阶级自己决定的，揭示了资产阶级的教育是为了自己无穷无尽的欲望妄图把人培养成机器，千方百计地从工人阶级和劳动人民的身上榨取剩余价值；另一方面，针对无产阶级推翻资产阶级后的教育做出了几点展望，包括教育民主、给予平等的受教育权、实施免费教育、废除童工、劳动教育相结合和促进人的全面发展等几大方面。马克思主义的这些教育思想主要是从工人阶级、劳动群众和儿童成长发展的需要，同时也是从社会生产力进步的要求来考虑的。由此可见，批判性作为马克思思想的灵魂，也是马克思主义教育思想活的灵魂。

二、 马克思主义教育思想的精髓要义

马克思主义是人类反对压迫和反对剥削的强大思想武器，也是近代以来反殖民主义、反帝国主义、追求福利国家和人文主义的重要思想基础。马克思主义的影响力不只是体现在其思想观点上，还在于其思想方法和伦理精神。与其他哲学有所区别的是，马克思主义是一种有着道德追求的伟大哲学思想。

马克思主义的教育目标是追求全人类的解放，是被剥削和被压迫人的解放，是强调全社会所有人的全面发展，而不仅仅是部分人的自由发展。马克思主义追求自由，呼吁推翻人类社会中导致人被奴役和被蔑视的所有关系。这种追求整体社会和谐发展的理想，是马克思主义教育思想的核心理论伦理所在。马克思主义强调教育在人类社会发展中的发展性，认为教育是人类社会自我解放的重要手段，是人类追求自身道德性的重要领域，教育要为人类解放服务。

马克思主义强调理论的实践性，强调通过实践证明思维的真理性。同时，认为教育本身就是人类自我发展的重要途径，要让学生在批判和反思过程中成为具有独立人格和自由思想的社会主体。①

在教育方法上，马克思主义强调教育与生产劳动相结合。转化为现代语言，即教育要为个体未来的社会贡献创造条件，这是一种关注教育的社会贡献的理论。其不只是关注个体自身能力的发展，还要求这种能力的发展和社会的需要相联系，因为个体是社会关系中的个体，而不是一种先验的想象中的个体。所以，马克思认为，通过劳动与教育的结合，不仅仅能够提高社会生产力，还能造就全面发展的人，而不是培养社会无知者和剥削者。

在教育的政治性方面，马克思主义强调教育的政治性和阶级性，这是马克思主义的重要教育观点。马克思主义认为，一切精神文化都有其背后的阶级性和政治性，教育要为劳工阶层服务，要关注弱势阶层。这是一种非常前瞻的观点，因为教育往往是复制社会关系的基础，弱势阶层的教育背景，往往是其弱势的重要社会原因。马克思主义强调教育的阶级性和政治性，这一点被西方学者广泛采用，成为西方在教育领域中反歧视、追求教育公平的强大思想武器，也是西方国家近代以来在普及教育、教育平等运动等方面发展的重要思想根源。马克思主义认为，一切阶段社会的历史都是阶级斗争的历史，教育有其必然的政治性和阶级性。马克思主义关注教育的核心价值观，并认为一切价值观都有其阶级性和政治性，价值观是教育中的重要支撑点，核心价值观更是一个国家道德的集中体现。核心价值观不只是一个国家教育中的内容，更为重要的是其背后有着阶级的道德倾向。例如，是追求平等还是追求自由，这个分歧在教育中将使得大部分教育内容都会变得不一样。同时，马克思主义强调社会文化背景，这是教育发展的重要构成维度。马克思在《共产党宣言》中嘲笑过德国学者照搬法国文献的愚蠢，因为法国的社会基础并不可能照搬到德国。这一点，对于今天中国教育核心价值观的构建有着重要意义，提醒我们不能简单地照搬西方社会的价值体系。

马克思主义认为，人的本质是一切社会关系的总和。关注人的社会性，这是马克思主义在教育思想上的逻辑基点。自由主义教育认为，个体就是个体，

---

① 冉亚辉. 马克思主义教育思想与当代中国教育的发展 [J]. 教育评论，2012 (1).

否认个体的社会性，而马克思主义认为，个体的社会性是人的本质。教育也是服务于个体的社会性发展，即个体的发展必须站在社会的视角审视才有意义。纯粹个人意义只是一种想象中的符号，离开社会的个体可能并没有意义，人也并非是自由主义教育理论中的先验存在。马克思主义教育思想以现实性的人为出发点，强调人的社会现实性是在社会历史中得以生成和发展的，这是一种具有历史视野和社会环境判断的立场，强调教育的历史逻辑性，也克服了简单地将教育等同于社会化的观点①。

马克思主义并不要求教育上的泛政治化，而是追求教育在政治上的正义性，要求消除教育领域中的阶级压迫和隐形的社会阶级复制。马克思主义教育理论强调教育的社会性，教育目标指向全社会的解放，这是一种追求教育正义和社会理想的理论。与自由主义教育的最大差异在于，马克思主义教育学更为强调社会的整体利益与和谐，而自由主义教育更为强调个体的自由发展。这两种教育的社会目标指向差异，决定了在具体发展中，马克思主义的理想教育是一种个体和谐发展与社会和谐发展的结合，而西方自由主义教育学则强调个体的自由发展。

三、 马克思主义教育思想的主要特征

马克思主义教育思想包含在马克思主义当中，马克思主义的特征就是其教育思想的主要特征，即科学性和实践性②。

一是科学性。首先，科学性表现在世界观是科学的世界观。马克思运用辩证唯物史观和历史唯物史观考察教育，深刻认识了教育的内涵、影响、效力，正面科学地阐释了教育的基本问题，而唯物史观就是科学的世界观，所以他所形成的观点就具有真理性和规律性。其次，科学性表现在以人为本，从人的角度出发。他对资产阶级猛烈批判，站在维护工人阶级和劳动人民的根本利益的角度，提出"受教育权的"平等的教育原则和人的全面自由发展的教育现实途径等思想。最后，科学性表现在开放和与时代同步。马克思教育思想不是因循守旧、墨守成规的，它反对僵化、神化的论调，而是随着社会的发展与时代的

---

① 舒志定. 论马克思教育思想的当代意义 [J]. 学习论坛，2007（9）.
② 孙丹. 马克思主义教育思想中国化的历史进程与启示 [D]. 通化：通化师范学院，2016：9.

进步而不断更新、发展、延伸和丰富的。正因为它的开放和与时代同步，才会有今天的中国化的马克思教育思想。

二是实践性。实践对于人们认识世界和改造世界起着至关重要的作用，在整个马克思主义教育思想中，实践始终贯穿其中。它有两层含义，一层是"实践是认识的来源，也是认识发展的动力"，强调将科学理论应用于具体实际中；另一层是"实践是检验认识正确与否的唯一标准"。从马克思主义诞生之日起，在百年实践中，列宁、斯大林将其苏联化，不断扩展延伸。以毛泽东、邓小平、江泽民、胡锦涛、习近平等为代表的中国共产党人把它当成我国教育的指导思想，使中国革命、建设和改革面貌一新，衍生出"优先发展教育、深化教育体制改革、尊师重教"等先进思想，引领社会和教育发展取得举世瞩目的成就。马克思教育思想产生于、发展于、检验于教育实践，指导着教育实践，所以，学习和研究马克思主义教育原理，必须密切联系教育的实际。只有联系实际才能真正掌握理论，才能发展理论，才能指导教育实践活动。联系实际，主要是联系我国社会主义教育发展中遇到的新情况、新问题，联系我国教育改革的实际，以指导社会主义的教育改革和发展。

四、 马克思主义教育思想的中国化

马克思主义教育思想讨论教育问题的方法论前提，不是就教育论教育，而是从社会生产、社会关系中，从社会变革中认识教育。马克思主义教育思想的主要代表都是思想家、理论家或者政治家，他们都不是教育家，也没有专门的教育著作，他们都是结合社会关系、结合社会生产来讨论教育问题。虽然时代不同，历史条件和任务不同，但追求人的解放和人的自由全面发展的终极关怀立场，以及认识问题和解决问题的世界观和方法论是一脉相承的。

围绕教育与社会和人的关系这个教育的永恒问题，马克思主义经典作家及中国中央领导集体有着深刻的认识和论述。重温马克思主义教育思想的精髓，对新时代的教育改革发展有一定的借鉴意义。

马克思、恩格斯在总结社会发展基本规律的同时，在创建其唯物史观、揭示人类社会发展规律的过程中，也对人及人的培养问题给予了特别的关注。马克思、恩格斯教育思想的核心观点有：教育的本质属性是社会性，教育在阶级社会具有阶级性，社会关系决定教育；教育决定于一定的物质生活条件，对社

会物质生产和人自身的生产具有重要作用；教育是实现人的全面发展的重要社会条件，教育要培养全面发展的一代生产者；教育与生产劳动的结合是变革社会、提高社会生产、造就全面发展的人的唯一方法手段；教育的构成主要是智育、体育和技术教育，综合技术教育是实现教育与生产劳动相结合的桥梁和纽带；教育与社会变革具有密切的关系，一方面，为了建立正确的教育制度，需要改变社会条件，另一方面，为了改变社会条件，又需要相应的教育制度。因此，教育改革应该"从现有情况出发"。

列宁继承了马克思、恩格斯关于教育的基本原理，结合苏联社会主义革命和建设的实践，形成了比较完整的教育思想，丰富和发展了马克思主义教育思想。列宁突出了社会主义国家教育的无产阶级属性，明确提出教育在阶级社会具有阶级性。教育和政治联系的规律，学校要自觉联系无产阶级政治，学校应当成为无产阶级专政的工具，教师应坚决站在无产阶级立场上，使知识和科学成为解放被剥削劳动群众的工具。教育要为苏维埃政权培养共产主义者；青年一代要努力成长为共产主义者，要学习马克思主义，学习继承人类一切优秀文化知识，要接受综合技术教育，要参加群众实际生活。同时，列宁进一步发展了马克思、恩格斯的教育与生产劳动相结合的思想，提出教育与生产劳动相结合是实现未来社会理想的基本途径和手段，既是培养人的教育和教学的内在需要，也是科学技术本身的内在需要；苏维埃教育要全面实施综合技术教育，要避免过早专业化。

毛泽东从中国革命和建设事业的前途出发，一贯重视教育工作和革命事业接班人的培养。毛泽东结合中国无产阶级革命和社会主义建设的实践，提出教育的本质属性是社会的上层建筑，在阶级社会具有阶级性，教育必须为无产阶级政治服务；教育作为观念的文化，一方面决定于一定社会的政治和经济，又同时反作用一定的政治和经济。社会主义的教育目的是要培养德智体全面发展的劳动者，要使青年学生生动活泼地主动地获得发展，教育最终要使广大中国民众都成为文明幸福的人；学校要坚持教育与生产劳动的结合原则，促进学生的全面发展，即具有"比较完全和比较广博的知识，发展健全的身体，发展共产主义的道德"[1]；要大力进行思想教育，思想政治工作各个部门都要抓，共产

---

[1]　中共中央文献研究室. 毛泽东文集：第8卷 [M]. 北京：人民出版社，1999：399.

党、青年团、政府、学校校长和教师都要管。毛泽东强调教育与革命实践相结合，与生产劳动相结合，提出劳动人民知识化，知识分子劳动化；办共产主义劳动大学，一边工作，一边读书，学校办工厂，工厂办学校等重要思想。在教育管理和培养人的方法途径上，毛泽东认为，省市县一把书记要管教育；高校应抓三个东西：一是党委领导；二是群众路线；三是把教育和生产劳动结合起来。对教师和知识分子的要求，毛泽东认为教育者要先受教育；掌握理论的和实践的完全知识，做完全知识分子。

邓小平在领导中国特色社会主义建设过程中，形成了一系列独具特色的教育理论，"深刻揭示了我国社会主义教育事业的本质和发展规律，精辟地阐述了我国教育改革和发展的一系列重大理论和实践问题"①。邓小平教育理论的主线是教育要为现代化建设总目标服务，从战略高度考虑优先发展教育，明确教育的战略地位，提出教育是基础，科技是关键，科学技术人才的培养基础在教育；"我们要千方百计，在别的方面忍耐一些，甚至于牺牲一点速度，把教育问题解决好"②，提出社会主义教育改革的指导方针，教育要面向现代化、面向世界、面向未来；教育事业必须同国民经济发展要求相适应；各级领导都要重视教育，全社会都要支持教育。邓小平重视教师在教育事业中的关键作用，提出要提高教育质量，关键是提高教师水平，同时提高教师的政治地位和社会地位，改善教师的工作条件和生活待遇。

江泽民对教育问题作了一系列重要论述。关于教育事业发展的阐述，"科教兴国，是指全面落实科学技术是第一生产力的思想，坚持教育为本"③，必须把教育摆在优先发展的战略地位；重视各种教育事业的发展，提出振兴教育，全民有责，国运兴衰，系于教育。关于教育改革的论述，提出从国情和教育规律出发进行改革，经济落后的条件下办大教育，探索社会主义市场经济条件下教育的新体制和发展的新路子，努力建设中国特色的社会主义教育体系；提出优化教育结构，调整学校布局，改进、完善学科与专业设置，全面适应现代化建设对各类人才培养的需要。关于教育方针的论述，强调教育为社会主义现代化建设服务和为人民服务，坚持教育与生产劳动和社会实践结合，强调德智体

① 中华人民共和国教育部. 邓小平教育理论学习纲要［M］. 北京：北京师范大学出版社，1998：2.
② 邓小平文选：第3卷［M］. 北京：人民出版社，1993：275.
③ 江泽民. 在全国科学技术大会上的讲话［N］. 人民日报，1995－06－05（1）.

美等全面发展。

胡锦涛对教育问题也作了重要论述。关于教育地位的论述，进一步明确了教育在全面建设小康社会中的重要战略地位，强化教育的基础性、先导性和全局性作用，把优先发展教育作为国家战略。关于教育发展方向的论述，以"科学发展观"为指导，提出了"以人为本"的教育发展思想，办人民满意的教育。关于教育方针的论述，坚持育人为本、德育为先，把立德树人作为教育的根本任务。关于教育发展思路的论述，提出要统筹城乡、区域教育，统筹各级各类教育，统筹教育的发展规模、结构、质量、效益；要普及和巩固义务教育，大力发展职业教育，提高高等教育质量。关于教育改革的论述，要进一步完善普通教育、职业教育、成人教育和高等教育相衔接的教育体系，完善继续教育和培养制度，建立健全人才培养机制。

新时代，习近平总书记对教育有丰富的重要论述，深化发展了中国特色社会主义教育理论体系。习近平总书记就教育改革发展提出的一系列新理念、新思想、新观点，集中体现为"九个坚持"。在培养什么人的问题上，坚持党对教育事业的全面领导，坚持把立德树人作为根本任务，强调了德的素养在人的全面发展素养中的核心地位。在教育的发展战略上，坚持优先发展教育事业，强调了教育的战略性基础性先导性地位，把教育作为关乎民生福祉的重要部分。在教育发展道路上，坚持社会主义办学方向，提出全面贯彻党的教育方针，培养德智体美劳全面发展的社会主义建设者和接班人。在怎么办教育上，坚持扎根中国大地办教育，办世界水平中国特色的现代教育。在为谁办教育上，坚持以人民为中心的教育发展思想，从党的初心使命出发提出办好人民满意的教育目标。在教育发展的动力上，坚持深化教育改革创新，办公平而有质量的教育，以教育公平促进社会公平正义。在教育的战略地位上，坚持把服务中华民族伟大复兴作为教育的重要使命，提出建设教育强国是中华民族伟大复兴的基础工程，培养担当民族复兴大任的时代新人。在谁来培养人的问题上，坚持把教师队伍建设作为基础工作，提出做"四有"好老师的核心要求。

上述马克思主义教育思想一脉相承，不断发展创新，展现了马克思主义教育思想的精髓。① 教育是社会现象，本质属性是其社会的意识形态属性，在阶

---

① 杨兆山，陈煌. 回顾与展望：我国马克思主义教育思想发展历程——纪念改革开放 40 年 [J]. 东北师大学报（哲学社会科学版），2019（1）.

级社会具有阶级性，学校是占统治地位的阶级培养本阶级人才的主要阵地。教育是培养人的社会实践活动，是实现人类文明传承、创新发展的基本手段。教育受一定的社会生产和社会关系的制约，又对既定的社会生产和社会关系有重大的反作用。社会通过实施全面教育促进人的全面发展和社会的全面进步，教育与生产劳动的结合、教育与社会实践的结合是提高社会生产的方法，是造就全面发展的人的唯一方法。科技革命背景下的现代生产、现代社会决定了教育自身的现代化及教育优先发展的战略地位，社会的需要决定了教育自身的不断变革，人的全面发展既是个体的需要，也是社会现代化大生产的客观要求。

五、 马克思主义教育思想对新时代中国教育的现实意义

马克思主义教育思想不仅仅关注个体的解放，还强调从社会角度理解教育，从社会视角关注社会对个人的影响，这是一种个体与社会视角两方面结合的教育思想。马克思主义一直强调理论的实践性，认为哲学家只是用不同的方式来解释世界，而真正的问题在于如何改变世界。鉴于对实践性的强调，今天中国教育坚持马克思主义的指导，并非教条地学习马克思主义教育观点，而应该坚持马克思主义教育思想的中国化，将之与中国的现实社会实践相结合，运用其中的方法论和思想精华来分析和解决现实教育问题。

马克思主义教育思想在当代中国教育发展中有着重要指导性，基于其基本构成内容和理论伦理，我们需要重视教育的几个基本前提。[①]

教育发展的政治性：为谁服务。教育的政治性是现实存在的，在任何一所学校调查，都会很快发现这所学校代表哪个阶层的利益，这种教育的政治性是一种现实的存在。马克思主义认为，道德始终是阶级的道德，教育的发展中一定存在其政治性。当前，我国要发挥社会主义的优势，追求社会主义教育的正义性，民工子弟、弱势群体的教育都必须得到保障，而整个社会的教育均衡发展，则是马克思主义教育思想的必然要求和现实需要。在教育发展中，需要重点剖析教育发展方向和战略行为的政治性，因为一切行为背后都有着利益的影子，教育也不例外。

教育发展的核心价值观：社会和谐和自由发展之间必要的张力和协调。

---

① 冉亚辉. 马克思主义教育思想与当代中国教育的发展 [J]. 教育评论, 2012 (1).

教育不能仅仅被预设于个人的自由发展，而应该是社会与个人的协调发展。当前，在西方自由主义的巨大影响下，我国社会中产生了一种令人诧异的现象，即只要强调教育的社会性和社会目的，就会被人毫无理由地扣上压制个体自由发展的帽子，只要强调教育的政治性，就会被人粗暴地扣上政治压制教育的帽子。任何人都具有社会性，人的一切都是社会的产物，无论是思想、文化、知识，即使是自由价值观，也仅仅是社会的文化产物之一。任何人都不可能离开社会，自由发展与社会和谐是教育发展的两个必须协调的维度，而不是单一目标。既不能为了追求自由而抛弃个体的社会性发展，也不能完全因为社会性而压制个性，导致产生一个毫无创造性的社会，这不是我们想要的结果。

教育发展的正义性：均衡发展，为一切人的解放的教育。教育需要一种理想的支撑，中国传统教育有其修身、齐家、治国、平天下的理想，在新时代，教育则是民族的伟大复兴和最终的人类解放。伟大的事业需要伟大的理想支撑，教育需要追求崇高，不能将低俗视为美德，这也是当代社会主义荣辱观的核心内容。要在教育中追求高尚，教育自身更要追求正义，在发展中要强调均衡发展。教育在任何时候都不能成为社会等级化的根源，这是教育正义性的基本要求。

教育研究的基点：个人发展与社会发展的结合。没有能离开社会发展的个人发展，个人发展永远都是社会基础上的发展，教育研究不能仅仅满足于追求虚幻的个体的自由发展，而不管不顾现实社会。教育学不能仅仅满足于追求一种个人主义的教育学，还需要强调社会和谐的整体教育理论的教育学。教育学自身的发展，需要通过剖析自由主义教育的内在问题，建立中国特色、中国志向、中国风格的教育理论体系。这种整体的教育学，体现了强调社会和谐、秩序、发展东方文化的重要特点。

马克思主义在中国的发展有其背后的文化原因，马克思主义在两方面与中国的传统文化极为相近。首先，都关注社会整体发展。马克思认为人是一切社会关系的总和，而儒家文化也认为人是社会的人，人的道德、政治和责任都需要在社会中才能得到明确，离开了社会的人，不成其为人。其次，都有着伟大的社会理想。马克思以解放全人类为目标，而儒家文化则追求治国平天下的理想，这两种社会目标极为相近，都是高尚的社会指向。教育需要一种有社会理想的教育，也需要一种社会的视角，这是马克思主义在教育中的重要意义所在。在教育的发展上，我们需要马克思主义教育思想的指导，关注教育的政治性、关注教育自身的社会理想和道德性。在发展中，强调马克思主义教育的辩证发展，并注意人是社会历史发展中的人，没有先验的个人，也没有脱离社会的自由。马克思主义强调任何人都是社会的人，教育在发展中必须关注社会的和谐，社会对个人并非压制，个人需要在社会中才具有人的意义。由此，教育发展要指向社会和谐，而不是脱离社会的自由。马克思主义关注理论伦理，强调理论自身的发展性，这就要关注中国当前的教育现实、教育的伦理性、教育的均衡发展、教育核心价值观的构建等。这些，都是马克思主义教育思想对于今天中国教育发展的重要意义所在。马克思主义从未远去，在当前的教育发展中，我们要重视马克思主义的教育理论，进而寻找中国特色的教育发展之路。

第三节　习近平新时代中国特色社会主义教育思想

一、 习近平新时代中国特色社会主义教育思想的主要内容

党的十八大以来，以习近平同志为核心的党中央高度重视教育工作，把教育摆在优先发展的战略地位。在治国理政的思想中，习近平总书记对教育工作提出了一系列富有创见的新理念、新思想、新观点，系统回答了一系列方向性、全局性、战略性重大问题，形成了习近平新时代中国特色社会主义教育思想。这一思想是中国特色教育理论发展的新成果，形成了科学系统的新时代中国特色社会主义教育理论体系，开拓了马克思主义教育理论和实践发展的新境界，成为习近平新时代中国特色社会主义理论的重要组成部分。它标志着我们党对教育规律的认识达到了新高度，为推进新时代教育改革发展提供了强大思想武器和行动指南。学习领会习近平总书记关于教育的重要论述，关键在于把握蕴含其中的精髓要义。

1. 建设教育强国——牢筑民族复兴的基础工程

习近平总书记在党的十九大报告中指出："建设教育强国是中华民族伟大

复兴的基础工程，必须把教育事业放在优先位置。"① 在全国教育大会上，习近平总书记进一步提出了"加快推进教育现代化、建设教育强国"的新要求。教育强国是现代化强国的重要内容，也是建设现代化强国的基础。强国必强教，强国先重教。要坚持把优先发展教育事业作为推动党和国家各项事业发展的重要先手棋。今天的学生是未来建设社会主义现代化强国、实现中华民族伟大复兴中国梦的主力军。2016 年 9 月 9 日，习近平总书记考察北京八一学校讲话时指出："我国正处于历史上发展最好的时期，但要实现'两个一百年'奋斗目标、实现中华民族伟大复兴的中国梦，必须更加重视教育，努力培养出更多更好能够满足党、国家、人民、时代需要的人才。"② 建设社会主义现代化强国、实现中华民族伟大复兴的中国梦，为新时代我国教育提出了新的使命和要求，迫切需要我们对加快推进教育现代化、建设教育强国做出总体部署和战略设计。

2. 加强党对教育工作的全面领导——教育发展的"定海神针"

习近平总书记强调，做好教育工作，加强党的领导是根本保证。教育部门和各级各类学校的党组织要增强"四个意识"、坚定"四个自信"，坚定不移地维护党中央权威和集中统一领导，自觉在政治立场、政治方向、政治原则、政治道路上同党中央保持高度一致。要坚持党管办学方向、管改革发展、管干部、管人才，牢牢掌握党对教育工作的领导权，使教育系统成为坚持党的领导的坚强阵地，尤其是要确保高校始终成为"坚持党的领导的坚强阵地"和"培养社会主义事业建设者和接班人的坚强阵地"③。习近平总书记的这些相关重要论述，明确了党是领导教育事业发展的核心力量，是办好中国教育的最大政治优势，强调了办好新时代中国特色社会主义教育要牢牢掌握党对教育工作的领导权这一根本要求。

3. 落实立德树人——教育发展的根本任务

习近平总书记在全国教育大会上强调：要坚持把立德树人作为根本任务。

---

① 习近平. 决胜全面建成小康社会 夺取新时代中国特色社会主义伟大胜利——在中国共产党第十九次全国代表大会上的报告 [N]. 人民日报，2017 - 10 - 28.

② 努力培养出更多更好的人才——习近平总书记在北京市八一学校考察的讲话引起强烈反响 [N]. 人民网 - 人民日报，2016 - 9 - 11.

③ 习近平. 在全国党校工作会议上的讲话 [J]. 求是. 2016 (9).

要深化教育体制改革，健全立德树人落实机制①。我国是中国共产党领导的社会主义国家，我们的教育必须把培养社会主义建设者和接班人作为根本任务，培养一代又一代拥护中国共产党领导和我国社会主义制度，立志为中国特色社会主义奋斗终身的有用人才。要把立德树人的成效作为检验学校一切工作的根本标准，健全全员育人、全过程育人、全方位育人的体制机制。在坚定理想信念、厚植爱国主义情怀、加强品德修养、增长知识见识、培养奋斗精神和增强综合素质上下功夫，培养德智体美劳全面发展的社会主义建设者和接班人。习近平总书记的这些相关重要论述，进一步回答了新形势下培养什么人、怎样培养人、为谁培养人这个根本问题，明确了各级各类学校办学的根本目标和方向。

4. 坚持社会主义办学方向——教育发展最鲜亮的底色

方向决定道路，道路决定命运。坚持什么样的办学方向，关系教育事业兴衰成败和社会主义现代化建设全局。习近平总书记强调，教育就是要培养中国特色社会主义事业的建设者和接班人，而不是旁观者和反对派②。新时代贯彻党的教育方针，要坚持马克思主义指导地位，贯彻新时代中国特色社会主义思想，坚持社会主义办学方向，要让学生深刻感悟马克思主义真理的力量，为学生成长成才打下科学思想基础。坚持"四为"服务，即为人民服务，为中国共产党治国理政服务，为巩固和发展中国特色社会主义服务，为改革开放和社会主义现代化建设服务。习近平总书记的这些重要论述阐明了教育要牢牢把握的政治原则，强调了新时代学校思想政治工作的极端重要性，为我国教育事业发展指明了政治方向。

5. 扎根中国大地办教育——教育发展的中国特色

任何一个事物的发展变化都必须有适合其生长的环境和土壤，中国的事情必须按照中国的特点、中国的实际办，这是解决中国所有问题的正确之道。教育发展必须建立在自身历史土壤之上。我国有独特的历史、独特的文化、独特的国情，教育必须坚定不移走自己的路，要坚定扎根中国大地办教育的自信，

---

① 习近平在全国教育大会上强调　坚持中国特色社会主义教育发展道路　培养德智体美劳全面发展的社会主义建设者和接班人［N］. 人民日报，2018 - 9 - 11.

② 习近平会见清华大学经济管理学院顾问委员会海外委员和中方企业家委员［N］. 人民日报，2017 - 10 - 31.

扎根中国、融通中外，立足时代、面向未来，发展具有中国特色和世界水平的现代教育。要体现中国特色社会主义办学特性，在实现教育现代化的要求中彰显中国特色校园文化和校园精神。习近平总书记的这些相关重要论述，充分显示了中国教育的坚定自信，强调了办好新时代中国特色社会主义教育，必须坚定走中国特色社会主义教育道路这一核心要求。

6. 增强人民的教育获得感——教育发展的人民性

习近平总书记在十九大报告中指出："必须把教育事业放在优先位置，深化教育改革，加快教育现代化，办好人民满意的教育。"① 人民对美好生活的向往，就是我们的奋斗目标。我们的人民热爱生活，期盼有更好的教育。教育公平是社会公平的重要基础，要以教育公平促进社会公平正义，努力让每个人享有受教育的机会，获得发展自身、奉献社会、造福人民的能力。习近平总书记的这些相关重要论述，着眼社会主义本质要求，强调了办教育是为了人的发展、为了人民的发展这一基本价值取向，饱含着深厚的人民情怀，是我国教育事业改革发展的出发点和落脚点，也是办好人民满意教育的根本遵循。

7. 坚持深化教育改革创新——教育发展的生机活力

2017 年 1 月国务院印发的《国家教育事业发展"十三五"规划》指出：以创新、协调、绿色、开放、共享的发展理念统领教育改革发展②。我们要坚持以新发展理念引领教育领域综合改革。改革是决定当代中国命运的关键一招，是中国特色社会主义与时俱进的事业，改革开放只有进行时没有完成时。改革同样是教育事业发展的根本动力，要及时研究解决教育改革发展的重大问题和群众关心的热点问题，以改革激活力、增动力。要扩大教育开放，同世界一流资源开展高水平合作办学。改革创新是时代发展的不竭动力，只有坚持深化改革不动摇，不断释放制度红利，才能使我国教育越办越好，实现由教育大国到教育强国的历史跨越。习近平总书记的这些相关重要论述，贯穿着强烈的改革创新精神，为教育改革发展提供了科学的方法论。

① 习近平. 决胜全面建设小康社会　夺取新时代中国特色社会主义伟大胜利——在中国共产党第十九次全国代表大会上的报告［N］. 人民日报，2017 - 10 - 28.
② 国务院印发《国家教育事业发展"十三五"规划》［N］. 人民日报，2017 - 1 - 20.

8. 加强教师队伍建设——教育发展的基础工作

"教师重要就在于教师的工作是塑造灵魂、塑造生命、塑造人的工作。"①因此，教师是立教之本、兴教之源。我们必须从战略高度认识加强教师队伍建设的重大意义，把加强教师队伍建设作为基础工作来抓。要引导教师做有理想信念、有道德情操、有扎实学识、有仁爱之心的好老师。要努力提高教师政治地位、社会地位、职业地位，让广大教师享有应有的社会声望，在教书育人岗位上为党和人民事业做出新的更大的贡献。教育投入要更多向教师倾斜，不断提高教师待遇，让广大教师安心从教、热心从教。习近平总书记的这些相关重要论述，鲜明地指出了教师队伍建设对教育事业发展的关键性作用，对广大教师寄予了殷切期望，对全党全社会提出了尊师重教的要求，是新时代教师队伍建设的重要遵循。

二、 习近平新时代中国特色社会主义教育思想中 "课程思政" 的理论元素

习近平新时代中国特色社会主义教育思想立足世界发展大势和国家发展大局，着眼民族复兴伟大梦想，紧紧围绕培养什么人、怎样培养人、为谁培养人这个根本问题，继承了马克思主义教育思想，以人民为中心，坚持立德树人，高度重视意识形态教育与社会主义核心价值观的培养，为"课程思政"这一教育理念上的创新提供了充足的理论养分。

1. 新时代对我国教育提出新要求——"课程思政"的时代背景

习近平新时代中国特色社会主义教育思想是在我国党情国情发生重大变化的时代背景下产生的。党的十九大做出了在全面建成小康社会的基础上到2035年基本实现社会主义现代化，到21世纪中叶把我国建成富强、民主、文明、和谐、美丽的社会主义现代化强国的战略安排，为新时代中国特色社会主义发展和中华民族伟大复兴展现了光明前景，指明了前进方向。"时代越是向前，知识和人才的重要性就愈发突出，教育的地位和作用就愈发凸显。我国正处于历史上发展最好的时期，但要实现'两个一百年'奋斗目标，实现中华民族伟

---

① 习近平. 做党和人民满意的好老师——同北京师范大学师生代表座谈时的讲话 [N]. 人民日报，2014 - 9 - 10.

大复兴的中国梦，必须更加重视教育，努力培养出更多更好能够满足党、国家、人民、时代需要的人才。"① 建设社会主义现代化强国和实现中华民族伟大复兴中国梦，为我国新时代教育提出了新的使命和要求。当今世界正在经历新一轮大发展、大变革、大调整，在我国社会主要矛盾发生重大变化的背景下，改革进入攻坚期、深水区，意识形态斗争日益复杂。因此，要做到切实加强教育领域意识形态阵地建设，学校思想政治教育刻不容缓。习近平总书记在全国高校思想政治工作会议上指出：要把思想政治工作贯穿教育教学全过程，实现全程育人、全方位育人②。"课程思政"理念的提出正是以习近平新时代教育思想的提出为背景，立足新时代新特征，是对新时代思想政治工作的科学指导。

2. 教育服务于中华民族伟大复兴——"课程思政"的兴国担当

习近平在全国高校思想政治工作会议上强调："实现中华民族伟大复兴，教育的地位和作用不可忽视，我们对高等教育的需要比以前任何时候都更加迫切，对科学知识和卓越人才的渴求比以往任何时候都更加强烈。"③ 而高等教育的发展方向同我国发展的现实目标和未来方向紧密联系在一起，都是为人民服务，为中国共产党治国理政服务，为巩固和发展中国特色社会主义制度服务，为改革开放和社会主义现代化建设服务。国家富强和民族复兴需要强大的精神力量和价值支撑，"实现中华民族伟大复兴的中国梦，物质财富要极大丰富，精神财富也要极大丰富"④。唯此，我们的民族才能永远健康向上、永远充满希望。"国无德不兴，人无德不立"，"兴国"必先"兴德"，这是中华民族伟大复兴的基础和前提。高校必须构建"课程思政"的育人大格局，推动思政课程与课程思政如鸟之两翼、车之双轮协调前行，课程思政担负着兴国的重任。

3. 思想政治工作是学校各项工作的生命线——"课程思政"的政治担当

2018 年 9 月 10 日，习近平总书记在全国教育大会上指出：思想政治工作

① 习近平总书记教育重要论述讲义 [M]. 北京：高等教育出版社，2020：5.
② 习近平. 习近平在全国高校思想政治工作会议上强调 把思想政治工作贯穿教学全过程 开创我国高等教育事业发展的新局面 [N]. 人民日报，2016−12−9.
③ 习近平. 习近平在全国高校思想政治工作会议上强调 把思想政治工作贯穿教学全过程 开创我国高等教育事业发展的新局面 [N]. 人民日报，2016−12−9.
④ 习近平谈治国理政：第二卷 [M]. 北京：外文出版社，2017：323.

是学校各项工作的生命线，各级党委、各级教育主管部门、学校党组织都必须紧紧抓在手上。思想政治工作一直是我们党的优良传统和政治优势，把思想政治工作作为学校各项工作的生命线，坚持马克思主义为指导，坚持社会主义方向，体现了我们的办学方向，是我们教育事业最鲜亮的底色。同时，这一体现中国独特历史、独特文化和独特国情的思想政治工作，扎根中国、融通中外，充分体现了中国特色社会主义发展道路。切实加强思想政治工作，必须将其贯穿教育教学的全过程，实现全员育人、全程育人和全方位育人需要我们改变过度依赖思政课对大学生进行思想政治教育的现象，发挥多学科的优势，推动"课程思政"的理念在各门课程一线教学中的生根发芽，推动课程思政广覆盖，赋予各门课程价值引领的重任，进一步提升和改善各门课程的思想政治教育成效，这是"课程思政"的政治担当。

4. 教育始终围绕"立德树人"——"课程思政"的育人担当

习近平总书记强调，培养什么人，是教育的首要问题。学校立身之本在于立德树人。我国是中国共产党领导的社会主义国家，这就决定了我们的教育必须把培养社会主义建设者和接班人作为根本任务，培养一代又一代拥护中国共产党领导和社会主义制度，立志为中国特色社会主义奋斗终身的有用人才。我们要把立德树人的成效作为检验学校一切工作的根本标准，健全全员育人、全过程育人、全方位育人的体制机制，培育坚定的理想信念和厚植爱国主义情怀，提升品德修养，培养德智体美劳全面发展的社会主义建设者和接班人。教育始终围绕新形势下培养什么人、怎样培养人、为谁培养人这个根本问题，坚持正确的办学方向和教育目标。把立德树人融入思想道德教育、文化知识教育、社会实践教育各环节，贯穿基础教育、职业教育、高等教育各领域，学科体系、教学体系、教材体系、管理体系要围绕这个目标来设计，教师要围绕这个目标来教，学生要围绕这个目标来学，凡是不利于实现这个目标的做法都要坚决改过来。"课程思政"的理念正是强调这种育人和育才的相统一，主张各学科，各课程合力育人，尤其将"立德"的任务渗透到各课程的教学目标中，是对"立德树人"这一教育根本任务的积极回应，体现了其育人担当。

5. 高度重视师德的培育——"课程思政"的强师担当

习近平新时代中国特色社会主义教育思想高度重视师德培养，将师德作为高校工作最为重要的环节之一。教师是人类灵魂的工程师，是人类文明的传承者，承载着传播知识、传播思想、传播真理，塑造灵魂、塑造生命、塑造新人的时代重任，是立教之本、兴教之源。习近平总书记强调，必须从战略高度认识加强教师队伍建设的重大意义，引导教师做有理想信念、有道德情操、有扎实学识、有仁爱之心的好老师，做学生锤炼品格、学习知识、创新思维、奉献祖国的引路人。高水平的师德师风是"课程思政"有效推行的前提和保证，而"课程思政"的实施又促进了各课程任课教师的师德师风的培育和提升，通过确定任课教师的学科育人职责，有利于教师找准定位，更好地服务于立德树人的教学工作。"课程思政"的设计也从教学整体上对任课教师的课堂讲授提出了思想价值观的规范性要求。同时也对教师日常工作和生活提出了教书与育人统一、言传与身教统一的要求。通过"课程思政"建设的长效化、制度化，全方位展示中华民族"梦之队"的筑梦人积极向上的精气神，这是"课程思政"的强师担当。

三、 新时代习近平中国特色社会主义教育思想对 "课程思政" 实践的启示

习近平中国特色社会主义教育思想为我们提供了丰富的"课程思政"理论元素，我们要以习近平新时代中国特色社会主义教育思想为指导，深入学习贯彻习近平总书记关于教育的重要论述，增强"四个意识"，坚定"四个自信"，做到"两个维护"。充分发挥习近平新时代中国特色社会主义教育思想在"课程思政"实践中的指导作用，有效履行"课程思政"在我国教育事业发展中的重要担当，实现全员育人、全程育人、全方位育人，努力开创我国高等教育发展的新局面。

1. 重视课程的"价值引领"

如前所述，思想政治工作是学校各项工作的生命线，"课程思政"肩负着重要的政治担当。价值引领不仅是高校思政课核心教育目标，也是其他各门课程的重要任务。教育只有在知识与价值的彼此融合中才能实现个人的全面发展和社会的持续进步。我们需要在非思政课程教学实践中渗入价值引导的因素，嵌入思政文化基因，春风化雨、润物细无声的为学生提供理想信念层面的精神引导和价值引领。各课程通力合作，帮助大学生培育和践行社会主义核心价值观，引导大学生扣好人生第一粒扣子。在知识传授中融入科学的价值导向，解

决大学课堂中知识传授和价值引领割裂的现象，实现"知识传授"和"价值引领"有机统一。

2. 强调课程的"立德树人"

新时代的教育始终围绕"立德树人"，这是"课程思政"的育人担当，是学生本位教学的根本价值体现，也是我国高等教育本质彰显的必然选择。立德是品德养成的过程，树人是能力培养的过程；立德为树人指明了方向，提供了依据，树人为立德规定了路径，提供了载体。"大学之为大，就是在授业中引人以大道、启人以大智，使人努力成为栋梁之材。"① "课程思政"不是"思政课程"的简单复制，也不是把非思政课程改造为思政课程或当作思政课程，而是巧妙利用专业课的知识特性和教学特点，达到教书育人的效果。各门学科要从学科知识中充分挖掘其"立德"资源，在教学中融入"立德"元素，在品德培养与能力培养相得益彰中培育学科核心素养这一学科育人价值的根本性、关键性要素，把"立德树人"落实到位。

3. 关注课程的"协同育人"

习近平总书记在全国高校思想政治工作会议上强调："要用好课堂教学这个主渠道，思想政治理论课要坚持在改进中加强，提升思想政治教育亲和力和针对性，满足学生成长发展需求和期待，其他各门课都要守好一段渠、种好责任田，使各类课程与思想政治理论课同向同行，形成防同效应。"② 因此，我们要努力构建高校思想政治工作课程体系，突出显性教育和隐性教育相融通。既要牢牢把握思想政治理论课在高校思想政治教育中的核心地位，又要充分发挥其他课程的育人价值。特别是在非思政课的平台上，通过融入思政元素，优化教学方法，促进专业培养与立德树人相得益彰，实现"思政课程"与"课程思政"协同效应的教学形式。各门课程要充分发挥其学科核心素养在育人过程中的独特价值，各学科素养的有机结合促成学生核心素养的形成，从而使学科教育真正回到服务于人的发展方向和轨道上来。明确高校各门课程学科核心素养及其培育路径是高校课程建设的根本。唯此，我们才能培养德艺双馨、富有识

① 始终坚持社会主义办学方向——二论学习贯彻习近平总书记高校思想政治工作会议讲话［N］. 人民日报，2016－12－10（01）.

② 习近平. 习近平在全国高校思想政治工作会议上强调 把思想政治工作贯穿教学全过程 开创我国高等教育事业发展的新局面［N］. 人民日报，2016－12－9.

学、能担当时代大任的高素质人才。

4．提升教师的"育德能力"

立德树人的根本任务能否实现，师德水平是前提。"课程思政"能否建设好，教师的育德能力是关键。教师过硬的育德能力能使"课程思政"在高水平师德的展现和感染力中有序展开并取得实效。对于非思政课教师而言，"课程思政"所需的能力绝不仅限于专业性知识和技能，更重要的是要具有在专业课中嵌入思想政治教育内容的相关理论和技巧。除了良好的师德师风，它还包括一定的马克思主义理论素养，政治素养和思想政治教学的方法和技巧。我们可以针对各课程教师育德能力的短板开展专题培训，提升教师课程思政建设的主动性。鼓励学校将"课程思政"纳入教师岗前培训、在岗培训和师德师风、教学能力专题培训，建立课程思政集体教研制度。针对"课程思政"建设中的重点、难点问题，加强系统研究，从而不断提升教师的育德能力。

第三章　课程育人的原理与路径

　　习近平总书记在全国高校思想政治工作会议上指出，要发挥好课堂教学这一主渠道，守好一段渠、种好责任田。与此同时，教育部印发的《高校思想政治工作质量提升工程实施纲要》（以下简称《纲要》）中详细规划了课程、科研、实践、文化等"十大"育人体系，强调要聚焦高校思想政治教育工作中的短板弱项，着力构建一体化育人体系。实施全方位育人首先就要推进课程育人，核心就是要把握好课堂这一主渠道。所谓课程育人，就是在课程的教学活动中，体现党、国家和社会的意志，贯彻党的教育方针，育人为本，德育为先，引导学生掌握科学的理论和方针政策，树立正确的世界观、人生观和价值观，从而使其成为德才兼备或德智体美劳全面发展的社会主义合格建设者和可靠接班人。课程育人是由"课程"和"育人"构成，课程是国家意志与社会主流价值的体现，它要回答"培养什么人、怎样培养人、为谁培养人"这一根本问题①，"育人"是指培育符合我国教育目的的不同类别、不同层次、不同分工的人才，"课程"是"育人"的资源平台、内容载体和路径方略，"育人"是"课程"的目标导向、功能集成和价值归属②。课程育人体系是高校思想政治工作质量提升的重要抓手。课程是学校育人的专门载体，也是最重要的育人载体。课程育人主要包括两个方面，一是思政课程，二是课程思政③。两者在改革创新中同向同行，形成协同效应，构建全员、全过程、全方位育人大格局。

---

　　① 胡守敏，李森. 论课程育人生长点的困境与变革［J］. 课程. 教材. 教法，2020，40（07）：4-11.

　　② 杨修平. 论"课程育人"的本质［J/OL］. 大学教育科学：1-11［2021-01-13］. http://kns. cnki. net/kcms/detail/43.1398. g4. 20201012.1535.012. html.

　　③ 冯建军. 立德树人的时代内涵与实施路径［J］. 人民教育，2019（18）：39-44.

第一节　思政课程育人的原理与路径

　　思政课程即思想政治理论课程，是直接以学科或理论形态通过课堂教育的方式对学生进行马克思主义理论与思想政治教育的课程①。课程内容则主要是传播以马克思主义为指导的社会主流意识形态，同时，它浓缩和概括了特定社会所积累的思想政治观念、道德规范、价值观念及行为模式等。思政课程是思想政治教育的主渠道和主阵地，是体现社会主义大学本质特征之一的课程，在整个学校教育体系中处于主导作用。习近平总书记强调："思想政治理论课是落实立德树人根本任务的关键课程"，这一论断非常明确地讲清了思政课在高校课程体系中的特殊地位，而充分地发挥思政课程的育人功能需要充分地把握思政课程育人的基本原理。思政课程育人的基本原理则主要通过课程自身的本质属性及其功能体现。

一、思政课程育人的原理

　　《现代汉语词典》关于"属性"一词释义为："事物所具有的性质、特点。"与客观事物均有自身的属性相似，国家、地方和学校为学生开设的各门类课程，也都有其专门属性。明确课程的属性，是师生共同完成课堂教学的基本前提，也是充分发挥课程本身育人功能的基础前提。同样，思政课程亦有其专门属性。

　　（一）思政课程的属性

　　在学校思想政治理论课教师座谈会上，习近平总书记提出坚持"八个相统一"的教学要求，为新时代思想政治理论课的改革创新提供了目标方向和方法指引。其中，坚持价值性和知识性相统一是具有关键意义的一环。他指出，推进思政课改革创新，"要坚持价值性和知识性相统一，寓价值观引导于知识传授之中"②。同时强调，"要坚持政治性和学理性相统一，以透彻的学理分析回应学生，以彻底的思想理论说服学生，用真理的强大力量引导学生"。习总书

---

　　①　骆郁廷. 高校思想政治理论课程论［M］. 武汉：武汉大学出版社. 2006.
　　②　习近平. 用新时代中国特色社会主义思想铸魂育人贯彻党的教育方针落实立德树人根本任务［N］. 人民日报，2019－03－19（1）.

记的论述既强调了思政课程教学的要求，同时也包含了思政课程的属性及其之间的关系。价值性和知识性相统一是思想政治理论课本质属性的内在规定，价值性和知识性是思政课程的两种基本属性①，政治性是思政课程的本质属性，学理性是思政课程的基础属性②。

1. 价值性

所谓价值性，是指客体所具有的能够满足主体需要的属性③。事物的价值性是独立于人们的认识和评价的客观存在，又依赖于主体的追求、创造等实践活动。教育究其本质而言是促进人的素质向有利于个体和社会健康方向发展的高级社会活动，教育中不存在无价值的目标和内容，换言之，不存在无价值的教育④。思政课程亦是如此，其价值性是指思政课程要发挥价值引领作用，引导学生树立正确的价值观念、坚定理想信念、提高道德修养，树立正确的世界观、人生观、价值观的属性⑤。习近平指出："我们党立志于中华民族千秋伟业，必须培养一代又一代拥护中国共产党领导和我国社会主义制度、立志为中国特色社会主义事业奋斗终身的有用人才。"思政课程的价值性就在于围绕这一使命，坚持马克思主义指导地位，以立德树人为根本任务，遵循价值观形成发展的规律，坚持不懈培育和弘扬社会主义核心价值观，教育学生坚定理想信念、厚植爱国主义情怀、加强品德修养、增长知识见识、培养奋斗精神、增强综合素质。

2. 知识性

所谓知识性，是指事物所具有的在人的认识活动中形成的观念和意识的属性⑥。事物的知识性既可以通过语言、文字、图形、符号等载体显露于外，也能够通过体验、感觉、情感、直觉等形式潜藏于人们的意识之中。知识性是教

---

① 郭榆. 思想政治理论课价值性和知识性探析 [J]. 教育评论，2020（03）：88-94.

② 金国峰. 思想政治理论课政治性和学理性相统一的实现路径 [J]. 学校党建与思想教育，2019（09）：14-17.

③ 郭榆. 思想政治理论课价值性和知识性探析 [J]. 教育评论，2020（03）：88-94.

④ 林滨，等. 全球化时代的价值教育 [M]. 北京：人民出版社，2011.

⑤ 吴潜涛，姜苏容. 坚持价值性和知识性相统一 推动思想政治理论课改革创新 [J]. 思想理论教育导刊，2019（07）：69-73.

⑥ 金国峰. 思想政治理论课政治性和学理性相统一的实现路径 [J]. 学校党建与思想教育，2019（09）：14-17.

育实践活动的基本属性，体现在教育目标、内容和载体各个方面。任何教育的目的都包括使教育对象掌握特定种类或形式的知识，任何课程也都必然包含一定的知识性内容①。思政课程的知识性，是对思政课程真理性和逻辑性的强调，注重通过传授科学的知识体系，提高学生的思想认识和思维能力。思政课程具备知识性的本质属性不仅因为它所传授的知识理论有益于学生完成本学科专业知识的学习过程，还因为它所包含的原典性知识理论，也正是各学科的专业理论基础。思想政治教育虽然不能简单地归结为知识教育，但前者却无法摆脱后者，后者为前者的前提和载体。思想政治课是一类特殊的学科课程，尤其是马克思主义，它是人类知识的结晶，是对先进的人类文明成果的总结，其科学体系博大精深，理论的含金量是其他专业课所不能简单类比的。进行马克思主义理论知识教育，也有特殊的难度、要求和意义，不能只看到它的思想政治性教育，而忽视其认知性教育、知识性教育的一面，甚至不把它当科学理论、科学知识来看待。思想政治教育的成效恰恰是搞好认知性教育、知识性教育才能收到的。思想政治课教育教学的实效性，从根本上说必须依靠"以理服人"来实现。只有用马克思主义自身的真理性、真知性及内在的逻辑力量，才能激起学生的理论求知兴趣，并进而通过内化使自己真懂、真信、真用②。《新时代高校思想政治理论课教学工作基本要求》强调：中国特色社会主义进入新时代，对思政课程发挥育人主渠道作用提出了新的更高要求，这意味着思政课程同样也要紧跟时代的步伐，在坚持不懈传播马克思主义科学理论的同时，也要讲清讲透习近平新时代中国特色社会主义思想的时代背景、重大意义、科学体系、精神实质、实践要求，全面推动习近平新时代中国特色社会主义思想进教材、进课堂、进学生头脑，打牢大学生成长成才的科学思想基础。坚持知识性同样也要关注学生的成人成才，在学懂、弄通、做实上下功夫，打牢学生成长成才的科学思想基础，引导学生沿着求真理、悟道理、明事理的方向前进，为学生树立正确的世界观、人生观、价值观提供知识力量的支撑。

---

① 吴潜涛，姜苏容. 坚持价值性和知识性相统一　推动思想政治理论课改革创新 [J]. 思想理论教育导刊，2019 (07)：69 – 73.

② 张成诗. 论课程育人中思想政治育人与知识育人的关系 [J]. 中国青年政治学院报，2007 (03)：104 – 108.

3. 政治性

政治性是思政课程的本质属性①。虽然，思政课程与其他课程一样，具有自身的知识体系、教学过程、教学方法等，但与其他专业课程不一样的是，它具有非常鲜明的政治属性。这一点从"思想政治理论课"这一称呼上就可以看出来，"思想政治理论课"关键词是"政治"，"思想"是"政治思想"，"理论"是"政治理论"。对于一个政党来讲，教育是巩固其执政基础的重要途径；对于一个国家来讲，教育是维系其经济社会发展的必然选择，任何国家、任何制度概莫能外。"我国是中国共产党领导的社会主义国家，这就决定了我们的教育必须把培养社会主义建设者和接班人作为根本任务。"② 思政课程的对象是"人"，思政课程以促进人的全面发展为价值追寻，以培养德智体美劳全面发展的社会主义建设者和接班人为政治使命。毋庸置疑，党和国家所需要和培养的社会主义建设者和接班人应该不仅仅拥有知识和能力，还更应具备坚定的理想信念、厚实的爱国主义情怀、高尚的品德修养、伟大的奋斗精神，能够站在正确的政治立场，正确辨别和处理是与非、善与恶、美与丑。思政课程的政治性恰恰在于为青年学生的发展提供科学的价值判断和发展方向。习近平总书记强调，"开设思想政治理论课非常必要，是培养一代又一代社会主义建设者和接班人的重要保障"③。思政课程必须始终恪守政治性的品格，与党的方针政策时刻保持高度一致，在实现中华民族伟大复兴的大业中，培养青年学子的政治品格和政治担当，提升政治底色和政治自信。

4. 学理性

学理即学术之理，是对事物的本质的规律性认识。学理性包括对事物本质和规律的揭示，对事物的演进逻辑的表述，以及认识事物的科学方法等。学理性是思政课程的基础属性——其教学内容也不是政治口号，而是科学理论，思政课程具有自身的学术内涵，其学理性主要表现在以下几个方面：第一，思想

---

① 金国峰. 思想政治理论课政治性和学理性相统一的实现路径 [J]. 学校党建与思想教育，2019 (09)：14 - 17.

② 习近平在全国教育大会上强调：坚持中国特色社会主义教育发展道路培养德智体美劳全面发展的社会主义建设者和接班人 [N]. 人民日报，2018 - 09 - 11 (1).

③ 习近平主持召开学校思想政治理论课教师座谈会强调：用新时代中国特色社会主义思想铸魂育人贯彻党的教育方针落实立德树人根本任务 [N]. 人民日报，2019 - 03 - 19 (1).

政治教育理论本身具有学理性。思政课程以马克思主义理论为科学指导，教给学生马克思主义的立场、观点和方法，展现马克思主义意识形态的魅力，培养科学的世界观和方法论，所以思政课程也就具备深厚的学理性。第二，思政课程所传授的理论或方法的运用过程呈现学理性。思政课程的最终目的在于使学生通过学习思政课程，能够掌握科学的世界观和方法论等，并将其运用到现实生活中，从而成长为一名合格的社会主义建设者和接班人。思政课程本身的学理性意味着其理论和方法的运用过程也同样具备学理性，尤其是马克思主义世界观和方法论的运用过程①。第三，思政课程本身所包含的知识具备一定的学理性。从思政课程的学科发展趋势来看，思政课程融通各种思想理论资源是思政课程拓展学科视野、丰富思想内涵、满足学生思想需求的必然趋势和内在要求。思政课程所汲取的理论和思想资源必定具有一定的科学性，理论和思想本身也必定呈现出一定的学理性。

（二）思政课程的功能②

习近平总书记在全国高校思想政治工作会议上指出，"思想政治工作从根本上说是做人的工作，必须围绕学生、关照学生、服务学生，不断提高学生思想水平、政治觉悟、道德品质、文化素养，让学生成为德才兼备、全面发展的人才"③。思政课程正是具备思想价值引领、文化素养提升、道德规范等功能而成为思想政治教育的主要途径。

1. 思政课程的思想价值引领功能

思政课程的本质属性决定了思政课程具有思想价值引领的功能。思政课程教学首要的目标是培养和提高学生政治鉴别与价值抉择能力，引导学生坚持正确的政治方向，把自己的前途命运与党和国家的事业紧密联系，与社会和人民的需要紧密联系。思政课程的教学活动将课程知识内化为内心信念，转化为强大的精神力量，来提高学生的思想政治素质，调控社会秩序，推动社会经济发展，培养社会主义事业的合格建设者和可靠接班人，这一功能主要体现为思政

---

① 徐凤莉. 论高校思政课程教育困境及消解中的政治性和学理性坚守［J］. 沈阳工程学院学报（社会科学版），2020，16（01）：123－127.

② 蒋家胜，贺继明，李丹. 简论高职院校思想政治理论课的价值存在与教学能力目标［J］. 思想理论教育导刊，2016（09）：129－132.

③ 许硕，葛舒阳. "思政课程"与"课程思政"关系辨析［J］. 思想政治教育研究，2019，35（06）：84－87.

课程对国家和社会需要的满足，侧重于为国家和社会服务。思政课程从思行融合、史论结合、知行统一的视角，阐释了社会发展的规律，指明了民族复兴的方向，规划了国家富强的路径，对社会成员具有价值引领的功能，是逐步提高大学生价值判断与抉择能力，为人生导航的重要途径，引导广大青年学子将自己的命运与祖国的未来紧密相连，将自己的前途与人民的需要紧密相连，用青春铺路，让理想延伸。思政课程担负着为国家培养时代新人，以及为学生成长成才提供科学指引的职责使命，也是其育人功能的体现。这决定了思政课程既要依据国家社会的价值诉求，培养符合国家和社会需要的人才，又要关注学生自身的价值诉求，契合个体的成长期待，使个体的价值追求和国家社会的价值诉求相统一，从而实现其思想价值引领的功能。思政课程教学任务的制定与实施是落实立德树人的关键环节，同时也是学生成长成才的重要精神动力。只有使教学任务与主体需要相契合，才能为主体有效接收和认同。在我国现阶段，从国家社会价值诉求与学生价值诉求的融合统一中制定教学任务，就是要用习近平新时代中国特色社会主义思想武装学生，帮助他们坚定政治立场、塑造价值观念、树立远大理想，使他们在实现中国梦的伟大征程中认清自己的时代责任和历史使命。

习近平总书记在全国宣传高校思政思想工作会议上指出，培养担当民族复兴大任的时代新人，重中之重是要以坚定的理想信念筑牢精神之基，坚定对马克思主义的信仰，对社会主义和共产主义的信念，对中国特色社会主义道路、理论、制度、文化的自信。现阶段，思政课程正是通过系统全面的马克思主义理论教育学生，通过习近平新时代中国特色社会主义思想武装头脑，并力求通过讲清楚、讲透彻马克思主义和中国特色社会主义体系，达到帮助学生正确理解和真心认同马克思主义，并将其转化为坚定的政治信仰的目的，使党和国家提出的社会"理想的意图"转化为学生个体成长"理想的力量"，立志担负起民族复兴的时代重任，这既是青年身心健康成长的内在要求，也是落实立德树人根本任务的关键，同时也是实现中华民族伟大复兴中国梦的保障①。

2. 思政课程的文化素养提升功能

思想政治教育的最终目标是实现人在精神、物质层面的极大丰富，最终实

---

① 严圆圆. 高校思政课中理想信念教育实效性研究［D］. 长沙：湖南师范大学，2020.

现人的全面自由发展。因此，促进人全面而自由的发展是思政课程的价值追求，同时也是学生人文素质培养的最终目标，因为思政教育的最终目标主要是通过人的素质来体现和衡量。对思想课程的认识决不能停留在将其看作一门政治课上，更应该认识到思政课程本身也是一门人文素质培养课，思政课程是"落实立德树人根本任务的主干渠道，是进行社会主义核心价值观教育、帮助大学生树立正确世界观人生观价值观的核心课程"，具有显著的人文素养培育功能，加强改进思想政治教育的任务之一是"以大学生全面发展为目标，深入进行素质教育，促进大学生思想道德素质、科学文化素质和身心健康素质协调发展"。这里的"素质教育"主要是指"人文素质教育"，因为人文素质是学生综合素质的根基和灵魂。

人文素质教育主要是关注人的品行和内在精神等方面的构建，培养学生对美的品鉴和创造，对价值和意义的正确评价和确认，对人的尊重和关怀，对多样文化的理解和包容，对法律的敬畏及对责任的担当等，使之成为不仅具有专业知识和专业技能，更具有完善人格和健全精神之全面的人。通过思政课程教学，让学生掌握基本的哲学、经济、政治、法律、历史、伦理等理论知识，逐渐培养起学生对社会发展规律的准确把握与遵循，对美好事物的不懈追求与创造，对事物价值的正确评判，对社会责任的敢于担当，对生态环境的爱护保护，对国家法律的内心敬畏，对生命的终极关怀，对他人的尊重关爱等，逐步提高学生的人文素养与科学素质，为学生的成长护航，为学生的发展助力。

3. 思政课程的道德规范功能

党的十九大报告进一步指出，"要全面贯彻党的教育方针，落实立德树人的根本任务"，"德"不仅包含思想政治，也强调培养学生良好的道德品质，培养德智体美劳全面发展的社会主义事业的接班人。思政课程是直接对学生进行马克思主义理论与思想品德教育的课程，从教育内容来看，是一种对学生的道德发挥作用和影响的课程，固然具备道德规范功能。思政课程的道德规范功能，是指要以为人民服务为核心、以集体主义为原则、以诚实守信为重点、以提升学生的道德水平为目标，让社会主义道德规范进入学生的头脑、扎根学生的内心，进而培养良好的道德品行、培养高尚的道德情操、引领良好的道德风尚。学生的思想政治素质，是学生的灵魂和精神支柱，思政课程通过对学生的教育，使学生学会用科学的马克思主义理论指导自己，用社会主义的社会公德、职业道德和家庭美德等约束自己，用科学的方法指导自己的学习，掌握丰富的专业知识和基础知识，用社会主义法律和社会主义荣辱观规范自己的行为，使自己的行为符合法律的规定和社会规范。思政课程具有培养学生良好道德品行的重要功能：思政课程通过正确的政治引导、丰富的理论知识、灵活的授课方式、有效的传播途径提高学生的道德修养；思政课程利用其多样的实践体验和活动方式，使得学生将其自身的道德观念落实到日常生活之中，真正做到"讲道德、有品行"；思政课程教师优秀的道德品行直接影响学生道德品行的培养。

道德风尚综合反映了社会的经济、政治、文化、道德等状况，是人民精神面貌的社会表现，是社会精神文明状况的重要标志。营造良好社会主义道德风尚是全社会的价值追求。学生作为社会大众的重要组成部分，其道德意识的有无、道德品质的优劣直接影响全社会道德风尚的形成。思政课程为营造良好的道德风尚提供了教育平台和教育途径。第一，思政课程教学内容是围绕马克思主义理论展开的，通过塑造学生的主流意识，引领学校的舆论导向，净化学校风气，为培育良好的社会主义道德风尚奠定了基础。第二，思政课程具有培育学生基本的道德意识的功能。讲文明、懂礼貌是做人的基本要求，从小学一直到大学，学生就被灌输文明礼貌、尊老爱幼、助人为乐、遵守纪律、爱护公物等道德意识，而思政课程在其中发挥了重要作用，由此引导了学生树立正确的道德观念，推动了社会主义道德风尚的形成。第三，新时代背景下，思政课程的教学逐渐打破了传统课堂教学的局限，利用新媒体将时代伟人、感动中国人物、道德模范事迹以可视化的方式传播给学生，提高了学生的道德素质，引领了社会主义道德风尚①。

二、 思政课程育人的路径

高校要实现立德树人的根本任务，要充分要发挥思政课程主渠道的作用②。思政课作为落实立德树人的关键课程，重在"立德"，其教育落脚点在于培养

---

① 王莹. 思政课的功能向度探析 [J]. 中国德育，2020（05）：7－10.

② 马利霞，赵东海. 系统思维视域下构建思政课程与课程思政协同育人体系 [J/OL]. 系统科学报，2021（01）:47－50＋66［2021－01－16］. http://kns. cnki. net/kcms/detail/14. 1333. N. 20200817. 1639.018. html.

具有马克思主义坚定理想信念、拥护中国共产党领导和社会主义制度、具有高尚道德品质和思想品格的时代新人，重在"志"的养成。在思想政治理论课中进行育人工作，就要在思想政治理论课的教育观念、教育主体、教育内容、教育方法及教育评价等方面大胆探索，积极创新，加强思想政治理论课的学科建设，充分实现思想政治理论课育人的根本目的。

（一）遵循育人规律，优化思政课程内容

习近平总书记在全国高校思想政治工作会议、北京大学师生座谈会、全国教育大会、全国学校思想政治理论课师生座谈会等会议上，多次强调坚持社会主义办学方向，落实"立德树人"的根本任务，发挥课堂教学的主渠道作用，打造各门课程与思想政治理论课的协同效应，培养德智体美劳全面发展的社会主义建设者和接班人①。在思想政治理论课中进行育人工作，就要在思想政治理论课的课程内容、实施过程、教育方法及教育效果评价等方面全面探索，积极创新，加强思想政治理论课的学科建设，充分实现思想政治理论课育人的根本目的。

1. 厘清课程差异，建立多维协同的课程体系

高校思想政治理论课程与各类专业课程、党课在科学性与规范性的原则之下，其内在功能便是育人育德，为了人的全面发展。一方面，三大课程存在"同向性"，都坚持中国特色社会主义的政治方向和办学方向，坚持马克思主义的立场、观点和方法。另一方面，三大课程存在"同行性"②，都蕴含德育资源，并发挥思想政治教育的核心作用，加强了其他课程在高校思想政治教育协同育人的功能。首先，思想政治理论课是大学生进行思想政治教育协同育人的主渠道，其作为公共必修课肩负着宣传马克思主义理论价值和思想政治教育内容的重要职责。其次，各类专业课程是学生专业知识学习和专业业务技能培训的主要阵地。最后，党课是入党积极分子和中共党员学习党的基本知识的重要渠道，每位党员和积极分子通过学习党的路线、方针、政策等，了解党的先进性和纯洁性，自觉提高自身的思想道德水平。结合三大课程自身的特点，挖掘自身所隐藏的思想政治教育资源，才能进一步实现彼此之间协同育人目的。

① 许硕，葛舒阳. "思政课程"与"课程思政"关系辨析 [J]. 思想政治教育研究，2019，35（06）：84 - 87.

② 李亚丹. 高校思想政治教育协同育人路径研究 [D]. 长春：长春师范大学，2019.

2. 开发红色资源，实现思政课程价值转化

红色资源形成于中国共产党领导下的全国各族人民在长期革命斗争和社会主义建设中，是伟大的革命精神及其载体，是中国特色社会主义文化的重要组成部分，蕴含着为国奉献的爱国主义精神和革命精神，是高校大学生思想政治教育极其丰富和宝贵的教育资源①。作为优质的教育资源，红色资源的开发利用是一项长期系统的工程，需要对其进行挖掘、整合并运用。课堂教学是思想政治教育的主渠道，充分利用思想政治理论课这个平台，发挥红色资源的教育价值，就要从课程设置着手，把握好课堂教学，提升高校思想政治教育中红色资源的运用价值②。在高校思政教育过程中对大学生进行红色文化教育，既是时代发展的需要，也是教育理念发展的趋势③。勇于探索以红色资源为载体的高校思想政治教育的新途径，着力营造红色文化育人氛围，积极构建新颖的红色课堂内容体系，促进思政课程育人的有效实现。为了更好地将红色资源融入高校思政课程育人，要积极推动红色资源"三进"工作的实现，即课程内容"进教材、进课堂、进学生头脑"，充分发挥其教育价值。充分开发利用红色资源，挖掘其中蕴含的丰富内涵，使资政育人的功效发挥到极致，着力打造符合时代要求的教学条件，营造先进优良的教学环境，这是我们实现思政课程育人的基础性工程④。在课程设置中对红色资源进行挖掘、筛选分析及整合利用，因地制宜地深入挖掘优秀的红色资源背后具有教育意义的内在精神，为思政课程的设置提供丰富多样、内涵深刻、特色高效的教育素材。

（二）创新思政课堂教学模式，实现育人目标

创新是国家发展和社会进步的灵魂，也是引领思想政治课发展的第一动力。十九大以来，中国特色社会主义进入新时代，在新的历史条件下，我国思想战线和意识形态方面出现了新变化和新挑战，社会主义人才培养工作的现实背景和实践基础也发生了深刻的变化，因而对新时期思想政治教育创新实践提

① 刘经纬，高博文. 大学生思想政治教育红色资源利用研究 [J]. 思想政治教育研究，2020，36（05）：103 - 105.

② 雷文静. 红色资源融入高校思政课程育人研究 [D]. 长沙：湖南师范大学，2019.

③ 陈铭彬，王炜. 红色文化资源在高校思想政治教育中的实践路径 [J]. 广西民族大学学报（哲学社会科学版），2020，42（04）：171 - 176.

④ 雷文静. 红色资源融入高校思政课程育人研究 [D]. 长沙：湖南师范大学，2019.

出了新的要求①。思想政治教育在根本上直接指向人的精神世界，作为一种教育活动，通过对人的精神与价值进行引导，将所处社会的价值观念、道德观念、政治文化等精神文化内化为成员的思想认识，并以此来指导人的行动。"思想政治教育对人的思想构建的推动，不能仅凭外在强制力，而要通过昭示价值、理想，揭示生活的意义，引导人们思考自身、发展自身来实现。"② 与知识教育、技能教育相比，思想政治教育必须以丰富的内容层次、高品位的思想内涵和对现实世界的深刻观照来满足不同个体的差异性需要，通过改革创新增强思想政治教育的思想性是其实现思想建构、改造精神世界的内在需要。而思政课程要吸引人，还要注重鲜活化：在吃透教材内容、把握教材精神内涵的基础上，引入马克思主义中国化的最新理论成果、当前最新的形势与政策的热点材料，以及学生最关心的热点、难点问题。

就教学模式而言，主要为以下几个方面。第一，传统的思政课堂教学模式主要是以教师讲授为主，单向灌输让学生处于一个被动接受知识的状态，在教学方式上其目的是为了传授知识，这不符合课程育人的要求。以学生发展为本位，突出学生的主体地位，需要创新思政课堂教学模式，注重思想引领等育人功能。因此，需以参与式教学、案例式教学、专题式教学、研究式教学取代单向灌输式教学。第二，参与式教学是在"以学生为中心，以活动为主，共同参与"的理念指导下，强调在教学中体现学生主体地位的教学方式。其核心就是充分调动教师和学生这两个教学主体的积极性，提高学习主体自主学习和独立思考的自觉意识，激发学生自身的潜能和创造力，在双边教学过程中突出教师的主导作用和学生的主体地位，体现以人为本的原则③。参与式教学在思政课程教学中的创新模式主要有主题发言法、设问教学法、小组讨论法。主题发言法是指建立学习小组，以小组为单位，对当前的时事进行讨论、点评，结合课堂教学内容，总结发言。这种形式下，学生需要提前准备相关资料，准备汇报讲稿，进行多媒体课件的制作，以主题演讲的形式向大家呈现该小组的讨论结果。该教学形式充分调动了学生的积极性，能够帮助学生以小组的形式参与到

① 吕超，吴钧. 新时代思想政治理论课改革创新的根本遵循与实现路径研究 [J]. 贵州民族研究，2019，40（10）：173－179.

② 李合亮. 解构与诠释思想政治教育的基本问题研究 [M]. 北京：人民出版社，2015：133.

③ 徐红梅，李仙娥. 参与式教学在高校思想政治理论课教学中的创新应用 [J]. 学校党建与思想教育，2010（25）：51－52.

课堂教学中来。设问教学法是指教师根据不同的课堂教学内容，提出相关问题，来激发学生学习兴趣，增强其学习主动性。更有利于培养学生主动学习的意识。小组讨论法则是指教师将学生分成若干小组，就某一个共同话题展开多层次、多角度的讨论，主题可以由教师确定，也可以由各小组自行选定。其目的都是通过新颖的教学方式，提升学生的小组合作能力及口语表达能力，发展学生的综合素质。第三，案例式教学是指教师根据教学内容搜集、编写相关案例，继而向学生呈现一个或者多个具有代表性的案例的教学模式，将理论切入到现实生活中去。这种案例的真实性保证了学生在案例学习中有效通过自己所学的理论知识，启发学生建立一套分析、解决问题的思维方式，进而有效地提高学生分析、解决问题的能力①。采用案例教学法能促使思想政治理论课教学更多的关注现实社会和生活实际，避免理论脱离实际；能加强师生间的双向交流，有针对性地解决学生的思想问题，教学形式灵活，便于学生参与，避免了传统的单向传授教学模式。第四，专题式教学是指教师不必拘泥于课程中的章节，从学生的思想实际及现实问题出发，确定合适的教学专题。这种方法能够系统地传授马克思主义理论，通过社会热点问题提炼教学难点，改变按章、按节进行授课的传统，立足于实际，从学生的思想实际和社会的现实问题去提炼和确立教学专题进行讲授②，帮助学生解惑并引发深入思考，从而提高学生理解、认识、分析问题。以社会实际、学生思想实际为切入点，紧紧把握时代脉搏，每一专题都是现实社会的缩影，体现了育人价值的真实性。第五，研究式教学法是指教师在课前针对一部分上课内容，布置给学生相关的阅读资料，然后由学生归纳问题，将这些问题带到课堂上，教师汇总提炼出其核心和有代表性的能串联起完整的教学体系的问题，把这些问题再留给学生思考。学习小组成员针对不同的问题，课后查找相关资料，在下次课堂中一起探讨讲解，最后教师可做点评。研究式教学法有效地培养了学生思考问题、研究问题和解决问题的能力③。由此可见，无论是参与式教学法、研究式教学法、专题式教学法还是案例式教学法，在增进高校思政课育人效果上都有很大的裨益。思想政治

---

① 雷儒金. 高校思想政治理论课教学方法改革研究 [J]. 武汉大学学报，2012 (10).

② 雷儒金. 高校思想政治理论课教学方法改革研究 [J]. 武汉大学学报，2012 (10).

③ 王爱琦. 增强高校思政理论课新课程育人功能实效性研究 [J]. 浙江学刊，2008 (04): 198 – 201.

理论课教育不仅在于让学生学到思想政治理论知识，更主要的是培养了学生学习和独立思考的能力，这是育人的重要目的。

（三）优化思政课育人空间，拓展思政育人渠道

传统的思政课偏向于对既定内容的讲授，思政教学场所还局限于高校内。广泛地拓展育人空间，充分开展课外活动、运用校内外的各种资源展开丰富的社会实践活动，打造"云媒体"平台，凭借互联网覆盖面广的特点，可助推思政课的教学更高效进行。学生通过校内的理论学习和校外的社会实践，使得思政课程能够最大限度地发挥价值引领作用，体现育人功能。

1. 延伸第一课堂，开展第二课堂活动

2019年8月，中共中央办公厅、国务院办公厅印发的《关于深化新时代学校思想政治理论课改革创新的若干意见》提出，要"解决好各类课程与思政课相互配合的问题，发挥所有课程育人功能，构建全面覆盖、类型丰富、层次递进、相互支撑的课程体系，使各类课程与思政课同向同行，形成协同效应"[1]。作为高校思想政治理论课的重要补充，第二课堂与思想政治教育具有高度耦合性。第二课堂是指在教学之外，引导学生参加各种有意义的课外活动，有研究者肯定了第二课堂在思政育人中的重要作用，提出创新高校第二课堂思想政治教育的核心在于构建以提升育人实效为导向的第二课堂活动思想政治教育体系[2]。在第二课堂开展的过程中，不能简单地将它等同于第一课堂之外的兴趣班或是培训班，而是要以学生的发展需求为基础，打造具有学校特色、地区特点、学科优势的品牌化第二课堂活动，传播多样化的精品课程，提高思政课程育人效果。高校可以对学生第二课堂的表现进行评价，便于学生了解自己在第二课堂中的综合素质能力发展情况。主要的评价方式可以是学分式评价、记录式评价及综合式评价等，提高学生参与第二课堂的积极性。同时，第二课堂的学分和第一课堂的学分之间应建立互换关联机制，扩大第二课堂育人成效[3]。

2. 以社会为大课堂，广泛参与社会实践

丰富多彩的社会实践活动能够帮助大学生树立正确的人生观、价值观、世

---

① 曾德生. 充分发挥第二课堂思想政治教育价值 [J]. 中国高等教育，2020 (08)：38 – 40.
② 曾德生. 充分发挥第二课堂思想政治教育价值 [J]. 中国高等教育，2020 (08)：38 – 40.
③ 周国桥. "三全育人"视阈下高校第二课堂育人的创新探索 [J]. 学校党建与思想教育，2020 (10)：52 – 54.

界观，有助于学生在充分了解国情、党情的情况下提高自身的社会荣辱感和使命感。实践形式可以多样化，例如，高校可以组织大学生参加"三下乡"社会实践活动，带领学生到贫困乡村扶贫调研，组织学生参加"红色社会实践"考察等，成立马克思主义理论教师宣讲团和学生宣讲团，参与全国青马工程建设①，使各种社会实践活动充分联动，让思政课真正活起来，从而有效拓展思政课的育人空间，促进大学生全面发展。当学生的积极性被调动之后，在学生的主动参与下，思政课程中实践环节的育人功能将得到最大范围地发挥。另外，积极鼓励学生发挥专业所长，在课余生活中结合兴趣爱好，利用专业知识，广泛开展创新类的社会实践活动，对学生的身心发展都会起到很好的作用。由此可见，让思想政治理论课融入社会实践中，通过各种道德实践不断地帮助大学生提高道德认识、陶冶道德情感、锻炼道德意志、坚定道德信念、培养道德行为习惯，并使之逐步内化为个体良好的道德品质②。

3. 打造"云媒体"，把握学生思想动态

深入推动互联网进校园，构建互联网资源、教学和实践于一体的思政课网络教学平台，引导学生在新媒体网络平台中形成课内课外、立体化、跨时空、零距离的网络思政教育互动空间③。"云媒体"的形式满足了学生的兴趣所在，作为课堂的补充形式，多媒体课件通过文字、声音、图像、视频、动画、音乐等信息生动形象地表现教学内容，从而提高学生的学习兴趣和注意力，降低思维的难度，知识的传授方式浅显易懂也能增进学生对知识的理解。另外，通过微信公众号等平台，我们还要组织大学生积极发声，主动宣传思政理论的最新成果，使大学生成为坚定的信仰者和积极的传播者④。因而，合理运用多媒体进行教学有效激发了学生学习思想政治理论课的兴趣，有助于提升思想政治理论课的教学效果⑤。

---

① 白夜昕，梁巍. 高校思政课"五维"教学模式构建研究［J］. 黑龙江高教研究，2020，38（06）：138－141.

② 齐新林. 加强民办高校思想政治理论课育人功能的思考［J］. 教育与职业，2009（05）：139－141.

③ 上海大学. 把思政课作为人才培养核心课程［J］. 中国高等教育，2016（24）：14－15.

④ 白夜昕，梁巍. 高校思政课"五维"教学模式构建研究［J］. 黑龙江高教研究，2020，38（06）：138－141.

⑤ 金丽馥，陈文娟. 高校思想政治理论课育人现状研究［J］. 高校教育管理，2010，4（04）：66－70.

（四）注重人文关怀，强化学生的主体意识

高校思想政治课的主要功能是培养大学生成为德才兼备的人，把大学生作为思想政治教育的出发点和归宿点，把他们看作具有独立个性和特定观念的教育主体。在教育教学过程中重视满足大学生内在的教育需求，通过激发大学生主动学习的积极性、发挥主观能动性和创造性，使大学生自觉树立起科学的世界观、人生观和价值观，形成正确的政治思想素质和高尚的道德品质，从而使他们真正成为合格的社会主义现代化事业的建设者和接班人①。

1. 重视大学生的主体地位，激发主体意识

其一，大学生要提高自身对主体地位的认识，正确认识自我、分析自我，积极正视自己的身心变化，充分了解自身的特点，挖掘自身潜能，找准自己的定位和前进方向，真正成为一个独立自我的发展主体。其二，教师要树立正确的学生观，了解学生的学习情况，重视学生的主体地位，在平等交往的过程中积极开展"以学生为中心"的教学实践活动，激发大学生的主动性和积极性，尊重学生的话语权，善于倾听学生的真实想法，真正把大学生的主体地位落到实处②。

2. 激发大学生的参与热情，提高积极性

其一，大学生要充分认识到学习思政课的重要性，转变对思政课的刻板印象，明白思政课对自身发展的积极促进作用，增强对思政课的认知，重视对思政课的学习，激发自身的内在学习动力。其二，教师在教学过程中不仅要充分强调大学生的主体地位，而且也应当激发学生潜能，培养学生的参与热情和学习兴趣。教师要善于把教学目标和任务转为大学生的学习目标和任务，使大学生充分认识到学习的任务和目标、认识到自我学习的重要性，端正大学生的学习态度，引导大学生形成一个良好的学习思维习惯，培养大学生对思政课的兴趣和参与热情，激发大学生的主动性。

3. 提高大学生的自主学习能力

教师可以将教学模块分为两个部分，课堂讲授和课下自主学习相结合，对重难点的内容的把握教师要在课堂上做到准而精，对于较为简单的内容可以布

---

① 金丽馥，陈文娟. 高校思想政治理论课育人现状研究［J］. 高校教育管理，2010，4（04）：66-70.

② 翟述斌. 高校思想政治理论课亲和力提升路径研究［D］. 桂林：桂林理工大学，2020.

置给学生分组完成，大学生通过在课外积极寻找资料，查阅相关文献获取内容，并通过多媒体课件进行汇报，老师进行点评指导。对于学生们难以理解的学习内容，教师可以组织学生在相互讨论中发表各自的看法和观点，在讨论中碰撞火花，在自主学习中提高自身的学习能力，引导大学生掌握科学而有效的学习方法。

（五）教学评价设计：基于学生思政课程学习效果

思政课程的教学评价一直以来受到了高校的普遍重视。教育部将思想政治理论课建设作为对高校办学质量和水平考核的重要指标，纳入高校教育教学评估体系，但因为缺乏相应的理论指导，对评价目标、原则、方法等方面存在着一些问题。当前，很多高校尚未将学生的学习效果放到评价体系的核心位置，而思想政治理论课教学的最终目标是为了提升学生的学习效果，起到育人的作用。建立高校思想政治理论课评价体系首先需要建构一种评价理念，传统评价理念可以说是"无核心"或理解为"所有要素的简单累积"①，以此形成的评价体系难以实现评价预期。这要求我们对高校思想政治理论课教育教学评价进行深入研究。

1. 以学生的需求为本位，关注学习效果

明确学生的教育主体地位，明确以学生的学习效果作为教育评价的起点和核心。在思想政治理论课教育教学评价体系中，有诸多影响评价结果的要素，如教育教学目标、教育教学条件、教育教学资源、师资队伍、学生的态度、社会及用人单位对学生的认可等，所有的要素都与学生息息相关。因此，思想政治理论课教育教学评价不能局限于某一个或某一些要素，而必须以学生为评价主体，以学生的学习效果为评价核心，由学习效果切入追溯归因，才能对教育教学质量得出科学结论。传统思想政治理论课教育教学评价中主要采用自上而下的测评，而新型评价理念则是以学生学习效果为出发点，规定学生学习效果的基本内涵，从而对影响学生学习效果的基本要素进行归因，进而分析各个要素分别对学生学习效果产生了什么样的影响，以及影响程度如何，有针对性地改善影响学生学习效果的工作和条件，最终真正提高思想政治理论课育人实

---

① 肖映胜，张耀灿. 高校思政课教学评价理念新思考 [J]. 中国高等教育，2011 (06)：34 – 36.

效，把发展性评价落到实处①。学习效果的掌握主要从三个方面来规定，包括思想政治理论课基本知识的掌握；基础知识的内化，即自身的信念、态度、价值观等；运用理论指导实践的能力。因此，关注学生的学习效果，对思想政治理论课的教育教学而言，会有较大难度，但我们应努力去实现。

2. 以生活、实践为基础，关注过程性评价

过程导向的思政评价，重要的在于生活，其中包括学生长期的成长与动态发展变化②。课程开始前，通过问卷、量表等调查手段评定学生的起始能力、品格修养与心理发展水平；课程结束后，再次进行调查评定并与前测结果进行对比。过程导向的思政评价，可以对学生平时的学习情况进行考核并记录，对学习小组也进行一定的评定，从多方面全面地反映学生的思想状况、知识。以衡量为形式，关注评价的价值导向。弱化思政考评的"智育化"特征，比如，加大案例分析、研究设计等开放性试题比例，重点考察学生利用基本原理分析、解决问题的能力，以及是否呈现出创新性观点，并要求学生反思在研究方法的掌握上和思想认识中分别存在哪些进步。

第二节　课程思政育人的原理与路径

全面推进课程思政建设，就是要寓价值观引导于知识传授和能力培养之中，帮助学生塑造正确的世界观、人生观、价值观。课程思政育人，就是要使各类课程与思政课程同向同行，将显性教育和隐性教育相统一，形成协同效应，构建全员、全过程、全方位育人大格局。

一、 课程思政育人的原理

育人是高校的立校之本，高校所实施的各项教育教学活动都是为了服务育人工作，育人是课程思政的价值本源。课程思政是一个内涵丰富而又立意高远的创新，它是指课程的思想政治教育内涵的彰显和功能的发挥。科学的课程思政能够将思想政治教育的要求与课程自身的思想政治教育内涵相融合，使思想

① 肖映胜，张耀灿. 高校思政课教学评价理念新思考［J］. 中国高等教育，2011（06）：34－36.
② 王丽琪. 高校思想政治理论课教师师德建设研究［D］. 荆州：长江大学，2020.

政治教育的因子融入课程之中，赋予思想政治教育以鲜活的生命力，同时丰富专业课自身内涵，挖掘其育人价值，拓展其教育教学功能①。课程思政指向一种新的思想政治工作理念，即"课程承载思政，思政寓于课程"。课程思政的提出是改进和加强高校思想政治工作的需要，对落实教书育人的主体责任，实现全员、全过程、全方位育人要求具有重要意义。课程思政之所以具有育人价值，因为课程思政承载着"立德树人"及中国化马克思主义理论成果传播的使命与重任。通过显性教育与隐性教育相结合，以及人文立课的方法，实现其他课程与思政课程的同向同行，协同发力，强调所有课程都具有立德树人的价值观教育意蕴，都要发挥其应有的育人价值，所有教师都负有育人职责，使广大青年学生坚定对马克思主义的信仰，坚定对中国特色社会主义的价值认同，自觉将社会主义先进文化思想内化，成为新时代建设者和接班人。基于此，高校实施课程思政改革要紧紧围绕高校育人这个价值本源，落实立德树人这个根本任务，在实践层面上积极探索知识传授、价值引领、学生发展三者间的内在统一问题。通过挖掘各课程的育人价值，利用好课堂教学主渠道，在课堂教学中落实育人目标，形成课程整体育人的联动效应，促进育人目的的顺利实现。

（一）课程思政育人的基本内涵

课程思政，即将思想政治教育元素，包括思想政治教育的理论知识、价值理念及精神追求等融入各门课程中，潜移默化地对学生的思想意识、行为举止产生影响，润物细无声地产生育人作用②。本书将从课程思政育人的本质、方法、理念、特征等几个维度来认识和把握其丰富的内涵。

1. 课程思政育人的本质是立德树人

习近平总书记在全国高校思想政治工作会议上明确指出："高校立身之本在于立德树人"，"要坚持把立德树人作为中心环节，把思想政治工作贯穿教育教学全过程，实现全程育人、全方位育人，努力开创我国高等教育事业发展新局面"③。立德作为思想政治教育的重要内容，是课程思政育人的本质。课程思

---

① 陆道坤. 课程思政推行中若干核心问题及解决思路——基于专业课程思政的探讨［J］. 思想理论教育，2018（03）：64－69.

② 王学俭，石岩. 新时代课程思政的内涵、特点、难点及应对策略［J］. 新疆师范大学学报（哲学社会科学版），2020，41（02）：50－58.

③ 习近平主持召开学校思想政治理论课教师座谈会强调 用新时代中国特色社会主义思想铸魂育人 贯彻党的教育方针落实立德树人根本任务［N］. 人民日报，2019－3－19.

政不仅体现出大学课程对个体精神成长意义的追问，也表达出课程要对大学生的思想和行为进行价值引导，以遵循国家主流价值观要求的精神旨归。这无疑切中了落实"立德树人"根本任务的要求，不仅传承了我国立德修身的教育传统，也体现在社会主义核心价值观整合了国家目标、社会理想与个人修养，是个体成功、社会进步与国家富强的统一，更是对我国高等教育培养什么的本质规定。课程思政提出了"以德为先"的课程价值论，即坚持个人价值与社会价值相统一的原则，在个人价值上强调知行合一、德才兼备、以德为先；在社会价值上，重点强调政治认同与文化传承，强调个人之德与社会之德的统一。课程思政育人注重涵养人的精神世界，进而寻求对课程更深入的理解。课程思政寓德于课，将思想政治教育融入其他课程中，不管是作为具体的思想政治教育还是作为宏观的教育而言，其目的都是为了育人。课程思政坚持以德立身、以德立学、以德施教，引导学生树立正确的世界观、人生观、价值观、国家观、民族观、历史观，从而为社会培养更多德智体美劳全面发展的人才，为中国特色社会主义事业培养合格的建设者和接班人。

2. 课程思政育人的方法是显隐结合

课程思政育人将显性教育与隐性教育相结合，构建了全课程育人环境。当前，我国高校的课程体系主要包括思想政治理论课、专业课、通识课。对思想政治教育及工作而言，思想政治理论课是高校思想政治工作的主渠道，具有明显的意识形态属性，属"显性教育"。课程思政则属"隐性教育"——"在通识课和专业课中融入思政元素，将传授知识与思想教育结合，将智育与德育并重，实现立德树人润物无声"[1]。在目的上，课程思政与思政课程具有"合目的性"，只不过隐去了思政课程的显性内容；在过程上，课程思政主张润物无声，旨在对学生施加潜移默化的影响；在方法上，课程思政强调从知、情、意、行全方面出发，让学生自然内化价值与知识[2]；从内容融入来看，价值引领始终是课程思政的核心特点，课程思政是要将思想政治教育元素融入各类课程的教学过程中，其中思想政治教育元素主要指思想政治教育内容，不一定是具体的思想政治教育理论知识内容，也可以是思想政治教育所体现的一种价值

---

① 李如占，张冬冬. 课程思政：各类课程与思想政治理论课协同育人的有效路径 [J]. 高教论坛，2018 (06)：14-16，26.

② 李慧玲，孟亚. 课程思政：回归"铸魂育人"价值本源 [J]. 理论导刊，2020 (10)：114-119.

理念和精神追求。一方面，从课程思政的具体融入内容看，具有较强的可操作性，即将社会主义核心价值观融入课程教学过程中，在内容上集中凸显了课程思政的价值引领特点；另一方面，从课程思政内容的抽象层面看，课程思政的主要内容不是要向学生灌输思想政治教育的基本理论知识，而是要通过这种教育形式来培养学生树立正确的世界观、人生观和价值观，实现对学生的价值引领。正如习近平总书记所言，青少年学生正处于人生的"拔节孕穗期"，最需要精心引导和栽培，而且青少年的价值取向在某种程度上决定了未来整个社会的价值取向，因此抓好这一时期的价值观教育十分重要。课程思政育人将知识传授与价值引领统一，强化了课程自身的思想政治教育元素所承载的育人功能，体现了课程育人的价值本源。同时，整合了价值观多元化问题，重构了核心价值观认同，同时使其他课程作为隐性课程，在"守好一段渠、种好责任田"的基础上，潜移默化地渗透育人的价值。

3. 课程思政育人的理念是协同育人

课程思政育人不是课程与思政的简单相加，更不是课程的全面思政化或思政的全面课程化，而是一种水乳交融的协同状态，体现出系统性与融合性。而这也是由四方面决定的：其一，这是思政课程与专业课程同向同行、形成协同效应的大原则所决定的。其二，当前思政课程的"孤岛化"及思政课程与专业课程教学"两张皮"等现象，倒逼所有课程重思、重构系统育人合力。其三，课程思政本身就既不是强加于各专业课程之中，也非游离于各专业课程之外，各专业课程中始终存在思想政治相关的内容。其四，大思政理念和三全育人格局之下的课程思政观的影响①。课程思政育人是新时代高校育人工作的生长点，属于合力育人的大工程。它在统合思政课程与其他专业课程之间关系、形成协同育人效应方面，起到了统领全局的作用。现实中，高校思政课因为缺少专业和学科的支撑，往往处于边缘化地位，很多高校存在变相压缩思政课的课时、课程开设流于形式、思政课教师队伍参差不齐等问题，而在专业课教学中"普遍存在着一种把价值观教育同知识教育相剥离的错误倾向"②，即只注重专业知识的培养，而忽视价值引领的实践。课程思政育人追求专业课程与思政课程同

---

① 李慧玲，孟亚. 课程思政：回归"铸魂育人"价值本源 [J]. 理论导刊，2020 (10)：114-119.

② 张正光. "思政课程"与"课程思政"同向同行的逻辑理路 [J]. 思想政治课研究，2018 (04)：5，16-19.

向同行、协同育人，使专业课程教学不再仅重视知识传授这一目的，而是将思想政治教育融入教育教学的各个要素之中，填补了专业课程教学在育人环节上的空白，打通了学校思想政治教育的"最后一公里"，课程思政本身就意味着教育结构的变化，即实现知识传授、价值塑造和能力培养的多元统一。现实的课程教学中往往由于各种原因导致这三者被割裂，课程思政从某种意义上来说正是对这三者重新统一的一种回归。课程思政要求教师不仅要在教育中将教学与学生的日常生活相联系，有意识地回应学生在真实生活中所遇到的困惑，进入学生的精神世界，真正触及知识的深处，从而对学生产生积极的影响。同时，在理性化的社会中，感性必须和理性、感性体验必须和知性认识结合起来，才有可能真正使某种价值观念得到深入、稳定、持久的理解和认同。因此课程思政也要求向学生传授普遍的、客观的知识，进一步提高他们的理性认知能力和水平，以促进其默会知识的提升和转化。而知识传授与心灵成长、价值塑造和能力提升三者之间的互动，恰恰是课程思政所要达到的目的①，从而使全面协同育人落实到细微之处。

4. 课程思政育人的特征是人文立课

课程思政即"课程承载思政，思政寓于课程"，课程思政是在课程教学中挖掘人文素养元素，其中重要的是人文精神，即对人类生存意义和价值的关怀。每门课程都可以成为思想政治课程建设的载体，只是难度不同。每门课程的教学本质上都是一种教育，它本身就蕴含着人文精神，只是不同课程的性质导致了这种精神的不同程度的含蓄。健全的教育不仅包括知识的学习，还包括具有价值意义的家国情怀教育，尤其是社会主体力量在思想政治上所倡导的主流价值观教育。课程思政人可以说是突出了课程原有的人文精神，并在此基础上进一步深化。强调教师在教学过程中要注重人文素养的探索，使教学知识的内涵更加丰富，知识教育更加有趣，能力培养更加实用。我们要深刻领会习近平总书记反复强调的立德树人是教育的根本任务这一思想中所蕴含的人文精神，更加自觉有效地把知识教育与理想信念教育、品德教育结合起来，充分挖掘各门课程的思想政治教育要素，进而加深对课

① 王学俭，石岩. 新时代课程思政的内涵、特点、难点及应对策略［J］. 新疆师范大学学报（哲学社会科学版），2020，41（02）：50－58.

程思想和政府的认识和理解，把对人的关怀融入每门课程的教学中，使每门课程真正承载育人的功能，切切实实"守好一段渠、种好责任田"。学生学习多学科知识的目的是通过实现对人类知识的整体理解来形成知识底蕴，这就要求学科知识不能碎片化、围墙化，而要完整化、综合化，才能达到育人的整体效果，因此需要对多学科的价值要素进行规划。基于此，课程思政教师不仅要系统、科学地传授知识，而且要注重建立知识与人、生活的多方位关系。比如，不仅要介绍科学家创造知识的成果，还要传播他们的探索勇气、爱国主义精神和毅力，培养学生的学习兴趣，追求新知识，传承科学家的高尚人格和奉献精神。

二、 课程思政育人的路径

《纲要》明确指出：课程思政建设内容要紧紧围绕坚定学生理想信念，以爱党、爱国、爱社会主义、爱人民、爱集体为主线，围绕政治认同、家国情怀、文化素养、宪法法治意识、道德修养等重点优化课程思政内容供给，系统进行中国特色社会主义和中国梦教育、社会主义核心价值观教育、法治教育、劳动教育、心理健康教育、中华优秀传统文化教育。主要包括以下内容：推进习近平新时代中国特色社会主义思想进教材、进课堂、进头脑，培育和践行社会主义核心价值观，加强中华优秀传统文化教育，深入开展宪法法治教育，深化职业理想和职业道德教育。课程思政育人，其核心在于课程，但就课程的类型来看，不同课程在育人上有所差异。换言之，公共基础课程、专业教育课程、实践类课程的育人方式和路径有所差异。

（一）公共基础课程育人

于无声处提升思想政治素养。公共基础课旨在提高大学生思想道德修养、人文素质、科学精神、宪法法治意识、国家安全意识和认知能力，其对于帮助大学生坚定理想信念、厚植爱国主义情怀、加强品德修养、增长知识见识、培养奋斗精神、提升学生综合素质有重要作用。

1. 要充分挖掘公共基础课的思政元素与资源，丰富其育人内涵

要结合公共基础课的特征，优化课程思政教学供给。基于对课程思政元素的"深入挖掘""深入梳理"，形成公共基础课程的思政知识图谱、教学大纲、教学案和课程材料。具体而言，优化课程思政教学供给，就要紧扣《纲

要》，结合对学情、课程、教学背景的把握，实施课程二次开发，以构建立体的课程思政内容体系。第一，由"深入挖掘"上行至"深入梳理"，形成课程群的思政知识图谱。"深入挖掘"思政元素，初步梳理形成"特色课程思政"的思政原生态素材；依据《纲要》，对公共基础课程群进行"深入梳理"与科学归纳，形成思政知识体系；基于思政知识点内在逻辑，通过对思政知识点综合处理，形成思政知识图谱。第二，通过"二次开发"，形成"特色课程思政"的思政知识图谱。具体到某门课程，就要依据思政知识图谱，对前述思政原生态素材进行"二次开发"：确定思政知识点位置并从层次、维度、侧重点等维度进行细化，并建立思政知识点之间的关联，形成课程的思政知识体系。同时，根据教学计划，基于思政知识点的内在逻辑，形成"特色课程思政"的思政知识图谱。第三，再次"深入挖掘"，形成"特色课程思政"的思政教学案。结合"特色课程思政"的思政知识图谱，对初次挖掘的思政知识"胚料"从层次、维度、方法、切入点等进行精雕细琢，并采取"回填"的方式，使其与知识点再度结合，落实到具体章节的教学案中①。

2. 提升"融入"程度，提升育人效能

通过创新教学内容，将丰富的思想政治教育元素润物无声地融入各类课程之中。同时，"融入"要契合专业特色和学科实际，即立足于遵循课程的专业教学体系和完整知识体系，充分维护课程的学科价值体系。提高"课程思政内涵融入课堂教学水平"，关键在于"课堂教学管理"。因此，必须立足课程思政"高效课堂"建设，塑造"民主""有温度""有思考张力""有亲和力"的课堂氛围，让课程思政教学过程流畅，发挥最佳育人效果。第一，思政主题呈现有法、体量有度：确保"融入"顺畅。要实现专业课程思政"内涵融入"课堂教学，首先，必须处理好教学中思政的存在方式、体量安排，以使"融入"高效、"学习效果"优秀。就目前教学来看，更侧重于以"显"为主、以"隐"为辅，必须注意的是，"显"不是强制嵌入，而是在合适的时机、以合适的方式"进入"（学生进入积极学习状态）。其次，解决体量有度的问题。就体量而言，应该立足"精"（唯有"精"，才可能"深""透"）。当然，具

---

① 陆道坤. 论课程思政的教学设计与实施 [J]. 思想理论教育，2020（10）：16–22.

体多少合适，需要教师基于"循证"模式，结合对学生学习效果、教学方法、切入点与时机的综合考量，进行探索与尝试。同时，要以不断优化教学流程，降低学习的复杂程度和进入难度，使思政元素由增加的"体量"要素变成课程知识自身调节要素，使学习过程更为紧凑和流畅。第二，思政主题导入有道：确保"融入"自然。思政进入课程最理想的方式就是"自然生成"，即由某个课程知识点自然切入，做到水到渠成。切入方式巧妙自然，其中"巧妙"是指平滑过渡，不至于过于直白而变成"说教"，设计"精巧"，不至于开口大以至于易放难收。具体而言，可采用以下方法：如故事导入——结合"有故事"专业知识点，引导学生进行探索解密知识点背后的故事，自然达成专业知识与思政主题的连接；热门话题引入——以专业的"八卦"引起学生的关注，引导学生从专业热门话题自然向思政知识点"探寻"，基于专业视角对其后的原因、影响进行思考，进而达成课程思政的思想启迪与价值引领作用；情境预设导入——基于情境预设，借助与专业知识点相关的情怀、规约、精神等类别的影像资料，引导学生进入情境，逐步推出思政主题；问题创设——由某节课涉及专业领域思政问题，引发学生思考，或促成小组讨论；比较导入——从专业知识、技术进行中外对比，激发学生民族自豪感的同时，引导学生就"差距"和"不足"进行思考，并进入"责任感和使命感"或"民族精神"等思政主题。第三，思政学习互动多样：提升"融入"程度。除了正常讲授与互动外，课堂教学中需要灵活采用多种形式，以提升"融入"程度与"学习效果"。必须注意的是，在每节课课前提供给学生的材料中，要明确提出课程思政问题，为学生预留思考的时间和空间。就形式而言，第一种是常态化的课堂讨论，具有随机发言和对话性质，即话题由专业课程教师发起，并初步形成基本讨论路线，学生基于课前准备，随机发言、发问，教师做出回应并引导学生进一步思考、探讨。第二种是"微专题研讨"，学生可在教师指导下，根据课前准备进行讨论，在较短时间内进行交流和适度辩论，这种方式限于观点，也可以基于观点碰撞促使学生进一步思考。第三种是"对话"，即聚焦领域内某一事件或专题，从事件本身说起，逐渐进入事件背后蕴藏的思政元素，侧重"师生对话""生生对话"。与讨论不同，"对话"中教师无需预设具体结论，而是在对话中纠偏、引导，最终自然走向结论。第四种是"小组合作学习"或"无领导小组合作"（适合小班的主题式课程思政教学），教师提出明确思政问题、明确期望，要求学生基于前期准备，采取合作方式，从不同维度分析、阐述、补充并得出完整结论，这种组织形式，显然往往需要较多时间，应穿插在专业课程的序列研讨中，更适用于复习教学等。第四，课堂调控有术：保证"融入"效果。"融入"是否有效，往往体现在学生"学习体验"和"学习效果"上。而塑造最佳的学习体验、实现最优的学习效果，在很大程度上与教师的教学艺术有关。因而，需要专业课程教师要以"匠人"的态度对待每一节课，科学预设、高效驾驭、机智调控，进而打造课程思政的"金课"。

3. 优化教学方法，提升学生的体验感和获得感

就问题澄清与道理阐明类思政主题而言，应科学阐发其思政意蕴，讲透道理、讲明问题，突出讲授法的使用，并分别借助案例式教学、情境式教学、体验式教学等，以提升教学效果。以《纲要》中关于教育类实施"'四有'好老师"这一主题为例，在公共基础课"教育学原理"中，应在其"教师与学生"插入该内容，以讲授法为主、讨论法和案例法为辅，让学生明确"四有"是什么、由何而来、基本遵循等问题；就实践运用与自我约束类课程思政主题而言，要立足真实问题，在与实践近距离对话中开展思想政治教育，应采取讲授法、混合教学法、案例法结合的形式，讲授法则在概貌式略讲的前提下聚焦最突出的伦理条款，并结合经典案例分析，来触动学生的思维。鉴于课堂教学的体量，不可能全部精讲，就需要采取混合式教学模式指导课下学生自学；就精神涵养与思想深化主题而言，应采用讲授法精练地阐述知识点，以情境教学法为主并结合使用多媒体材料（如"感动中国人物"故事）进行教学。如可以将家国情怀、民族复兴和民族精神等结合起来，通过相关材料（如《复兴之路》片段）的展示，让学生在已有知识基础上，在情境中将自己代入，形成情感"共鸣"和精神"共振"；就问题解决与应对型课程思政主题而言，应采取小组合作教学方法，引导学生从多个学科角度，探讨问题的成因、实质和解决方法，让学生在研讨中加深对问题的认识，进而在思想上实现发展。通过建设，打造一批有特色的公共基础课程和教学方法体系。

（二）专业教育课程育人

帮助学生基于专业立场提升思想政治素养。专业教育课程是思政的"富矿"，这就要求教师要根据不同学科专业的特色和优势，深入研究不同专业的育人目标，深度挖掘提炼专业知识体系中所蕴含的思想价值和精神内涵，优化

教学方法，进而提升学生对课程中思政元素的认知与把握，以及基于专业角度的理想信念发展（对学生"思想启迪和价值引领"的促进）和基于专业立场对思政元素运用能力的发展。

1. 专业教育课程的思政内容供给

要根据不同学科专业特点和育人目标，明确文史哲类、经管法类、教育学类、理工类、农学类、医学类、艺术类等七类专业课程的课程思政建设主要内容，并要求有机融入课程教学。开发过程中，要基于供给侧理念，以满足学生成长发展需求和期待为旨归，凸显对学生需求、学习习惯、思维方式的关注。教师要结合课程的德育目标，在课程内容中寻找与社会主义核心价值观、家国情怀、国际视野、创新思维、专业伦理、学术修养、工匠精神等相关德育元素的"触点"和"融点"，通过典型案例等教学素材的设计运用，以"润物无声"的方式将正确的价值追求、理想信念和家国情怀有效地传递给学生。第一，系统而"深入挖掘"课程的思政元素，基于与思政课程、专业知识体系的"同步"和"协调"的思维，对各种思政元素进行开发，决定其层次、深度、呈现方式等，使之荷载于专业教学体系之中。第二，结合课程思政目标的设定，对思政元素进行二次开发，使之符合教学的要求。思政元素的层次、深度、呈现方式等是否合理，关键在于其是否符合思政教育的目标设计。因而，基于课程思政的目标设计，对思政元素进行科学的二次开发，具有非常重要的意义。第三，基于课程思政元素要求，进行教学材料开发。课程思政教学并不能完全依照教材，实际上，专业课程教材也无法对课程思政元素进行全面的荷载，因而，教师要善于基于课程思政的目标、思政元素的具体内容、层次和深度，组织材料和建立材料库，系统地对材料的思政特色进行开发，以服务于课程思政教学的要求，使课程思政教学鲜活起来。第四，基于课程首席教师负责制，对内容进行动态优化。鉴于课程思政教学效果、党和国家新政策的推出和马克思主义理论研究的推进、专业课程体系的完善等因素，要与时俱进地对课程思政的教学内容进行动态优化，而这种优化必须在课程思政的首席教师负责下开展，以保证优化的动态性、连续性①。

---

① 陆道坤. 论课程思政的教学设计与实施［J］. 思想理论教育，2020（10）：16－22.

2. 专业教育课程思政教学方法的创新

我国大多数高校课堂仍然存在"单声道""一言堂"的现象，无论是传授知识还是价值引领，靠老师单方面进行灌输都很难达到预期的效果。当代大学生思维活跃、获取信息能力强、不喜欢听说教，传统的教学模式和说教内容很难触及他们的内心。应深入研究当前大学生的学习方式，通过案例教学、研讨教学、项目学习、情景模拟教学等方式，让学生主动参与到课堂教学活动中，在情境中学、在做中学、在讨论分析中学，促进学生将所学、所感、所悟内化于心。同时增强对互联网资源的运用，充分发挥他们采集和分析信息的能力，并在与教师的互动中接受潜移默化的影响，实现知识传授和价值引领的双重作用[1]。以理工科为例，教师可以采取介绍专业发展历史方法，培养学生的家国情怀和人类关怀——挖掘、利用学科发展历史中有担当、有作为的典型人与事，通过课堂讲授、音影资料播放、实地参观访问等形式，将其有机融入专业课程的教学过程；结合专业伦理教育，培养学生的职业素养和责任意识；加入形势与政策内容，培养学生的竞争意识和创新精神，将本专业面临的竞争形势、创新态势，国内外的产业布局、政策、优势比较，学科交叉融合的趋势走向、国家战略布局、行业发展前景等内容纳入其中，既保持世界视野，又强调本土意识，让学生更加明晰专业发展的走向与坐标[2]。

3. 专业教育类课程思政教学管理的创新

《纲要》明确要求：课程思政要"融入课堂教学"，"贯穿于课堂授课、教学研讨、实验实训、作业论文各环节"。实施上，要"改进课堂教学过程管理，提高课程思政内涵融入课堂教学的水平"。就课堂思政结构安排而言，要凸显课程思政"质"和"完整性"的关注。就调控方式而言，要调动学生的参与性并适度管理——基于学生立场，俯下身去关注、倾听、对话；基于管理立场，控制节奏；基于效果立场，及时反馈。就评价而言，要贯彻《纲要》"人才培养效果是课程思政建设评价的首要标准"的要求。《纲要》指出，要健全"课堂教学管理"，改进"过程管理"，提升"内涵"的"融入"水平。这就要

---

① 陈翔. 高校"课程思政"供给侧改革的实践与探索 [EB/OL]. http://theory.people.com.cn/n1/2020/0108/c40531 - 31539281. html.

② 吴锡平. 理工类课程 思政元素的挖掘与融入 [N]. 江苏教育报，2020 - 01 - 03（04）.

第三章 课程育人的原理与路径

87

求教学管理凸显生成色彩，注重有机互动、科学反馈。必须指出的是，"内涵"的融入，是一种"有机融入"，是"水乳交融"式的共存，而不是强制嵌入。第一，有预设的"生成"：形成"融入"通道。教师要基于科学设计和有弹性（如思政知识点融入的不同维度）地预设，让思政主题"自然生发"和"流淌"于专业课程教学中。要善于结合学生表现，在"生成"中调整、引导，保持思政融入专业课程渠道的畅通。第二，注重高效互动，提升思政"进入"学生精神世界的效能。教师要注重"对话""讨论"等方法运用，实施"师生互动""生生互动"，以使道理越厘越清、价值越阐发越澄明、思想进入越来越深刻。第三，及时评价反馈，提升"融入"水平。应立足学生表现，及时进行评价反馈，有效维持学生学习积极性，并指出努力方向，以保证思政"融入"课堂和进入学生精神世界的效能。

此外，在实践类课程思政中，要突出"知行合一"育人的要求。《纲要》指出，实践课程，要注重学思结合、知行统一，增强学生勇于探索的创新精神、善于解决问题的实践能力。创新创业教育课程，要注重让学生"敢闯会创"，在亲身参与中增强创新精神、创造意识和创业能力。社会实践类课程，要注重教育和引导学生弘扬劳动精神，将"读万卷书"与"行万里路"相结合，扎根中国大地了解国情民情，在实践中增长智慧才干，在艰苦奋斗中锤炼意志品质。因此，实践类课程思政育人要系统设计和科学推进。高校课程思政建设应把业务理论与实践结合起来，在实践教学中深化职业理想和职业道德教育，引导学生深刻理解并自觉实践各行业的职业精神和职业规范，培养良好的职业品格，增强职业责任感。实践教学是思想政治理论与专业实践的有机合体，实践性是它的显性特征和本质属性。实践教学不是单纯的学生实践，而应成为师生的互动实践，只有在师生双向互动互促中，在实践展开中才能真正实现立德树人的教学目标。实践教学的第二课堂的主体是学生，平台是课堂与社会相结合的实践教学基地，它突破了传统的课堂教学形式，把以教师为主体、以学生为客体的灌输式的教学变为以学生为主体的体验式和感悟式教学，是以学生自主活动、自主学习、自主实践和自主探究为主体的课堂。第二课堂，能更好地培养学生独立探索，提升学生的实践能力和创新精神。

第三节　思政课程与课程思政育人的"同向同行"

深入推进思政课程与课程思政同向同行，必须从目标设计、内容供给、教学评价等方面着眼。从"同向"维度而言，主要围绕国家认同、政治认同、道路认同、理论认同、制度认同、文化认同等，以解决政治方向的一致性问题、育人方向的一致性问题、文化认同的统一性问题。从"同行"维度而言，要解决"课程思政"如何与"思政课程"步调一致、合力育人、合力培养人的问题：步调一致、相互补充、相互促进、共享发展。要使"课程思政"在事关国家认同、政治认同、道路认同、理论认同、制度认同、文化认同等方面始终与"思政课程"在同一个频道上[①]。

一、围绕学生思想政治素养发展的目标上的"协同"

思政课程与课程思政的目标上首先要"协同"，这种"协同"是基于一种互补与合作的理念。从课程群上来看，课程思政是思政课程教学目标的具体化和落地化，即立足专业、学科立场，基于专业学科体系对思政目标的深入贯彻，它突破了思政课程注重体系、系统而在具体维度上难以深入的局限。因此，这种协同在进度上可以是思政课程目标在前，课程思政目标在后，也可以采取同步同行的方法。从目标实际上看，思政课程目标注重系统，课程思政目标注重下位。从具体设计上来看，要注重课程群视角、教学视角[②]。

（一）课程视角的"目标协同"

思政课程与课程思政二者结合的关键点是思政，即思想政治教育，通过课程形式和课堂渠道，挖掘思政课程以外其他课程和教学方式中蕴含的思想政治教育资源，实现思想和价值的引领。从课程与教学角度来看，课程思政和思政课程的育人是"隐性思政"与"显性思政"育人"合力"的结果。

---

① 邱仁富."课程思政"与"思政课程"同向同行的理论阐释 [J]. 思想教育研究，2018（04）：109 – 113.

② 陆道坤. 课程思政推行中若干核心问题及解决思路——基于专业课程思政的探讨 [J]. 思想理论教育，2018（03）：64 – 69.

1. 目标设计的依据——育人总目标

就大学阶段而言，学生思想政治素养发展的总目标是思政课程、课程思政目标设计的总依据。总目标必然要分散到思政课程与课程思政之中，分解出专业课程的育人目标和思政课程的育人目标。就思政课程而言，是系统地从学生马克思主义理论与思想政治教育的知识体系、能力体系、思想理念、世界观、人生观、价值观等方面发展的角度，推动大学生的全面发展。而这种目标则要与"渗透性"的思政教育目标保持一致。就前者而言，要形成专业的思政教学目标体系应依据《高等学校课程思政建设指导纲要》（以下简称《纲要》），通过对专业育人目标的具体化（具体到各门课程），对专业的思政教学目标的分解和细化，开发形成"特色课程思政"的思政教学目标，进而体系化。也就是围绕坚定学生理想信念，以爱党、爱国、爱社会主义、爱人民、爱集体为主线，围绕政治认同、家国情怀、文化素养、宪法法治意识、道德修养方面，系统进行中国特色社会主义和中国梦教育、社会主义核心价值观教育、法治教育、劳动教育、心理健康教育、中华优秀传统文化教育等方面。

2. 基于"合力"育人的设定，组织目标体系的系统开发

目标的协同，关键是基于相关标准和要求的"认同"。因而，在课程目标开发上，尤其是课程思政教学目标开发上，要由专业课程任课教师、课程思政首席教师、课程思政专家、专业课程首席教师、思政课程教师、教学管理人员、课程与教学专家等主体参与，可以采取会议模式、专题研讨模式等进行研究。相对而言，思政课程的目标体系完整、成熟且具有科学的逻辑，因而，课程思政要基于思政课程的目标进行设计，依据《纲要》，结合专业课程的特点、体量等进行系统开发。"专业的育人目标"最终要"落实到课程目标设计"。第一，"三结合"的课程思政与思政课程目标体系的开发。三结合即结合思政课程指南、布局和推进表，对其目标体系进行系统梳理与呈现；以及专业课程的知识体系、逻辑体系和思政元素分布，结合专业课程思政知识图谱，对目标体系进行呈现；对以上两个方面的思政目标进行对照，结合思政课程的目标体系和知识图谱，对课程思政目标体系进行调整、挖掘和细化，依据《纲要》，通过对专业育人目标的具体化（具体到各门课程）、专业的思政教学目标的分解和细化，依据"特色课程思政"的思政知识图谱，开发形成"特色课程思政"的思政教学目标，进而体系化。第二，设计专业课程的思政教学目标。课

程负责人、思政教师、课程任课教师开展合作，从思政知识、能力、情感、态度、价值观等维度，对专业课程的教学目标进一步细化，即遵循"具体章节的思政教学目标设定——章节的思政教学目标的逻辑梳理——形成专业课程的思政教学大纲"路线。第三，课程的思政教学案设计。依据"特色课程思政"的思政教学大纲，通过再次"深入梳理"，研制形成具体章节的教学案，确定每节课的思政教学目标及与其对应的教学评价内容。

从整体上看，课程思政与思政课程在目标设计上，要凸显"呼应""互补"。如在同一类目标上，应该有所侧重。换言之，思政课程在某些目标上如果无法深入到实践层面，则应该将该目标交由同步进行的专业课程进行，而课程思政目标如果无法对同步的思政课程目标进行下位承托，则在思政课程应该进一步突出"弥补"要求，对具体目标进行覆盖。同时，在课程的推进上，也应该注重双边课程开展上的"同步性"，即根据课程的整体分布，结合课程的进度设计，保持目标的统一性，以实现二者结构上的优化。

（二）教学设计的"目标互通"

课程思政与思政课程的在同向同行最终要落到教学层面，而教学设计上的目标互通则是推动二者协同育人的重要保证。

1. 与思政课程对接，设计课程思政的"双维度"教学目标

教学目标是预期学习结果，在教学中处于核心位置，涵盖了知识、能力、情感态度与价值观等方面。"双维度"教学目标，就是要分别清晰地设计和表达专业课程、思政两个方面的教学目标，尤其要明确哪些专业课程知识点应负载、如何负载思政要素、如何评价（方法或量表）等。要注意以下问题：具体章节的分布、主题与内在逻辑；具体思政知识点的学习目标——要以"评价"为导向①，从知识、能力、情感态度与价值观三维度进行描述表述；要对目标达成的层次进行分级和描述。课程负责人、思政教师、课程任课教师开展合作，从思政知识、能力、情感、态度、价值观等维度，对专业课程的教学目标进一步细化，即遵循"具体章节的思政教学目标设定——章节的思政教学目标的逻辑梳理——形成专业课程的思政教学大纲"路线。必须注意的是，专业课程的教学目标设计要注意以下几点：关注先修课程的课程思政目标，注重前后

---

① 陆道坤. 论课程思政的教学设计与实施 [J]. 思想理论教育，2020（10）：16－22.

承接性；突出对先修、同步推进的思政课程的教学目标的关注，并在细分维度上，对其目标进行分析，在最大程度上保证正在实施的课程思政教学目标与其的关联性。只有做到上述几个方面，课程思政与思政课程才能在教学目标上保持良好的"呼应"，进而推动"合力"育人进程。

2. 目标评价上的"同频"

学生思想政治素质的发展，是一个"合力"的结果。课程思政与思政课程同向同行，形成学生思想政治素养发展的"合力"，二者在评价上很难做出准确"切割"，但课程思政改进和发展客观上又呼唤着相对科学的评价与之对应和为之服务。因而，课程思政评价往往需要多主体基于多种方式和维度开展评价，进而形成较为完整的评价结论，以有效反映课程思政的能效、不足和问题。其中最为关键的是，课程思政评价与思政课程评价的"同频""互动""互通"。学生的"学"（思想政治思政发展）是一个循序渐进的过程，也是一个增值的过程，它综合体现在学生的知识层面、思想层面和能力层面。而对其进行评价，就必须基于课程思政与思政课程的目标设计，对照相关标准，以多主体合作的方式开展——专业课程思政的任课教师、学生（含学生本人）、思政课程教师、思政辅导员、导师（含学业导师），以常态性评价、阶段性评价、总结性评价为主要形式。而思政课程的评价，同样也做出改变，要以思政课程教师为主，邀请课程思政教师、教学管理人员、学生等参与其中，基于教学目标等进行系统评价。在此基础上，由课程思政教师、课程思政首席教师、专业首席教师、思政课程教师、教学管理人员、学生，也可邀请课程与教学、课程思政、思政课程、教学管理专家等组成评价小组，对学生基于目标的发展进行综合性评价。

二、 围绕学生思想政治素养发展的内容上的 "互补"

从内容上来看，课程思政和思政课程各有侧重，并形成科学的"互补"。"课程思政"侧重于思想价值引领，即各类各门课程（包括思政课、专业课和通识课）中增强政治意识和加强思想价值引领；思政课程侧重理论方面，即进行系统的思想政治理论教育。这一点在中共中央宣传部、教育部颁发的《关于进一步加强和改进高等学校思想政治理论课的意见》得到了明确，即"高等学校思想政治理论课承担着对大学生进行系统的马克思主义理论教育的任务，是对大学生进行思想政治教育的主渠道"。二者的科学互补，无疑能够推进"协同"育人进程。

1. 以"协同"思维，推动课程思政与思政课程内容体系的完善

思政课内容创新就是把马克思主义理论、中国特色社会主义理论与中华民族伟大复兴的实践相结合，用中国声音讲好中国故事，用中国故事讲清新时代思政理论，用新时代思政理论夯实学生理想信念，将思政课程内容在改进中不断强化。挖掘各类专业课程的思政价值元素，就是要充分认识各专业课程都是一座思政价值元素宝藏，将人、物和事件背后蕴含的宝贵精神财富显性化，用新时代大学生易于接受的形式予以呈现，在知识传播中凝聚思政价值。将二者协同就是要注重教育的内在整合和完整性，实现育人的整体效应。思政课程与"课程思政"在本质上都是发挥思想政治教育功能，无论是思政课程中的思想政治理论内容，还是其他课程中的思想政治教育元素，都是思想政治教育内容体系的重要组成部分，二者具有内在的契合性。"课程思政"不仅对专业课提出了思想政治教育要求，也对思政课提出了更高要求。思想政治教育是思政课的固有功能，思政课教师都应履行好思想政治教育职责。根据"把思想政治工作贯穿教育教学全过程"的要求，思政课同样要贯彻"课程思政"理念，进一步强化思想政治教育意识和功能，而且作为大学生思想政治教育的主渠道，要在"课程思政"中发挥主导作用。习近平总书记指出："要用好课堂教学这个主渠道，思政课要坚持在改进中加强……其他各门课都要守好一段渠、种好责任田，使各类课程与思政课同向同行，形成协同效应。"思政课的"向"就是正确的政治方向；思政课的"行"就是进行思想政治教育。同向同行，实际上是指各类各门课程都要与思政课一道，坚持正确政治方向，发挥思想政治教育作用，形成协同效应，增强育人合力①。在内容开发上，要注重理论特征与基于专业立场的渗透特征（运用性）相结合，推动学生将理论的系统化学习（思政课程）与基于专业立场的运用与体悟结合起来，从理论上、思想上、能力上实现合力育人。

2. 以创新思维，推动课程思政与思政课程内容体系的优化

习近平总书记在全国高校思想政治工作会议上指出，高校思想政治工作要

---

① 石书臣. 正确把握"课程思政"与思政课程的关系 [J]. 思想理论教育，2018 (11)：57-61.

因时而进、因事而化、因势而新。思政课要坚持在改进中加强，提升思想政治教育亲和力和针对性，满足学生成长发展需求和期待。推进思政课改革创新是一项系统工作。完善教学内容、改进教学方法、创新教学载体，不断推进思政课建设体系创新，加快构建中国特色哲学社会科学教材体系和学科体系，依托马克思主义理论研究和建设工程，推出更多更高水平的教材，建立科学权威、公开透明的思政课教学科研评价体系是推动课程思政与思政课程内容协同的重要途径。就思政课程而言，首先要结合时代发展把马克思主义的基本原理、基本方法讲清楚，把人类社会发展的历史必然性、中国特色社会主义的历史必然性讲清楚，把习近平新时代中国特色社会主义思想讲清楚。坚持政治性和学理性相统一，价值性和知识性相统一，建设性和批判性相统一。就课程思政而言，要坚持有机融入，推进习近平新时代中国特色社会主义思想进教材、进课堂、进头脑，推进习近平新时代中国特色社会主义思想"三进"工作是课程思政建设的首要内容。但高校部分学生自主意识强，生硬的灌输可能效果不佳，而润物细无声的教育方式则可以事半功倍。这就需要认真学习领会习近平新时代中国特色社会主义思想，结合各类专业课程育人特点，有针对性地深入挖掘思想政治教育元素，潜移默化地开展好"三进"工作①。

三、 教师的合作： 为 "同向同行" 提供支持

办好思政课关键在教师，关键在发挥教师的积极性、主动性、创造性。思政课教师主讲的"思政课程"与专业课教师主导的"课程思政"二者导向有机结合、效用相互配合，才能形成思政课程与"课程思政"同向同行、共同发力、形成合力的大思政格局。无论是思政课教师，还是专业课程教师，不仅要有全员参与的积极性，还要自觉按照习近平总书记提出的"四有好老师"的标准，做"四个引路人"，做到"四个相统一"，引导学生做到"四个正确认识"；自觉按照习近平总书记在学校思政课教师座谈会上提出的"八个相统一"等要求，引导学生成长成才，成为担当民族复兴大任的时代新人②。因此，课程思政教师与思政课程教师要基于同向同行的要求，开展全面合作，才能够有

---

① 贾少鑫. 牢牢抓住课程思政建设的核心 ［N］. 光明日报, 2020 － 06 － 23（15）.
② 于向东. 围绕立德树人根本任务 探索思政课程与课程思政有机结合 ［N］. 光明日报, 2019 － 03 － 27（06）.

效推进育人工作。

（一）专业课教师与思想政治理论教师的分工与协作

《高等学校课程思政建设指导纲要》对提升教师课程思政建设的意识和能力提出了新要求。要注重培养塑造教师队伍，特别是专业教师的课程思政责任意识，坚持不懈淬炼提升思政育人的能力和水平，健全完善对教师综合素质能力的全面评价机制，努力让所有教师都履行好育人的职责，让所有课程都发挥育人的功能、上出"思政的味道"。习近平总书记在《思政课是落实立德树人根本任务的关键课程》一文中指出："办好思政课关键在教师，关键在发挥教师的积极性、主动性、创造性。"① 而合力育人的关键，就是要课程思政教师和思政课程教师在"守好一段渠、种好责任田"的基础上，进行分工协作。

1. 课程思政教师与思政教师的角色与分工

专业课程思政与思政课的关系，决定了专业课程教师和思政课教师在思想政治教育中的关系。建立专业课程思政的新途径，并不意味着思政课可以放松，也并不意味着专业思政可以分担思政课的任务，这是必须明确的事实。二者在思想政治教育中的定位并不相同，由此也决定了实施者角色的区别。在整个思想政治教育体系中，思政课教师应该扮演着引领者和支持者的角色，把控思想政治教育的体系，对专业课程思政的规划、设计及教材的二次开发给予指导，对整个思想政治教育的状态进行监控，对其中的偏离及时调整，帮助专业课程思政教师进行教学反思，并为其提供理论支持及实践层面的答疑解惑。而专业课程思政的实施者，则立足自身的专业优势和与学生专业合作的平台，对思政的具体内容进行深化，真正将原则讲深讲透，并帮助学生在实践中积极贯彻。而专业课程思政教师在专业领域的思想政治教育优势则往往是思政课教师所不具备的，这种功能和作用也是思想政治教育走向深入、跳出说教的窠臼所最需要的。专业课程思政教师的教学经验、智慧，无疑能够为思政课教师提供素材支持、智慧支持。因此，专业课程思政教师实际上扮演了深度教育者和实践智慧提供者的角色。因此，在实践层面，基于二者的定位，实现互补互通和高度协作也是必须和必要的②。

<hr>

① 习近平. 思政课是落实立德树人根本任务的关键课程 [J]. 求是，2020 (17).
② 陆道坤. 课程思政推行中若干核心问题及解决思路——基于专业课程思政的探讨 [J]. 思想理论教育，2018 (03)：64-69.

2. 课程思政教师与思政教师的协作①

课程思政教师与思政教师的协作中,要认识和处理好几个关系:知识传授与价值引领的关系,"思政课程"与"课程思政"协同育人,就是要在知识传授中寓意价值塑造,在理想信念传播中丰富知识传授;显性课堂与隐性课堂的关系,即发挥思政理论课作为显性课堂,在精神塑造和价值培养中的主渠道作用,实现育人价值上的结合;思想政治主导性和知识丰富多样性的关系,既要在改进中加强思政课的主导地位,又要根据专业特点、学生发展需求,增强知识结构的丰富性、多样性。同时,要协同教师教学活动与行政组织管理,行政管理部门为教师教学活动提供适宜的环境和良好的制度保证,把二者进行有效协同将促进思政教学效果最优化。思政教师依据《高等学校思想政治理论课建设标准》及学生个性化需求,对教学大纲、课堂设计进行全方位、全过程改进优化,专业课教师把思政理念贯穿于知识传授中,将课程思政价值元素内化于心、外化于形。教务部门依据思想价值引领的教学要求出台具有可操作性的教学细则,在教学资源配置方面优先向思政教育倾斜。人事部门要围绕思政教育工作,从制订教师培养方案、考核标准和激励措施入手,打造一支政治过硬、业务精通的教师队伍。科研部门在科研经费、科研奖励等政策制定方面,优先考虑思政教育研究工作,把"思政课程"与"课程思政"工作做好②。

(二)专业思政教师与思政课教师互动模式的构建与运行

两种课程无疑构成了高校思想政治教育的主要体系,而两支队伍(包括思想政治辅导员)无疑也成为高校思想政治教育队伍的主体。由此,建立两种课程与两支队伍的互动模式,进而形成"合力",也是高校思想政治教育的应有之义。

1. 基于课程体系的建设和完善,建立良好的合作关系

作为高校思政的重要组成部分,二者本身就是相辅相成和合作互补的关系。因此,二者的合作是应有之义。具体而言,二者的合作不仅包括了课程规划与设计、思想政治教育内容的深度开发等方面,还包括了思想政治教育的材料的联合开发等方面。就课程的规划与开发而言,二者的合作不仅仅对于专业

① 韦颜秋. 推动"思政课程"与"课程思政"协同育人 [N]. 天津日报,2020-04-06 (06).
② 韦颜秋. 推动"思政课程"与"课程思政"协同育人 [N]. 天津日报,2020-04-06 (06).

课程思政具有重要作用，同时也为思政课体系的重构与创新具有积极作用。在立体思政概念下，高校思政课教在内容上和体系上的创新是非常必要的。与此同时，二者合作也有利于开展校本教材开发、专业课程思想专题材料开发、思想政治教育实践平台与基地开发。

2. 基于教学活动效果的提升建立互动与合作模式

基于教学的合作对于教学活动效果的提升具有重要作用，思政课教师和专业课程教师基于教学活动设计、教学活动实施（过程监控、方法、评价）等方面的合作，不仅仅有利于专业思政教育活动的更好开展，同时也能够丰富思政课教学的方法体系。而二者的互通有无，可以很好地避免在案例使用中的冲突，避免思政课教师因专业知识的不足在案例使用上的错误，也可以避免专业课程教师在一些难点的教学中"失足"。而基于教学的合作反思，对于双方改进后续教学，优化课程体系和内容，都具有重要意义。

3. 立足教师的专业发展建立互动合作模式

如前所述，合作是教师专业发展的重要手段，而基于思想政治教育的跨学科合作，则是一种高效的"双赢"。对于思政课教师来说，能够在很大程度上丰富科学文化知识体系、拓展知识视野、完善知识逻辑，对于其后续教学活动的开展具有重要帮助。而思想政治教育在专业领域的实践，无疑能够在知识层面、经验层面提升思政课教师的教学素养。对于专业课程教师来说，伙伴式合作不仅仅能够提升其思想政治素养①，更能够完善其教学方法体系，优化其教学能力结构。

---

① 陆道坤. 论师德师风检查活动的设计与实施［J］. 思想理论教育，2019（08）：94 – 99.

第四章　课程育人现状分析

教育的根本问题就是培养"人"，促进人的发展，而高校作为人才培养的主要阵地，理应强化育人工作，将"三全育人"的理念贯穿于课程开展的全过程，牢记课程育人的指导思想，充分发挥课程的育人功能。本章对高校课程育人的现状展开梳理，阐述课程育人存在的问题，并就其原因进行分析。

第一节　课程育人的现状

为加强大学生思想道德素质、改进学校思想政治教育形式、促进学生德智体美劳的全面发展，国家提出了课程思政的理念，要求从育人本质出发，充分发挥课堂在育人过程中的主渠道作用，将思想政治教育贯穿教育教学的全过程。地方各级政府积极响应，高度重视，各大高校也纷纷开展教育教学改革，在深入推进的过程中取得了一些成就。

一、　创办具有学校特色的通识课程

通识教育旨在培养全面发展的人，而课程育人的目标是立德树人，两者在培养人的问题上出发点是一致的，即以学生为中心，培养德智体美劳全面发展的社会主义建设者和接班人。思想道德素质是人最根本、最重要的素质，是课程育人的核心要求，也是通识教育最关注的方面。

通识课程具有知识面广、辐射范围广、受众群体多、影响力大的特点，相较于专业课程而言，其突破了学科的藩篱，带领学生在获取科学知识的同时，潜移默化地引导学生理解社会主义价值观、理想信念、道德品质等内容，为课程育人目标的实现打下了良好的基础。因此，高校在推进课程育人过程中，积极改革和创新通识课程，依据学校办学特色和优势，以培育学生形成正确的人

生观、价值观、世界观为目标，开办具有思政教育的通识课程。

近年来，我国高等学校为响应国家号召，积极推进课程育人，在课程改革和实践中探索适合自己的路径方法。部分高校依托各自办学特色，创办了一批具有中国特色的通识课程。如复旦大学开设的"治国理政"课程，该课程立足于综合性大学办学特色，引入哲学社会科学各学科的教授为学生授课，使思政教育不再单纯是"思想政治"，还包括科学精神、人文情怀、现实关怀和国际视野；华东政法大学开设的"法治中国"课程，依托学校法学见长的办学特色，让法治思想融入思政教育，让学生了解中国的法治现状，培养学生正确的法治观念，引导学生主动践行社会主义法治理念，也让"笃行致知，明德崇法"的校训精神与"依法治国"的国家战略同频共振①；南京农业大学在农业和生命科学的优势和特色下，积极探索课程思政的推进策略，在融合大国三农教育的思想下构建了农业特色核心课程体系，形成了"南农八门课"，丰富了卓越农林人才教育的内涵②。这些具有中国特色的通识课程，以学校办学特色为基础，在深入研究了新时代思想政治教育的要求和内涵之后，立足实际，创新课程体系，不仅拓展了通识课程的思政内涵，也培育了学生创新实践的本领与新时代思想政治觉悟。

二、 开设具有人文价值的专业课程

在大学阶段，专业课程占据了学生绝大部分时间，覆盖了全体学生，如果专业课程的育人作用得不到有效发挥，立德树人根本任务就会失去重要的支撑③。而以往的专业课程是以知识、理论、技术的传授为主，较少考虑思想道德教育的内容。

随着课程思政理念的推广，习近平总书记要求学校"守好一段渠、种好责任田，使各类课程与思想政治理论课同向同行，形成协同效应"④。大部分高校在对专业课程的改革中加强了思政教育，将其作为课程思政的重要组成部分，

① 曹文泽. 以"课程思政"为抓手创新育人手段 [N]. 学习时报，2016－12－26（008）.
② 刘营军. 农科特色通识教育课程思政的内容与路径 [J]. 中国高等教育，2020（08）：15－17.
③ 韦春北. 把握好课程思政改革创新的四个维度 [J]. 中国高等教育，2020（09）：22－23，56.
④ 高德毅，宗爱东. 从思政课程到课程思政：从战略高度构建高校思想政治教育课程体系 [J]. 中国高等教育，2017（01）：43－46.

立足学科特色，结合不同的思维方式和价值理念，创新教学内容和方法，实现了专业课程的理论性与价值性的有机统一，达到显性教育与隐形教育的结合，有效扭转了专业课程教学中重知识传授、轻德行培育的状况，打破了思政教育和专业教育"两张皮"的困境。

北京科技大学科技史与文化遗产研究学院将中国古代文明、优秀传统文化、文化自信等思想政治教育元素有机地融入了冶金与材料史、文化遗产保护、传统工艺、科学技术与社会、技术史与工业遗产等方向的专业课程中，将爱国主义、民族情怀贯穿于课程计划、教学大纲等教育教学全过程，在提升课程感染力、亲和力和实效性的同时，激发与培养了学生的爱国情怀和民族自豪感，使课程育人的实施落地成效。有些学校在《机械原理》中，串联起工程实践中的职业道德、工程实践对可持续发展的影响等理念；在《公共英语》中融入了中国文化、中国经济等知识；在《建筑设计基础》中通过古今桥梁建筑结构的不同展现继承、创新和发展的关系；在《管理学原理》中将现代管理的理念与思维、实事求是的作风融入教学过程中；在《工业安全》中通过特定事件的现场案例教学培养学生安全生产意识，等等。

由此可以发现，不论哪一个专业学科都可以与思想政治教育想结合，授课教师也可在充分挖掘专业学科的特色和优势下，结合思想政治教育的内容，提炼专业课程中蕴含的文化基因和价值范式，在"润物细无声"的知识学习中提升学生的精神境界，培养学生的价值观念，实现增长知识、培养能力、提高素质和塑造灵魂"四位一体"的教育目的[1]，从而使课程育人真正见效。

三、 组建拥有综合素养的教师队伍

"教育大计，教师为本"，教师是学生成长成才的引路人，教师队伍建设对实现立德树人的根本任务有着至关重要的作用。思想政治教育不单单是思想政治理论课或哲学社会科学课教师的任务，它应该是每一位教师的责任和义务。习近平总书记说过："合格的老师首先应该是道德上的合格者，好老师首先应该是以德施教、以德立身的楷模。师者为师亦为范，学高为师，德高为范。教师是学生道德修养的镜子。"

① 张大良. 课程思政：新期立德树人的根本遵循 [J]. 中国高教研究，2021（01）：5-9.

教师在课堂教学过程中，必须要有育人的主体意识，即要求每位教师不仅仅要向学生传授丰富多彩的科学文化知识，还应该传播先进的思想文化，努力提高学生的思想水平、政治觉悟和道德品质。以往的教学中，教师受限于思想认识，往往认为教学只是片面地传递知识的过程，而忽视了育人环节，将育人交给思政课教师去做。在今天这样提倡"经师"与"人师"相统一的环境下，教师的育人意识得到了有效提升，教师自身的道德素质、文化素质、专业素质也得到了进一步发展。也只有教师综合素质的有效提升，才能满足课程育人目标的实现，才能在教学过程中有效引导学生在学习专业知识的同时感受思想的熏陶和价值的洗礼。

考虑到教师的综合素质能力，所有高校严把入口关，在选聘教师的时候，除了在专业知识领域有所要求外，还要考察教师的思想道德，政治立场等方面。入职以后，学校采取多种形式对教师进行培训，不断提升教师的综合素养。2019年，中国职业技术教育学会在杭州举办了全国职业院校课程思政建设及教师思政教学能力提升高级研修班，旨在通过培训让教师学会如何在各类专业课程中挖掘课程所蕴含的思政要素，如何制定专业课程的课程思政标准来提高课程教学质量以达到课程育人的成效。

兰州大学在深入推进课程育人、在加强教师队伍建设过程中，立项建设了"主干基础课程古生物学与地层学"等86个主干基础课程教学团队，通过教师之间的教学方法研讨、教学观摩等教学活动，形成了"德育为首、以老带新、相互学习、相互促进"的团队教研氛围，激发教师的责任感和事业心①。除此之外，有些高校还通过开展课程思政优秀教学案例评选等活动展示优秀课程思政教师的德育示范引领作用，以此带动和促进学校专业教师课程思政教育教学水平的提高。

四、 开发融入思政元素的课程教材

教材即教学用书，俗称课本。在信息化的时代，教材既可以是纸质的也可以是电子资料，它包括了教科书、讲义、参考书及各种视听材料。要提高课程

---

① 兰州大学深入推进课程育人 [EB/OL]. (2018 - 06 - 07) [2021 - 01 - 13]. http://www.moe.gov.cn/jyb_xwfb/s6192/s133/s220/201807/t20180712_342847.html.

教学的质量，落实立德树人的根本任务，课程教材的改革也不容忽视。高教司吴岩司长提出："教学改革改到深处是课程，改到痛处是教师，改到实处是教材。"① 教材是实现教学目标和完成教学内容的重要手段和载体。② 要实现课程育人，提升学生的思想政治境界，就要将课程思政的理念融入课程教材之中，让学生在学习专业文化知识的同时，自身的思想水平、价值观念也能得到进一步的升华。

部分高校为进一步推进课程思政建设，加强教材建设与学科、专业发展的机制，成立了课程思政与教材建设领导组，自主编写专业课程教材，由各个专业的骨干教师基于教学经验，探索整理与教材内容相关的社会热点，结合专业理论知识，并考虑学生成长规律，编写课程思政类专业课教材。作为交通运输工程世界一流学科建设高校长安大学编写的"交通强国"思政课程系列教材共包括《中国交通》《中国路》《中国桥》《中国车》《中国运输》《交通领域大数据》《中国隧道》七个组成部分，融专业元素与思政元素为一体，通过讲述行业故事、阐述行业背景，增强学生的行业认同感，激发学生的学习兴趣，培养交通科技人才。有些高校严格规范教材的选用，将课程思政改革试点创新教材、优秀教材、新版教材、重点教材等作为教材选用的主体。

"十三五"期间，我国正式成立了国家教材委员会，教育部组建教材局，成立了课程教材研究所，在明确高等教育教材要注重学术体系和话语体系创新、注重价值导向的规划下，各地教育部门和学校组织领导系统规划，积极响应号召。在 2020 年底，教育部概括总结了我国在"十三五"期间教材建设取得的成就，不仅在数量上持续增长，类型变得更加多样，内容上也很吸引人的眼球，在育人功能上也持续增强，强化了价值引领，助推专业教育与思政教育相融合。

五、 构建体现课程思政的评价体系

基于课程思政的理念，评价体系要求对建设工作和教学的各个环节进行评估，使其发挥监督、检测、评价、反馈等功能，是课程思政实施的重要环节，

---

① 吴岩：教学改革改到深处是课程，改到痛处是教师，改到实处是教材 ［EB/OL］.（2019 - 09 - 10）［2021 - 01 - 13］. http：//gjs. njit. edu. cn/info/1064/1611. htm.

② R. L. Allwright. What do we want teaching materials for? ［J］. ELT Journal, 1981 (1)：5 - 18.

也是课程育人效果的重要保障。课程思政评价体系的构建对学校、学院、各类教师的课程思政组织实施工作和实施效果进行了有效的监测。

中国地质大学地球科学学院为使学校全体教师的课程思政理念意识得到加强，在教师评教中实施"课程思政首位议决制"，在评教指标中将教师开展课程思政的情况作为首要考虑的因素，以此规范教师的教学实施过程，加强师德师风建设，使全体教师秉持课程思政理念进行教学①。长安大学在课程思政育人过程中，从教学单位、教师及学生这三个方面建立了科学的评价体系，定期对各个教学单位的课程思政工作实施情况进行评价，并将实施成效纳入单位绩效考核评价中，对实施效果显著的单位进行宣传和表彰，对其他单位进行督促和整改，促使各单位将思政教育功能融入全过程；将教师参与课程思政教学改革情况和课程思政实施效果作为教师年中考核评价、职位晋升、评优评先、选拔培训的重要依据；创新学生的课程学习评价，将价值引领、知识传授、能力培养的教学目标纳入评价内容②。

六、 建设蕴含育人功能的第二课堂

第一课堂是指传统的课堂式教学，有统一的内容、形式、教师等，而第二课堂则恰恰相反，它具有开放性、动态性、自主性的特点，是以实践活动为主要形式，在课程教学计划范围之外的有计划、有组织的开放性活动，包括社会调查、公益活动、社团活动、文体竞赛等。在"三全育人"的背景下，第二课堂成为高校实践育人的主阵地，政府、高校秉持全员、全过程、全方位的理念，以人才培养为中心环节，以教育改革创新为契机，积极探讨第二课堂的育人新模式。

2002 年，中青联印发了《关于实施"大学生素质拓展计划"的意见》，旨在发挥第二课堂的作用来实施素质教育。该计划包括六大模块：思想政治与道德素养、社会实践与志愿服务、科学技术与创新创业、文体艺术与身心发展、

---

① 王珩. "双一流"建设背景下课程思政的实践路径研究——以中国地质大学（武汉）地质学专业为例 ［J］. 湖北社会科学，2020（08）：148－153.
② 长安大学"五个强化"提升课程思政育人实效 ［EB＼OL］.（2020－07－21）［2021－01－13］. http://www.moe.gov.cn/jyb_xwfb/s6192/s133/s219/202007/t20200721_474121.html.

社团活动与社会工作、技能培训。① 通过第二课堂的活动培养学生的思想政治素质、创新精神和实践能力。2018 年 6 月，共青团中央、教育部联合印发了《关于在高校实施共青团"第二课堂成绩单"制度的意见》，要求在全国高校推广实施"第二课堂成绩单"制度。

各高校从自身特点与历史传统出发，根据新时代第二课堂教学要求，纷纷进行了规划和设置。江苏大学为全面落实国家政策要求，切实发挥好第二课堂服务高校立德树人根本任务和人才培养中心工作的重要作用，制定了《江苏大学共青团"第二课堂成绩单"制度实施意见（试行）》，将其作为"三全育人"综合改革的重要内容，明确将第二课堂成绩单视为学生综合素质测评、评奖评优、推优入党的重要依据。《浙江大学本科生第二课堂学分管理办法》规定，学校对学生第二课堂活动的表现进行考核计分，记入"实践能力与素质拓展"课成绩，共 4 个学分，学生可以通过参加各类学科竞赛、科研训练和发表学术成果等方式获得以上学分。第二课堂的建设极大丰富了思想政治教育内容，有效开发了思想政治教育资源，深入挖掘了思想政治教育内涵，创新变革了思想政治教育方法，实现了与思想政治教育的有效融合，与第一课堂共同构建了课程育人体系②。

总之，在中央倡导下，各级各类高校当下正把立德树人作为根本培养方向，积极推进思政课程与课程思政，即在继续巩固思政课程主渠道主阵地作用的基础上，寻求推动课程思政全覆盖，赋予专业课程价值引领的重任，进一步提升和改善各种专业学科的育人成效，努力构建课程思政的育人大格局。

第二节　课程育人存在的问题

"培养什么人，怎样培养人"是我国社会主义教育事业发展中需要解决好的根本问题，党的十八大报告中将立德树人作为教育的根本任务。教师的职责也是"教书育人"，既涵盖了知识的传授，又兼顾了道德的培育。近年来，中

---

① 关于实施"大学生素质拓展计划"的意见［EB\OL］.（2002 - 03 - 25）［2021 - 01 - 13］. http://www.ccyl.org.cn/search/zuzhi/documents/2002/zqlf/tlf14.htm.

② 曾德生. 充分发挥第二课堂思想政治教育价值［J］. 中国高等教育，2020（08）：38 - 40.

共中央、国务院和教育部不断强化高校对课程育人的重视，将立德树人作为教育的根本目标，不少高校在课程育人的理念倡导下，也取得了一定的成就，但应然与实然之间仍存在一定的差距，课程育人工作在实践中存在一些不可忽视的问题。

一、 制度问题

正如"无规矩不成方圆，无制度则无国家"的俗语所说，制度是课程教学有效开展强有力的保障，只有确立了明晰的制度，教师和各教学参与者才能有所依托，也只有既定的制度才能确保各类事项落到实处。高校的思政课程是一个多层次且结构复杂的系统工程，而高校课程育人的主要对象是青年学生，这是一个集多样性与多变性于一体的群体。为了真正发挥课程的育人功能，提高其针对性和实效性，加强高校的制度建设，引领课程育人的先进方向极为重要，但各高校课程育人的制度建设方面存在一定的问题。

（一）信息反馈制度

信息反馈应贯穿于高校的教学与管理的全过程，在培养方案和课程设置上应该充分考虑师生的意见和建议，只有身处一线的教师和学生才是最互相了解的，他们的反馈能够真切地反映出课程育人方面的各种问题，信息反馈能够极大地促进教学效果和教学质量的提升，但在目前高校的信息反馈制度存在诸多问题。

信息反馈的不及时。教学管理的反馈一般采用学生评教的方式且一般在课程结束后的学期末进行，这使得在教学过程中的教学情况不能及时反馈于学校，更不能及时地指导教师进行教学的调整。同时，学校督导在收集课程教学情况时存在工作消极、应付了事等现象，这种滞后的信息反馈形式严重降低了信息反馈的实效性。

反馈信息的虚假性。实现课程育人情况的"下情上达"① 是信息反馈的理想化模式，但在对教师授课情况的反馈中会出现学生迫于教师的权威而"报喜不报忧"，抑或学生的从众心理，学生评教时参考其他同学的结果，甚至存在

---

① 韦泽红. 合力树人：新时代高校课程育人整体创新探析［J］. 广西民族大学学报（哲学社会科学版），2019（03）：179 – 184.

不少同学只是为了评教而评教，随意填写，并不考虑实际情况，或是督导人员在工作过程中受到主客观因素的影响而存在着心理倾向等不良现象，诸如此类现象在高校屡见不鲜，而反馈信息的真实性是有待商榷的，如此一来，这样的反馈也便失去了真正的意义与价值。

（二）互动交流制度

教师间的研讨交流有利于高校教师教学能力的提升，从而促进高校教学的革新，培养优质人才。互动交流制度的建立能够保证教师间的信息互通，从多视角掌握学情，共享学情，让教师能够全方位地了解自己的教学对象，从而更加有效地促进各科教师达成共同育人的课程目标，为实现这一课程目标，高校的互动交流制度亟须调整。

高校缺少切实可行的互动交流制度。为缩短教育的城乡差距，保证教育公平，教育部等在义务教育学校推行轮岗制，以促进城乡间教师的交流。而高校教师间的交流仅停留在教学研讨方面，有实证研究发现，高校教师间的互动交流。有所欠缺，缺乏对实际教学问题的沟通、交流①。同时，高校教师的交流也多为同行间的交流，跨学科的交流较为缺乏。由于专业教师与思政课教师之间的交流较为匮乏，这便致使专业教师对课程中思政元素不够敏感，其共同育人的教育理念就有所削弱，各科教师间也不能够共享学情信息，更不能实现协同育人的目标。

高校教师间的互动交流严重形式化。在课程育人的大背景下，不少高校积极落实其教育理念，组建课程教学团队，通过教研与帮扶，在一定程度上促进了高校教师的自身素养与教学能力地提升。但在此活动中也暴露出一定的弊端，许多高校的研讨活动出现不应该有的冷场、单一或杂乱、无序的现象②。互动交流多成为负责人的总结陈述，很多教师不再扮演参与者的角色而是旁观者的角色，互动交流成了教师完成教学任务的一个必要形式，但这一形式严重流于表面，有悖于教学交流互动的初衷，更达不到通过交流提升教学质量，进而实现课程育人的目标。

---

① 曹月新，张博伟. 高校教师教学能力培养问题研究［J］. 东北师大学报（哲学社会科学版），2016（02）：208－213.

② 杨健辉，黄继和. 对教学研讨活动中若干问题的思考［J］. 教学与管理，2012（35）：18－20.

二、 课程资源问题

课程资源就是"在教学过程中对教学开展有一定教育价值的物质和人力"。合理的课程资源有利于课程目标的达成，且能够更好地促进教师的教和学生的学，从而实现教育的最终目的。高校思政课的课程资源丰富多样，随着科学技术的飞速发展，信息化的课程资源也不断发挥其重要作用，然而现有的课程资源依然存在不可忽视的问题。

（一）教材

教材是知识的载体，是学生学和教师教的具体依据。教材能够给教师提供明确的教学着力点和教学方向，身为教师首先要对教材有深刻了解，这是教学开展的第一步，也是至关重要的一步，即研读教材。教材能够反映系统的学科内容，是教师和学生开展高效教学的重要依托，是课程育人的载体，而高校的思政课与专业课教材存在诸多问题。

教材编写缺乏一定的理论性[1]。目前很多高校的思政教材中有较多的实践活动，似乎考虑了学生的实践能力，但实际上，不少教材都是为了实践而实践，仅简单机械地罗列实践活动，不考虑其实践的理论意义，学生只是浅显地了解其活动内容，并不清楚该活动的理论意义，也不能够顾及其活动的目的性和教学的实效性。换言之，很多理论教材的内容不能与实践活动的理论意义有机融合。

高校思政课部分教材存在简单重复。高校的思政课教材是一个涵盖许多理论知识内容的庞杂体系。在各门思想政治理论课的编制中，由于各种主客观因素的影响，势必会出现重复的内容，比如《毛泽东思想和中国特色社会主义理论体系概论》与《中国近现代史纲要》中"一国两制""党的执政能力建设与先进性建设""走农村包围城市、武装夺取政权的道路"等的重复。同时，高校的思政课教材与中学的政治教材也存在一定的重复。

专业教材不能兼顾学生的道德修养[2]。专业教材是课程育人的重要载体，

---

[1] 庞凌霄，刘国凤. 国家和校本两个维度视域下思政课实践教材出版问题分析 [J]. 科技与出版，2014（12）：51-52.

[2] 杨晓东，甄国红，姚丽亚. 应用型高校专业课程思政教材建设关键问题之思 [J]. 国家教育行政学院学报，2020（05）：68-75.

专业教材不仅要着眼于培养专业技术过硬的人才，而且还要兼顾育人的功能，将立德树人作为教材编制的着眼点。但在高校的专业教材中融入思想文化资源的综合性教材较为匮乏，专业教材往往是仅涵盖专业性知识，这也就使得专业教材不能彰显其育人的重要功能。

（二）数字化学习资源

随着信息时代的发展，教育已发生翻天覆地的变化，"互联网＋"的教育理念促进了数字化资源的蓬勃发展，用教育信息化推动教育现代化，建设学习型社会，同时也是我国教育发展的重要战略之一。为顺应时代的发展，课程育人也应该紧跟时代的步伐，充分利用信息化的便捷更高效地实现育人目的。作为信息时代的新兴产物，其存在一定的优势，但存在的问题也不容忽视。

数字化资源的质量有待提升。技术的革新，为教育带来了丰富的数字化资源，但许多高校课程视频的制作较为"粗糙"①，这种"粗糙"主要表现在课程的设计和视频的拍摄与制作。不少公开视频课程的设计并未考虑课程的安排是否合理，教学效果是否达标，以及教学过程中的互动与活动是否得当。同时，制作的课程视频缺乏教学互动性与活动展开性，且视频的拍摄镜头多局限于主讲教师的近景，缺乏特效及激发学生观看兴趣的元素。

数字化资源的利用情况良莠不齐。各高校购买的网络数据库不同，其数字化的学习资源也不尽相同，这种现象在我国高校尤为显著，有实证研究发现，我国东西部高校数字化资源建设不均衡。② 同时，各高校教师对数字化资源与教材学习内容的关系的处理存在偏差，有不少高校老教师课堂上几乎不会利用数字化的学习资源开展教学活动的。

三、 教师问题

教师是开展教学的关键，提高教师队伍水平是教学质量和水平提高的根本所在，学生"亲其师，才能信其道"。新时代的教师应该牢记育人使命，争做"四有"好教师。教师办好思想政治理论课关键在教师，思政课教师是全面推

---

① 丁晓阳，胡俊杰，杨改学，赵厚福. 我国数字化学习资源的建设现状透视及策略研究——基于对精品视频公开课视频资源的调查分析 [J]. 现代远距离教育，2015（06）：33－42.

② 王娟，孔亮. 我国东西部高校数字化学习资源应用现状的个案比较分析 [J]. 中国远程教育，2012（05）：64－68，86.

动习近平新时代中国特色社会主义思想进教材、进课堂、进学生头脑的核心力量①。课程育人功能的有效彰显的重点在于教师如何在教学过程中挖掘课程的育人功能，在目前，各高校需要加强队伍的建设。

（一）教师观念

教育的思想观念是教学行为的先导，教师的教学观念是教师教学行为的前提和基础，教师所拥有的教学观念指导其教学行为②，教学改革的关键在于教师观念的革新。在高校课程育人的大背景下，教师的教育观念存在一定的偏差。

教师观念的实用主义偏向。许多高校教师观念存在就业主导、实用优先、专业为上、自然科学优于哲学社会科学的实用主义偏向。实用主义最著名的观点就是"如果哲学不能改变我们的生活，那么它就毫无价值"。当今，众多高校及教师对教育的价值衡量标准在于知识的有用性，而北大中文系钱理群教授在为马小平老师著作作序时直言不讳地说，我们现在的教育正在培养的是"绝对的，精致的利己主义者"，这也是实用主义导向下的必然结果。

教师观念的偏差。不少专业教师将专业知识的传授作为主要任务，忽视了教学育人的根本任务，将思想道德的建设工作的责任推卸给高校辅导员或思政课教师，将自己的职责局限于专业知识的传授。同时，不少高校教师的教学观念受到"重科研，轻教学"的影响。在高校科研成为教师评聘和晋升的主要依据，教师便将更多时间和精力投入科研，教学逐渐边缘化③。

（二）教师素养

习近平总书记在多种场合多次强调过"打铁还需自身硬"，解决发展中的问题，需要在发展中提升解决问题的能力，而高校教师素养在课程育人中是关键一环。新时代，对广大教师落实立德树人根本任务提出了新的更高要求，引导广大教师努力成为有理想信念、有道德情操、有扎实学识、有仁爱之心的好

---

① 王焰新. 加强思政课教师队伍建设 打好提高思政课质量和水平攻坚战 [J]. 中国大学教学，2019（04）：4–7，27.

② 陈梅琴. 后课程改革背景下的我国教师教学观念：问题与出路 [J]. 当代教育科学，2018（07）：89–92.

③ 李志河，钟秉林，秦一帆，潘霞. 高校教师教学学术水平的实证研究——基于我国内地40所高校教师样本 [J]. 江苏高教，2020（08）：35–42.

老师，着力培养德智体美劳全面发展的社会主义建设者和接班人①。新时代的教师素养再度提升，但理想与现实总有一定的差距，高校教师素养存在一定的问题。

高校教师的知识结构有所欠缺。有些高校教师并非科班出身，虽有一定的学科专业知识，但并没有充足的教育教学知识，能够成为一名合格的研究人员，但未必是一位合格的教师。同时，很多高校的思政课教师对具有时代性的思政课程的认识也未必足够深刻与清晰，往往许多思政教师不能紧跟时代的变化及时更新自己的知识结构，总拘泥于没有实效性的思政理论知识。

高校教师信息化教学能力有待提升。教师将信息技术与教学融合的能力，也就是教师的信息化教学能力已远远不能满足当下教学的需要②。随着时代的进步，教学手段和方式也随之改变，从传统的黑板式教学到电子设备的普及、白板的出现，再到后来的人工智能进校园，技术在不断地革新教学模式和手段，技术的每一次变革都是对教师的一种挑战。但高校不少老教师不能将先进的信息技术有机地融入课程教学，致使不少优质资源的浪费，同时也不能够利用先进的技术展开教学以激发学生的学习兴趣。

四、 教学问题

课堂教学是教师对学生进行知识传授和思想道德培养的主要途径，通过教学活动，教师可以有目的、有计划、有组织地引导学生积极自觉地掌握科学文化知识，并促成学生对知识的不断内化。教学作为课程育人的重要依托，在高校课堂中发挥着不可替代的重要作用，但不少高校的课程教学仍存在不可忽视的问题，为实现培养又红又专、德才兼备、德智体美劳全面发展的社会主义建设者和接班人③的高校课程育人的根本目标，教学必须作出相应的调整。

（一）教学目标

教学目标是教育教学活动的出发点和依据，也是教育教学活动的最终归

---

① 教育部印发新时代教师职业行为十项准则 [J]. 中国电力教育，2018 (11)：7.
② 隋幸华，赵国栋，王晶心，张煜雪. 高校教师信息化教学能力影响因素实证研究——以湖南省部分高校为例 [J]. 中国电化教育，2020 (05)：128 – 134.
③ 中共中央办公厅，国务院办公厅. 关于深化新时代学校思想政治理论课改革创新的若干意见 [J]. 中华人民共和国国务院公报，2019 (24)：9 – 15.

宿，教学目标是教师开展教学活动的总纲领，教学的各项内容都是为达到教学目标而展开。课程育人的教学目标应该统一在高校的各科课程中，实现共同育人的终极目标。但就目前的高校的课程教学目标来看，其存在一定的缺陷。

教学目标存在偏差。随着就业热潮的来袭，社会各界将高校的就业率纳入高校质量考量的重要指标。迫于社会各界的施压，许多高校将教学的目标落脚于培养精湛的专业型人才以确保学校的就业率，将教学的重心放在专业技术的学习和训练上，从而忽视了对学生思想道德的培育，忽视了立德树人的根本宗旨。

教学目标存在分歧。部分高校的思政课教学目标与专业课教学目标存在显著差异，不能够有机融合以达到协同育人的目的。习近平总书记在全国高校思想政治工作会议上指出，"使各类课程与思想政治理论课同向同行，形成协同效应"。但是，当前专业教师和思想政治理论课教师各自为政，缺乏沟通交流，且专业课教师在具体的教学中往往忽略了深层次的、隐性的课程目标，这样也就忽视了课程育人的功能。教育的终极目的就是培育德智体美劳全面发展的社会主义建设者和接班人，不论是专业课教学还是思政课教学都应该为实现这一终极目的来设定具体而协同的教学目标。

（二）教学方法

教学方法是为了完成教学任务而采用的方法，包括教师教的方法和学生学的方法，是教师引导学生探讨与掌握知识技能、获得身心发展而共同活动的方法[①]。教学方法是实现教学目标的必要条件，面对形形色色的学生采用有针对性的教学方法才能获得更好的教学效果。新时期，教学方法仍存在很多问题，为实现教书育人的统一，教学方法必须紧跟时代的步伐。

教学方法不受重视。许多高校的教师几乎都是某一领域的研究人员，他们对教育学、学生心理发展及教学法非常的陌生，因而课堂还被传统的满堂灌、注入式的教学方法笼罩着。同时，随着信息技术的发展，"互联网＋"课堂教学逐渐出现在高校课堂，教学方法的重视程度再度下降，因为部分教师在运用信息技术进行教学工作时，仅将教材内容生搬硬套至教学平台中，并不考虑其教学方法的适用性。

---

① 王道俊，郭文安. 教育学［M］. 北京：人民教育出版社，2016：215.

教学方法不能有机融合。课程思政不是专业课程简单的思政化，但高校教学过程中存在专业课教师在开展课程思政建设时对课程里的思政元素进行简单"嫁接式"的说教，不能够将思政的理念有机地融入教学中，仅停留在生搬硬套阶段。"育人"的关键在于润物细无声，只有潜移默化的影响才能真正提高课程的育人功能，实现专业课程与思政课程协同育人的有机统一。

五、 评价问题

教学评价是教学中必不可少的环节，主要目的是检查和促进教学工作①。教学评价是对课堂教学内容的反馈及效果的检测，合理的教学评价具有导向作用，能促进教学的革新，从而有助于教学质量的提升。随着课程育人工作的推进，教学评价更应该彰显其内在价值，发挥其最本质的评价作用，但高校的教学评价需要进一步的调整与革新。

（一）评价主体

教学评价主体是指由谁来评价，即直接进行教学评价的实体。一般认为，教学评价有四大主体：职能主体教学管理部门、专家主体教学督导员、同行主体教师和受教育主体学生②。高校的课程教学评价是一个多主体相互评价的复杂系统，但目前的教学评价主体存在一定的问题。

评价主体的错位。教学评价实质是一种认识活动，涵盖实施者和他人的认识，但高校的课程评价多集中于他评，而忽略了课程实施者的自评。这种评价的主体错位，忽视了被评价者的作用，使评价活动成为一种被动消极的活动。③在教学评价中，多样的评价主体不能充分发挥良性评价的作用，同时，许多高校也不能充分利用自评在教学评价中的重要作用。

评价主体的单向化。鉴于评价主体的多元化，其课程评价也应该是多向化的，不仅包括自上而下的评价，也应该包括自下而上的反馈式评价。但高校评价方向呈现单向化，而非双向互评模式，当前高校的课程评价主体间的互动评价多为师生间的互评，而管理主体主导课程的评价，形成高管理层自上而下的单向化评价，高校通过督导和评教专家对课程有序地进行评估，但一线的教师

---

① 陈振华. 教学评价中存在的问题及反思［J］. 教育发展研究，2009（18）：84-87.
② 李芳. 高校教师课堂教学评价主体的缺失与应对［J］. 中国成人教育，2008（24）：129-130.
③ 贾茂来，周春丽. 思想政治课教学评价存在的问题与解决［J］. 教学与管理，2010（21）：98-99.

和学生对课程的安排与设置的反馈却无渠道可寻。

（二）评价方式

建立健全多维度的课程思政建设成效考核评价体系和监督检查机制，在各类考核评估评价工作和深化高校教育教学改革中落细落实①。在具体教学过程中，由于多样的教学活动形式，其课程评价方式也应适应多样性的要求。但在"三全育人"的教学倡导下，若要彰显课程育人的功能，部分各高校的课程评价方式需要进行调整。

评价方式的单一性问题。在现行的学生评价中，以考试为主的终结性评价仍占主要地位，多数高校的课程考核评价只关注对学生学业成绩的评价，忽视学生身心各方面发展的全面评价。很多高校课程的评价仅由一张知识性的考试卷所决定，这便会出现"学得好不如背得好"的现象，即思想各方面不能达到合格的、标准的学生，只要在考前死记硬背，其思政课的成绩也不会太差。因此，这种单一性的评价方式便忽略了学生的课程获得感。

评价方式的协同性问题。课程育人的重点在于课程的思政，而课程思政是针对课程中隐性的思政进行教学。专业课的评价就要兼顾课程中"思政元素"的考量，而不仅仅落脚于专业性的知识，将专业课程的评价与思政课的评价割裂成相对独立的两部分。不少高校往往会忽略专业课程中"思政元素"的评价，将课程思政与思政课程划分为互不相关的两部分进行评价，而忽视了课程间评价方式的协同性。

课程育人是高校培养人才的主要模式，中国特色社会主义高等教育的人才培养已经进入新时代，教育要切实落实"立德树人"的根本要求。但新时代高校面临各种挑战，涵盖制度建设、课程资源、教师队伍、教学改革，以及教学评价各方面的问题。

第三节 原因分析

新时代课程育人在各高校不断实践与推进，但在实施过程中存在着一系列问题，包括制度问题、资源问题、教师问题、教学问题和评价问题五大方面。

---

① 教育部印发《高等学校课程思政建设指导纲要》，全面推进高校课程思政建设 [J]. 新教育，2020（19）：32.

只有对这些问题进行追本溯源，从不同层面分析其成因，探究问题背后所隐藏的本质，才能更高效地解决问题。

一、 国家层面

（一） 制度建设因素

制度是各部门各单位及各高校所必须遵守的行动依据。俗话说，"没有规矩，不成方圆"，国家的制度建设作为国家发展的必要一环，其建立与健全程度关系国家和社会的可持续发展。近年来，我国高度重视政治建设，重视立德树人，重视课程育人。

在建立制度方面，中共中央和教育部多次下发相关制度文件进行高校育人工作的方向指导，其中均涉及高校的办学指导思想、教师队伍建设、教育教学管理、德育工作实施、思想政治教育等工作。但是在高校的思想政治工作中，质量评价制度和督导制度近两三年才被提及。而由于时间较短，所以其制度建立还不够全面，很多细节有待完善，比如建立多主体的质量评价体系、建立督导员的专业考核与选任标准等都需要全方位考虑进去。也正因为如此，出现了高校评价工作改革迟迟不前和督导工作专业性不强的局面。

在学习制度方面，国家通常要求高校的党组织成员和领导深入学习相关的制度文件，但是对教师尤其是学生不做强制性要求。然而，教师和学生才是课程育人的核心主体。所以，由于国家并未对学习制度的主体做出明确的规定，很多教师教学目标有失偏颇，学生学习内在动力不足。长此以往，国家建立的制度成了高屋建瓴的空头文件，没有真正落到实处。

（二） 教材编制因素

教材是课程育人的重要抓手，是教学工作的中心和关键，也是教师开展教学和学生进行学习的主要依据。课程育人质量的提升归根结底离不开教学内容的强大魅力①。而新时代高校的教材内容最应当体现时代性和创新性。

在思政教材方面，国家为确保高校政治方向的正确性，实行统编制度。这就意味着各大高校的思政教材统一，学习的内容一致。目前，高校思想政治理

---

① 赵岩，郭玉鹏，李根. "三全育人"视阈下高校学科导论课程育人路径研究——"化学与社会"课程的问卷调研［J］. 化学教育（中英文），2020（18）：15 – 18.

论教材包括《中国近代史纲要》《马克思主义基本原理概论》《毛泽东思想和中国特色社会主义理论体系概论》《思想道德修养和法律基础》共四本。由此可见，思政教材庞杂的内容，使得编制工作具有复杂性，因此，思政教材更新的周期较长，许多内容未及时更新换代。然而，政治又是一个日新月异的领域，同"时代性"一词密切联系。所以，教材更新不及时和政治领域迅速变化的矛盾导致了思政内容陈旧而不能与师生产生共鸣。

在教材思政方面，各大高校专业课的教材编制和选用具有自主性，不同高校、不同专业所使用的教材都不尽相同。我国提倡专业教材也应该在保持其独特学科属性的同时，创新教材内容，加入思政的因素。国家对各大高校的专业课教材未进行系统的审核，因此很多专业课教材依旧保持原貌并未加入思政元素，这也致使各高校专业课教师没有有力的"武器"去进行教学创新和思想育人。

（三）信息管理因素

随着时代的发展，"信息"同高校的联系也日益密切。国家对于信息的管理在很大程度上对高校的课程育人起到助力作用，可见，国家做好信息管理工作是新时代人才培养的应有之义。

在信息资源管理方面，新时代高校信息资源不仅包括实体信息资源还包括网络信息资源，不管何种资源都离不开国家的关注和资金投入。但由于国家对不同高校给予了不同程度的关注和资金投入，这就使得各大高校的信息资源良莠不齐。"双一流"等重点院校拥有充分的资金去建立自己丰富的线上线下信息资源库，而普通高校的信息资源则处于劣势。如此一来，国家信息资源分布的不均衡导致了校校之间差距的拉大，从而影响国家人才培养的整体质量。

在信息管理机制方面，国家信息反馈系统尚未建立健全，这就使得高校的育人进程和质量反馈不够及时，不利于国家及时做出针对性的调整。除此之外，国家对高校的信息反馈情况并未建立追踪机制，这也使得各高校的课程育人评价丧失其客观性和真实性，导致"报喜不报忧"的现象长期存在。因此可以说，国家信息管理机制的不完善是造成高校信息反馈不及时不真实的主要原因之一。

二、 学校层面

（一）课程设置因素

课程是"课程育人"的主战场，每门课程都有其独特内在的学科属性，但所有课程都蕴含丰富的育人资源①。所以，合理的课程设置是高校教师可以充分发挥其专业素养、利用多样化的课程并从中挖掘出育人资源的前提。

对于课程类型的设置而言，思政课程凝练着政治智慧，凝聚着党的核心理念，是培养社会主义人才的引领性课程。尽管高校将思政课程列为必修课程，是每位高校学子都必须接触学习的课程，但是其课程类别仍隶属于公共学位课程，而在高校老师和学生的心目中，公共课的重要程度远不及专业课。因此，高校对思政课程类别的划分是长期以来师生对此类课程不重视的客观因素。

对于课程内容的设置而言，无论是思政课程还是课程思政都缺乏针对性。具体而言，高校的课程内容在本科阶段和研究生阶段相差不大，甚至存在很大程度的重复。就非跨专业的同学来说，本科期间所学习的知识内容在研究生期间又进行再次重复，很容易使学生丧失学习兴趣。就本专业的同学来说，尽管专业课内容有所不同，但是思政课程却并无不同，这一引领性课程并未随着学习时间的延长而深入，如此一来，课程育人的整体效果就大打折扣。因此，高校课程内容的设置缺少变化是限制高校教师充分发掘育人资源来激起学生学习积极性以达到最佳学习效果的重要因素。

（二）班级建设因素

高校的分班制度是依据不同的专业划分为不同的班级。所以，在高校的教育教学活动当中，传统意义上的班级概念相对于中小学被弱化了很多。但是以"班级"为单位上课仍然是高校课堂教学的基本形式，因此，班级建设仍然是高校应当关注的一个重要部分。

对于班级建设的设施而言，高质量高水平的设施会为教师的教学和学生的学习都带来高水准的体验。不同高校对设施的关注度和资金投入程度都有所不

---

① 教祖辉，王瑶. 高校"课程思政"的价值内核及其实践路径选择研究［J］. 黑龙江高教研究，2019（03）：128－132.

同，这就使得班级的基础设施水平参差不齐。尤其班级设施投入不足对于高校的教师来说，其专业性的发挥会碍于条件不足而相对受限，其教学手段也碍于设施不完善而相对单一。同样，班级设施的不完善也会导致学生课堂学习体验不佳，最终在一定程度上影响高校育人质量。

对于班级建设的规模而言，思政课程和一部分选修课程目前通常是高校安排由一位教师给一个由不同专业多个小班级组合成的临时"大班级"上课。这就意味着班级规模庞大、人数众多，在这样一种班级形式下，教师关注不到每个学生，甚至课堂纪律都难以保证。学生也在心理上认为自己处于"安全区"而丧失认真学习的驱动力。因此，高校大规模的班级授课方式是导致育人质量不高的重要影响因素之一。

（三）教师管理因素

高校思想政治教育的关键在教师，推进高校思想政治教育改革，构建全课程育人的高校思想政治教育大格局，关键也在教师①。因此，高校理应高度重视教师的管理，努力培养一支高素质的教师育人队伍。

在教师的任用上，目前大部分高校都是以科研成果和科研能力为主要依据选聘教师，而对其教学能力鲜有考察。但通常状况下"良师未必是学者，学者未必是良师"，而对于人才的培养来说，"教师"的"教"则显得尤为重要。因此，高校在进行教师聘用时对教学能力的忽视就导致了高校教师不能很好地将教学内容高质量传递给学生的局面出现，进而影响课程育人的效果。

在教师的培训上，目前高校不重视对教师的常态化培训，而更多地采用让教师自己成长的方式。高校教师不同于中小学教师，没有周期性地在职培训活动来直接提高教学技能，也没有经常性地观课磨课环节以吸取他人经验提高教学水平，这就使得高校教师的教学能力提高缓慢。如此一来，同样会使课程育人的效果在较长的一段时间内得不到最大程度的发挥。因此，高校教师教研机构、教师定期性培训和教师周期性交流制度的缺失是导致高校教师育人能力停滞不前、专业课教师和思政课教师缺少协同配合意识的关键因素。

---

① 王瑞. 构建全课程育人的高校思想政治教育大格局 [J]. 思想理论教育导刊，2019（03）：122–126.

三、 教师层面

(一) 观念意识因素

教师是高校课程育人的主力军，是推进思政课程和课程思政教育改革的重要推动力。教师对课程思政工作的认知、认可和参与程度直接影响着人才培养的质量和水平①。可见，教师的观念意识对课程育人起着基础作用。

就自身固有的观念而言，高校教师中有相当一部分有过留学经历，对于西方的制度理论等认可度较高，甚至有人会有崇尚西方制度的观念出现。而这种观念在教学活动中就很有可能无意识地表露出来，从而对学生潜移默化地进行"西方植入"，造成不好的影响。此外，部分高校教师由于对纷纭激荡的多元社会思潮辨析不清，对我国社会发展过程中出现交织叠加的矛盾问题不明所以②，所以自身就存在着严重的价值迷茫。这部分教师也不能正确合理地进行思想政治育人。

就思政改革的意识而言，一方面，高校教师尤其是专业课教师缺乏对新时代思想政治的系统学习，因而在认识上对课程思政的价值和思政改革的作用不够了解，导致对教学目标的认识模糊不清，不能将专业课教学目标与思政课教学目标有机融合。这也是为什么高校专业课教师和思政教师未能相辅相成达到协同育人实践的原因。另一方面，课程改革会推翻教师已有的教学模式，打破其固有的教学习惯，因而面对新时代思政改革和新型育人观的挑战，部分教师会躲避接受新观念，造成高校思政教育改革动力不足。

(二) 职业素养因素

新时代对教师的职业素养提出了更高的要求，尤其对于高校教师而言，他们是学生专业性实用知识的传授者，是学生形成正确的价值观的引导者，也是学生从在校生过渡到合格社会人的协助者，承担着培养社会主义高质量高水平人才的重任。

从育才素养来说，在新时代、新环境、新态势下，教师的教学手段、教学

---

① 张宏. 高校课程思政协同育人效应的困境、要素与路径 [J]. 国家教育行政学院学报，2020 (10)：31-36.

② 王瑞. 构建全课程育人的高校思想政治教育大格局 [J]. 思想理论教育导刊，2019 (03)：122-126.

模式都需要顺应时代的变化。但高校教师队伍以博士生为主，那么就导致高校教师队伍较中小学教师队伍平均年龄偏高。高校教师在其长期的学习经历和教学经历中，传统的教学方式方法在其身上的印迹更为牢固，对传统教学模式和教学手段存在严重的心理情结，这也意味着大多数高校教师惯用理论灌输的方式进行教学，缺乏实践教学环节，并且对先进技术的掌握也不够熟练，这就导致教师的教学方式单一，影响到课程育人的效果。

从育人素养来说，我国要求高校的各类课程教师要遵守国家的法律法规，并在授课过程中以社会主义核心价值观教育引导学生成长成才①。但当前高校教师素质参差不齐，一些教师本身缺乏师德，思想不端，缺乏最基本的教师职业道德，势必在对学生进行思想政治教育时也会产生不良影响。除此之外，对于非专业的高校教师而言，未学习过"思想政治教育学"，仍以"教书"为唯一任务，不懂也不会在教书中渗透思政以达到"育人"的教学目标。

（三）师生关系因素

师生关系是教育教学活动中最基础的关系，也是高校育人中一对最重要的关系。师生关系本身就是课程育人的组成部分，所以和谐的师生关系对新时代高校课程育人的可持续作用十分重要。

从教师的行为层面来说，在思政课这样"大班额"的课堂上，高校教师在上课时通常为树立威信、保证课堂纪律采取"居高临下"的姿态，甚至出现全程与学生"零互动"的现象，这无疑拉大了师生间的距离。同时，为考核学生的出勤率，高校教师会采取随机点名的方式检查到课人数，这样一来就导致师生之间的关系逐渐向"猫和老鼠"一般"斗智斗勇"的方向转化。此外，高校教师通常上完课就走，很少参与学生活动，这也导致师生之间出现严重的疏离感。因此，教师的一些"冷漠"行为导致师生关系僵硬，从而一定程度上影响课堂的教学效果。

从师生的沟通层面来说，在高校，教师尤其是任课教师与学生的交流时间仅限于课堂，且课堂的交流通常是学术上不同观点的碰撞交流而非情感的沟通。在课下，高校教师又由于科研工作繁重，大都不会抽出时间去主动了解学生，关注学生的心理，更不会同学生进行深入沟通。所以，高校教师的教是不

① 齐砚奎. 全课程育人背景下高校课程思政建设的理论思考［J］. 黑龙江高教研究，2020（01）：124－127.

带有感情的纯知识输出，而学生的学相应就成为不带感情的纯知识接收。师生之间缺乏情感的交流和心理的共鸣，因此，师生之间的互不融合就成为高校课程育人落实不到位的重要阻碍因素。

四、 学生层面

（一）身心发展因素

高校学生群体大都处于青年期向成年期转化的黄金时期，一部分学生处于高中到大学生活转变的适应阶段，一部分学生处于大学向社会生活转变的过渡阶段，了解学生在这关键时期的身心发展特征和身心发展的变化对于学生更好地学习进步具有重要的意义。

基于年龄限制，大学生生理发育趋于成熟，且身体各机能接近平衡，但对事物并无深刻认知，思想只有表面成熟，缺乏深度。具体而言，高校学生正处于世界观、人生观、价值观尚未完全定型的年龄阶段，再加之其先前的成长环境以侧重智育养成的学校为主，对思政课程和课程思政缺乏深入认识，还无法深刻领悟到其与自身的密切程度和对社会发展的价值所在，也无法深入认清"立德""守正"对自身长足发展的重要作用。如此一来，高校学生对无孔不入的课程育人不甚理解，一时无法适应。

基于心理发展，高校学生正处于心理成熟的关键阶段，是一个迅速走向成熟又尚未真正成熟的过渡时期。其通常有自己的想法，并且思想活跃，喜欢追求新鲜事物，所以学生更倾向于实践性和体验性的活动，但是目前高校课程局限于理论的说教的现实又与此心理特征相违背，不契合学生心理发展的规律，不利于学生对思政的深入体验，进而形成深刻认识。因此，学生心理发展的特征也是制约课程育人深度的关键因素。

（二）兴趣态度因素

课程育人的最终目的是培养政治方向正确且德才兼备的优质社会主义建设者和接班人，所以，新时代高校课程育人的最终落脚点是高校学生。也只有充分发挥学生的主观能动性，激发学生学习兴趣，摆正学生学习态度，课程育人工作的进行才会走上加速阶段。

就学生学习兴趣而言，高校学生的学习活动由于知识的复杂性与多样性，需要保持更加浓厚的学习兴趣①，激发并维持学生的内在驱动力，促使其积极学习思政知识，掌握思政理论，落实思政实践。然而，高校学生基于以往学习思想政治理论知识的经验判断，主观上认为思政课程和课程思政是与"枯燥""无聊"等消极的词汇联系在一起的，所以在心理上排斥此类课程，认为其没有吸引力，不够生动有趣。高校要想达到学生的期望和满意还任重道远。

就学生学习态度而言，受制于同先前学习状态的对比，会对大学课程采取一种轻视的态度。因为学生在高中备考时期是全身心投入学习的沉浸式状态，学习目的是争优，而到了大学，仿佛不用听讲只需要考前突击一下也可以通过考试，学习目的模糊，只为了求过。所以高校学生大多不重视课程的学习，采取蒙混过关的态度，因而也接收不到教师在课堂上所传达的东西。其次，高校学生职业意识强烈，追求知识的实用性，所学知识要服务于未来的职业道路。那么尤其对于非思政专业的学生来说，认为隶属于公共课的思政课程并不重要，与其将来职业所需的知识没有直接相关性，因此不需要投入过多的时间精力去学习掌握。如此说来，学生的主观态度是高校课程育人的最主要阻力。

（三）学习压力因素

高校学生的学习，以更为深入且深奥的专业性学习为主，同时辅以通识知识的学习，在知识的广度和深度上都有了一定的增加。所以，学生的压力和面对压力的回应方式也会间接地影响着高校的课程育人质量。

就学生的压力而言，高校学生尤其是研究生，学习自主性增强，课业压力较大，学习任务和科研任务较重，专业课的学习消耗了学生大部分的精力。这就导致思政课程对一部分同学来说是暂时缓冲的课程，借此放松休息；对一部分同学来说，则是一个借此完成专业课任务的最佳时间。所以，专业课学习的重压成为学生荒废思政课程学习的重要因素。此外，高年级的同学，例如大四的学生会面对即将到来的就业压力，在此情况下，学生会牺牲掉课堂的学习，转而利用这些课堂学习时间去完成和就业相关的学习任务，而这也使得思政课程和课程思政成为"走秀"，学生仅仅走马观花，而未共情入心。

就自我的调适而言，一方面，当前高校学生的意志力发展并不理想，自我调节能力有待提升，人格发展尚未成熟。因此，在众多压力之下，这些压力不

---

① 林培锦. 勒温场理论下当代大学生学习兴趣的培养探究 [J]. 中国大学教学，2015（06）：67–71.

易排解。另一方面，高校学生自我学习意识不足，缺乏对自我调节方式方法知识的学习。若部分学生未能很好地进行自我调适，就很有可能会发展成学习倦怠，从而丧失学习热情和学习动力，无法以正常的心态进行课堂学习，最终就会影响到高校思政课程和课程思政的育人质量。

五、 总结

"三全育人"是高校完成立德树人任务的理念遵循，是高校推进思想政治工作的客观要求①。在中共中央"三全育人"的要求下，新时代高校的课程育人离不开各主体的参与，与此同时，其也会受到各方面力量的影响。

立足于国家层面，作为领导性因素，其在制度、教材、信息管理上会产生影响；立足于学校层面，作为主导性因素，其在课程建设、班级建设、教师管理方面会产生影响；立足于教师层面，作为引导者，其观念、职业素养、师生关系的处理也会影响课程育人的实践；立足于学生层面，作为课程育人的主体，其身心发展、兴趣态度、学习压力等因素对课程育人的最终落实产生着很大的影响。

当然，除此之外，社会的整个大环境，家庭的配合程度等方面也是导致高校课程育人出现这样那样问题的原因所在。因此，新时代高校的课程育人确需找准问题背后的原因所在，并进行对症下药，然后"全员"协同合作，才能最终达成"全过程""全方位"的高质量育人目标。

---

① 赵岩，郭玉鹏，李根. "三全育人"视阈下高校学科导论课程育人路径研究——"化学与社会"课程的问卷调研 [J]. 化学教育（中英文），2020（18）：15－18.

第五章　江苏大学新时代课程育人的实践探索

第一节　思想政治理论课建设的实践探索

一、思想政治理论课建设的指导思想

以习近平新时代中国特色社会主义思想为指导，全面贯彻党的教育方针，坚持马克思主义指导地位，坚持社会主义办学方向，落实立德树人根本任务，坚持教育为人民服务、为中国共产党治国理政服务、为巩固和发展中国特色社会主义制度服务、为改革开放和社会主义现代化建设服务，同生产劳动和社会实践相结合，同培养"知农、爱农、为农"情怀相结合，充分发挥思想政治理论课的主阵地、主渠道作用，提高思想政治理论课的实效性、针对性，增强教学的吸引力、说服力、感染力，努力培养担当民族复兴大任的时代新人，培养德智体美劳全面发展的社会主义建设者和接班人。

二、思想政治理论课建设的基本原则

一是坚持党对学校思政课建设的全面领导，把加强和改进思政课建设摆在突出位置，作为学校党的建设和意识形态工作的标志性工程。二是坚持思政课建设与党的创新理论武装同步推进，全面推动习近平新时代中国特色社会主义思想进教材、进课堂、进学生头脑，让社会主义核心价值观贯穿教育教学全过程。三是坚持守正和创新相统一，落实新时代思政课改革创新要求，不断增强思政课的思想性、理论性和亲和力、针对性。四是坚持思政课在课程体系中的政治引领和价值引领作用，推动各类课程与思政课建设形成协同效应。五是坚持引育并举，着力培养高素质专业化思政课教师队伍，积

极为其成长发展搭建平台、创造条件。六是坚持目标导向和问题导向相结合，注重推动思政课建设内涵式发展，全面提升学生思想政治理论素养，实现知、情、意、行的统一。

三、 思想政治理论课建设的主要举措

（一） 完善思政课课程教材体系

1. 科学制定课程目标

引导学生树立正确世界观、人生观、价值观，坚定对马克思主义的信仰，坚定对社会主义和共产主义的信念，增强中国特色社会主义道路自信、理论自信、制度自信、文化自信，矢志不渝听党话跟党走，厚植爱国主义情怀，增强使命担当，把爱国情、强国志、报国行自觉融入坚持和发展中国特色社会主义事业、建设社会主义现代化强国、实现中华民族伟大复兴的奋斗之中，争做社会主义合格建设者和可靠接班人。

2. 优化思政课课程体系

坚持教学内容与时俱进，加强以习近平新时代中国特色社会主义思想为核心内容的思政课课程群建设，不断完善教学内容，及时将党的理论创新最新成果与习近平总书记最新重要讲话精神纳入思政课堂教学。本科生开设"马克思主义基本原理概论""毛泽东思想和中国特色社会主义理论体系概论""中国近现代史纲要""思想道德修养与法律基础""形势与政策"等必修课，研究生开设"中国马克思主义与当代""中国特色社会主义理论与实践研究""自然辩证法概论""马克思主义与社会科学方法论"等必修课。面向教育学学科本科生、研究生、马克思主义理论学科研究生和全体师范生，开设"习近平总书记关于教育的重要论述研究"必修课。同时，重点围绕习近平新时代中国特色社会主义思想，党史、国史、改革开放史、社会主义发展史，以及宪法法律、中华优秀传统文化等设定课程模块，开设系列选择性必修课程。

3. 加强思政课教材建设

使用马克思主义理论研究和建设工程重点教材，把《习近平总书记教育重要论述讲义》作为"习近平总书记关于教育的重要论述研究"课和"形势与政策"课必修教材。鼓励并支持教师编写出版思政课实践教材和辅助教材、教

学案例、习题库、试卷库等，在编写中及时融入马克思主义中国化最新成果、坚持和发展中国特色社会主义最新经验、马克思主义理论学科最新研究进展等内容。

（二）加强思政课教师队伍建设

1. 配齐建强思政课教师队伍

着力解决思政课教师队伍建设突出问题，创新机制和方法，拓宽思政课教师来源，加大思政课教师引进力度，加快补齐人员缺口，同时通过遴选与思政课教学内容相关的学科优秀教师进行培训后充实思政课教师队伍，选拔胜任思政课教学的党政管理干部转岗为专职思政课教师，选拔符合条件的辅导员参与思政课教学，采取兼职的办法遴选社会各界专家和相关单位的骨干参与学校思政课建设等途径，确保思政课专任教师和学生比例达到要求。

2. 切实提高思政课教师综合素质

加强思政课教师理论学习和业务培训，自觉用习近平新时代中国特色社会主义思想武装头脑、指导实践，不断提升理论素养和业务能力。建立和完善思政课程教师培养培训体系，有计划、分批次地组织思政课程教师参加专题研修班，组织思政课教师在国内考察调研，在深入了解党和人民伟大实践中汲取养分、丰富思想，组织思政课骨干教师赴国外调研，拓宽国际视野，在比较分析中增强"四个意识"，坚定"四个自信"，努力建成一支政治强、情怀深、思维新、视野广、自律严、人格正的思政课教师队伍。

3. 注重培养选拔

增强教师的职业认同感、荣誉感、责任感，把优秀思政课教师纳入学校高层次人才项目，加大支持力度。把思政课教师作为学校干部队伍重要来源，学校党政管理干部原则上应有思政课教师、辅导员工作或学业导师经历。注重选拔培养高素质人才从事马克思主义理论学习研究和教育教学，推进马克思主义理论学科人才培养，完善马克思主义理论学科体系和课程体系。

4. 完善评价体系

严把政治关、师德关、业务关，积极探索与思政课教师教学科研特点相匹配的评价标准，提高评价中教学和教学研究占比。对思政课教师的评价突出把教学效果作为根本标准，同时重视考查科研成果，不将国外期刊论文发表情况和出国访学留学情况作为必要条件。将思政课教师在《人民日报》《求是》《解放军报》《光明日报》《经济日报》等中央媒体和《新华日报》《群众》等省级党报党刊、主要媒体上发表的理论文章纳入学术成果范畴。实行不合格思政课教师退出机制。

5. 优化评聘指标

在专业技术职务（职称）评聘工作中，单独设立马克思主义理论类别，校级专业技术职务（职称）评聘委员会要有马克思主义理论学科专家。按教师比例核定思政课教师专业技术职务（职称）各类岗位占比，尽快使高级专业技术职务（职称）岗位比例达到学校平均水平，指标不得挪作他用。

（三）深化思政课程教学改革

1. 加大思政课教研力度

严格执行思政课集体备课制，充分发挥基层教学组织的作用，充分利用"全国高校思想政治理论课教师网络集体备课平台"，提升思政课教师教研能力与水平。常态化、规范化开展系（教研室）教研活动，大力推进思政课教学方法改革，充分发挥"传帮带"作用，提高青年教师教学水平。充分发挥思政课对"课程思政"的引领带动作用，推动"思政课程"和"课程思政"同向同行，形成协同效应。

2. 推进思政课程教学模式创新

马克思主义学院要定期召开思政课建设与教学改革研讨会，拓展"教室＋基地＋网络"的立体化教学载体，完善"讲课＋实践＋沙龙"的多元化教学模式，精心设计和完善思政课教学内容，增强教学的针对性和实效性，提高学生运用思想政治理论观察、认识、分析和解决社会实际问题的能力。以问题为导向开展专题式教学、研讨式教学、启发式教学、案例式教学，提升思政课教师信息化能力素养，推进信息技术与思政课教育教学的深度融合，共建共享思政课网络教学资源，积极培育国家级思政一流课程。

3. 加强教研形成优秀成果

在校级教改项目立项中加大支持力度，鼓励开展思政课教学重点难点问题和教学方法改革创新等研究。每年设立思想政治工作研究课题，支持思政课教师和辅导员等相关人员开展教育教学研究，形成质量高、可推广的教学研究成果。在校级教学成果奖评审对思政课教学和实践成果适度倾斜，对优秀教学成果进行大力宣传和推广。

四、 思想政治理论课建设的保障措施

（一）健全思政课建设管理机制

校党委书记、校长为思政课建设第一责任人。成立江苏大学思政课建设工作领导小组，领导小组由校党委书记和校长任组长，分管思政工作和分管本科教学、研究生教学工作的校领导任副组长，成员由党委宣传部、组织部、人事处、教务处、研究生院、财务处、社科处、科技处、学生工作处、马克思主义学院等部门负责人组成，统筹指导学校思政课建设，整体规划学校思政课课程群建设，推进"形势与政策"课程与其他思政课程同规划、同建设，研究解决思政课建设中的突出问题。校党委书记、校长要带头推动思政课建设，校党委常委会每学期至少召开1次会议专题研究思政课建设。建立领导干部深入基层联系学生工作制度，推动领导干部上讲台。

（二）落实好校院领导思政课听课联系制度

校党委书记、校长要带头走进课堂听课讲课，带头联系思政课教师。校党政领导每学期至少听1次思政课，交流1位思政课专职教师，马克思主义学院领导班子全体成员在一个任期内要对所有思政课专职授课教师做到听课全覆盖，其他学院领导在听课过程中也要重点关注思政课程。校党委书记、校长要结合自身学科背景和工作经历，每学期至少给学生讲授4个课时思政课，领导班子其他成员每学期至少给学生讲授2个课时思政课，可重点讲授"形势与政策"课。

（三）加大对思政课建设的支持力度

加大经费投入力度，按照在校生总数每生每年不低于40元的标准下拨专项经费，用于思政课教师的学术交流、实践研修等。加大对思政课教师的关怀激励力度，设立思政课教师岗位津贴，纳入绩效工资管理。加强马克思主义学院建设，把思政课教学作为马克思主义学院基本职责，将马克思主义学院作为重点学院、马克思主义理论学科作为重点学科，持续加大投入力度，在发展规划、人才引进、公共资源配置等方面给予马克思主义学院优先保障，为思政课建设提供坚实的支撑。

（四）选树先进典型

表彰优秀思政课教师，每门思政课推出 1 名以上教书育人成效显著、同行认可、学生喜爱的优秀教师典型，激励他们立足岗位履职尽责。定期开展优秀思政课示范课评选活动。对立场坚定、学养深厚、成果突出的优秀思政课教师代表加大宣传力度，发挥示范引领作用。

第二节　课程思政建设的实践探索

一、　课程思政建设的指导思想

以习近平新时代中国特色社会主义思想为指导，全面贯彻党的教育方针，坚持和加强党的全面领导，坚持社会主义办学方向，紧密围绕"培养什么人、怎样培养人、为谁培养人"这一根本问题，落实立德树人根本任务，充分发挥教师队伍"主力军"、课程建设"主阵地"、课堂教学"主渠道"作用，培养学生中国自信、爱国情怀、社会责任感、创新精神、实践能力等，使思想政治教育贯穿人才培养全过程，形成各类课程与思想政治理论课程同向同行的育人格局，着力培养德智体美劳全面发展的社会主义事业建设者和接班人。

二、　课程思政建设的总体目标

构建全面覆盖、类型丰富、层次递进、相互支撑的课程思政体系；建立健全课程思政建设协同推进机制；广大教师牢固树立课程思政理念，坚守教书育人主业，全面提升课程思政建设的意识和能力，立德树人成效进一步提高。通过三年建设，形成"门门有思政、课课有特色、人人重育人、院院有品牌"的良好局面，提炼出一批课程思政教育教学改革典型经验和特色做法，形成一套科学有效的课程思政教育教学质量考核评价体系，培养出一批省级课程思政教学名师和团队，建成一批省级课程思政示范课程和示范专业，学校入选省级课程思政建设示范高校。

三、　课程思政建设的基本原则

坚持知识传授和价值引领相统一。树立知识传授和价值引领并重的教育理念，以专业发展为出发点实现知识传授和价值引领协同发展，以人才培养为根本点促进知识传授与价值引领同频共振，将价值引领寓于知识传授、能力培养之中，引导学生树立正确的世界观、人生观、价值观，有效实现专业教育与思想政治教育的有机融合。

坚持显性教育和隐性教育相统一。在建好思想政治理论课的同时，积极挖掘各类课程中蕴含的思政教育元素，用好显性教育和隐性教育渠道，寻找专业学科知识体系与思政知识体系的接触点，探究专业知识教育与价值教育的融合点，创新课程思政教育教学方式，达到学生喜闻乐见和讲解深入浅出的效果。

坚持统筹协调和分类指导相统一。落实主体责任，统筹各类资源，做好顶层设计，建立包括工作体系、教学体系、内容体系和评价体系在内的一整套课程思政育人新体系。结合不同学科专业、不同类别课程的属性特点，加强分类指导，明确育人目标，强化教师培训，不断提高课程思政建设水平。

四、 课程思政建设的主要措施

（一）完善课程思政教学体系

充分发挥思想政治理论课程铸魂育人作用，同时推动课程思政全覆盖，在公共基础课程、专业基础及专业课程、实践类课程等各类课程、教材中落实课程思政要求，形成协同效应，实现全方位育人。其中，公共基础课程要聚焦提高学生思想道德修养、人文素质、科学精神、法治意识、国家安全意识和认知能力，发挥厚植爱国情怀、加强品德修养、坚定理想信念和提升综合素质的核心作用；专业基础及专业课程要深度挖掘提炼专业教育课程中所蕴含的思想价值和精神内涵，体现课程广度、深度和温度，集历史与现实、本土化与国际化、知识性与人文性于一体，与弘扬真善美结合，富有学科特色，彰显专业优势；实践教育类课程要充分将课程思政元素融入实验实习、创新创业、社会实践等实践类课程，注重学思结合、知行统一，增强学生创新精神、创造意识、创业能力，弘扬劳动精神，锤炼意志品质。

（二）打造课程思政示范品牌

开展课程思政教学名师、教学团队、示范课程、示范专业培育、建设和遴选工作，打造品牌，形成示范效应。各专业要根据学校发展定位和人才培养目标，结合自身办学特点，科学制（修）订人才培养方案，贯彻"OBE"理念，建立课程育人目标与专业育人目标的支撑、映射关系，构建科学合理的课程思政教学体系。要修订完善所有课程教学大纲，对照《高等学校课程思政建设指导纲要》中文学、历史学、哲学类，经济学、管理学、法学类，教育学类，理学、工学类，农学类，医学类和艺术学类等不同学科门类的课程思政建设要求，明确每门课程的课程思政育人目标，在教学目标、教学内容、教学设计和课程考核各方面均要体现思政元素。各学院要结合专业人才培养特色，加强师德师风建设，推动全体教师参与课程思政工作，找准课程思政切入点，使课程思政建设有机融入学院整体的教育教学，努力在课程、教材、师资队伍和教学团队建设、教学改革等方面形成自己的亮点和特色。涉农学院要把知农爱农意识和强农兴农使命融入专业和课程建设中，努力打造江大特色的课程思政品牌。

（三）提升教师课程思政素养

充分发挥系、教研室、课程组等基层教学组织作用，建立课程思政集体教研制度，每学期至少开展 1 次课程思政专项教研活动。建立和完善课程思政培养培训体系，将课程思政纳入教师岗前培训、青年教师助理教学等活动中，有计划、分批次地开展课程思政建设专题培训，积极组织教师参加校内外课程思政典型经验交流、现场教学观摩、教师教学培训、教学沙龙等活动，加强教师课程思政育人能力建设。定期举办校级讲课竞赛、教学设计大赛或教学沙龙，设立思政专项，引导教师强化思想认识，牢固确立每门课程都具有育人功能和每位教师都有肩负育人责任的担当意识，充分发挥主观能动性，探索和创新课程思政教育方法，不断提升课程思政能力。

（四）深化课程思政教学改革

鼓励和支持广大教师开展多种形式的课程思政研究与实践，倡导教师探索创新，采用启发式、讨论式、专题式、案例式、问题式等教学方法，将课程思政教学目标有效渗透到教学设计中，实现知识传授、能力培养和价值引领的有机融合。设立专项研究经费，在学校高等教育教改革研究课题立项中优先支持课程思政类研究选题。鼓励教师开展课程思政专项研究和实践，聚焦课程思政建设中的热点、重点和难点，着力解决课程思政建设中的基础性、关键性、前瞻性问题。加大对高水平课程思政研究与实践成果的推广应用，总结汇编课程思政优秀教学案例，进一步扩大学校课程思政建设影响力。

（五）创建课程思政教学服务工作站

建立马克思主义学院与相关职能部门、教学单位协调合作的工作平台和联动机制，推动"思政课程"和"课程思政"同向同行。通过创建课程思政教学服务工作站，加强马克思主义理论资源供给，及时为专业课教师开展课程思政建设工作提供理论释疑与解读，提升专业课教师马克思主义理论水平；开展思想政治教育课教师与学院、专业结对工作，推动思想政治教育课教师参与专业人才培养方案制订工作，参与编制专业课程教学大纲，对专业课教材编写或选用及教案编写等进行政治把关，指导帮助专业课教师将思政元素有机融入专业课程教学，确保课程思政贯穿人才培养全过程，帮助专业课教师在课程思政建设工作中找准"角色"，干出"特色"。

五、 课程思政建设的保障措施

（一）加强组织领导，强化协同联动

加强学校党委对课程思政建设工作的统一领导，成立江苏大学课程思政建设工作领导小组，统筹研究重大政策，指导开展课程思政建设工作。领导小组由校党委书记和校长任组长，分管思政工作和分管本科教学工作的校领导任副组长，成员由校党委宣传部、教务处（教师教学发展中心）、人事处（党委教师工作部）、学生工作处、团委、马克思主义学院等部门负责人组成。学校党政主要领导为校课程思政建设第一责任人。各职能部门和教学单位要加强协调，各负其责，联动共进，确保课程思政建设落到实处、取得实效。

各教学单位成立由党政主要负责人任组长、学工书记和教学副院长为副组长、系（教研室）主任和骨干教师为成员组成的教学单位课程思政建设工作领导小组。各教学单位党政主要负责人为院级课程思政建设第一责任人。

（二）加大投入力度，落实经费保障

加大对课程思政建设的投入力度，统筹利用江苏高校品牌专业建设工程专项经典等预算拨款、学校本科教学经费和其他各类资源，按照在校生总数每生每年不低于40元的标准安排专项经费，用于课程思政的教学改革、教师培训、学术交流等建设工作。

（三）加强舆论宣传，营造思政氛围

相关职能部门和各教学单位要充分利用门户网站、微信、报纸、广播、宣传栏等，大力营造课程思政的舆论氛围。在江帆网等媒体开辟专栏，对有突出表现的优秀教师和优秀教学团队进行访谈，对课程思政优秀教学案例、典型经验和特色做法进行宣传介绍，对课程思政优秀教学成果进行推广。

（四）强化考核评价，确保建设成效

构建多维度的课程思政评价体系，将课程思政教学成效纳入学校"五制并举"教学质量评价指标体系；将课程思政建设成效纳入教学单位年终考核和教师个人绩效考核范围，作为学校一流本科专业、一流本科课程、重点教材、优秀教学成果、优秀教研系室等遴选的重要指标；将教师参与课程思政建设情况和建设效果作为教师考核评价、岗位聘用、评奖评优、职称晋升等的重要依据。

第三节　江苏大学课程育人的工作成效

江苏大学以习近平新时代中国特色社会主义思想为指导，全面贯彻党的教育方针，落实立德树人根本任务，从制度建设、内涵建设、队伍建设、教学改革等多方面开展课程育人工作，立德树人成效不断提升。

一、加强制度建设，引领课程思政建设方向

学校先后制定出台了《江苏大学加强思想政治理论课建设的实施意见》《江苏大学关于提升思政课程与课程思政教育教学质量的实施意见》《江苏大学深化新时代思想政治理论课建设的实施意见》《江苏大学关于进一步推进本科教育课程思政建设的实施意见》等指导性文件，紧扣立德树人主题，进行顶层设计和整体规划，系统构建了全员、全过程、全方位思政教育新格局，着力实现思政课程与课程思政同向共行，知识传授、能力提升与价值引领有效协同。

二、加强内涵建设，打造课程思政优质资源

学校专业和课程建设坚持以育人为核心，要求培养方案中的课程 100% 在教学大纲中明确育人目标，充分挖掘课程所蕴含的思想政治教育元素和所承载的思想政治教育功能，为学生提供更加优质的教学资源。近三年来，学校获评首批国家一流专业建设点 13 个，首批国家级一流课程 18 门。立项"三全育

人"综合改革示范专业 42 个，评选思政课程、课程思政、新工科、教学模式改革示范课 181 门，评选课程育人示范教学设计暨教学改革典型案例 177 篇，评选"课程思政"先进教学团队典型 44 个，"课程思政"教学示范课 94 门。2020 年 8 月，学校大学英语教学团队主编的全国第一本以课程思政为主线的大学英语通用教程由外研社出版发行，首次订购量高达 7 万册。

三、 加强队伍建设， 培育课程思政中坚力量

学校以系（教研室）政治学习和教学研讨为主要平台，通过专家报告、专题讲座、教学沙龙等多元化途径，切实提高每位教师的政治站位，牢固确立每位教师都肩负育人责任的担当意识。在目前已有课程育人方案推进的基础上，及时总结实施成效，通过开展课程思政线上、线下及混合式教学竞赛、课程思政方案设计遴选、各类课程讲座等活动，引导广大教师围绕"江大特色"深入开展教学活动，提高教师育人意识和课程育人效果，积极培育并形成课程思政品牌特色。

四、 深化教学改革， 提高课程思政教学质量

学校坚持问题导向进行改革创新，直面学生成才的思想问题，不断增强思政课程的时效性和亲和力，不断提高课程思政的针对性和感染力，努力在课程思政教育中创立新思路、创建新途径、创行新模式。近年来，一线课堂先后涌现出"情投意合"教学法、线上线下混合式教学法、批判性思维教学法、"四题化"（课题、话题、问题、专题）教学法、廉洁教育进课堂等特色教学法，通过以品牌特色的思政课程与课程思政为点，以点引线，以线带面，学生评教优良率不断提高，课程思政育人效果不断提升。

第六章　课程育人典型案例

"测控专业导论"课程思政教学示范课程案例

（机械工程学院　许桢英　李伯全　韩丽玲等）

一、课程简介与课程思政育人目标

本课程是面向测控技术与仪器专业的一门专业引导课程，在提升本专业人才的爱国情怀、文化素养和道德品质的同时，实现全过程育人、全维度育人、全员育人，具有非常重要的作用。通过专业介绍和课堂讨论，使学生明确测控技术与仪器专业的基本概念、内涵、作用与地位，了解本专业教育的历史、现状及发展方向，本专业培养目标和规格，本专业教育内容和知识体系、学科概况和学科发展前沿。使学生明确学习目标，增强学习兴趣、动力和自觉性，为巩固专业思想，立志做一个合格的仪器人奠定基础。

课程思政目标包括：① 明确测控技术与仪器专业的基本概念、内涵、作用与地位，专业教育的历史、现状及发展方向，明确仪器仪表与信息技术的关系；明确仪器科学与技术学科内涵，中国测量控制与仪器仪表中长期科技发展规划，关注仪器仪表行业发展动态。② 掌握本专业相关的生产、设计、研究与开发的法律、法规，熟悉环境保护和可持续发展等方面的方针、政策；根据测控技术与仪器领域的发展前景和社会对测控专业的人才需求，做好专业学习的思想准备。③ 运用正确的大学生学习方法，培养创新意识和能力；具有良好的工程职业道德，对终身学习有正确认识。

二、 课程思政教学设计

在本课程的教学过程中，始终将课程思政的元素融入每一个章节的教学内容中，以润物细无声的方式，引导学生认识测控技术与仪器专业，认识仪器科学与技术，认识仪器仪表在国民经济和国家综合国力中的重要性。

1. 以测试技术在各行各业中的作用提高学生专业自豪感

首先，在绪论篇中，通过介绍测试技术和仪器仪表在工业自动化中多参量的测量、流程工业设备运行状态监控、产品质量检验、楼宇控制与安全防护、家庭与办公自动化、智能手机、航空航天、农业、交通、医学等各个方面的应用，阐明测控技术在国民经济各行各业中的重要作用和地位，并以王大珩老先生的话给出总结：仪器仪表是信息产业的一个重要组成部分，是信息工业的源头，被誉为：工业生产的"倍增器"；科学研究的"先行官"；军事上的"战斗力"；社会上的"物化法官"；遍及"农轻重、海陆空、吃穿用"，是一个国家科技水平和综合国力的重要体现。从而提升学生的专业自豪感。

2. 以专业和学科解析促使学生做好学业规划的紧迫感

在专业篇和学科篇中，通过详细解析测控技术与仪器专业、仪器科学与技术学科的发展历程、发展现状、专业规范、知识和能力构成、学业要求等，让学生充分了解本专业毕业生所必备的能力素养。同时，引入北斗导航系统在全球任一地点可在无需架设基站的情况下实现厘米级高精度定位、"大国工匠 2018 年度人物"夏立在"天马"望远镜的研发中对精度的极致追求、国庆阅兵仪式上的"米秒不差"等事例，进一步让学生了解什么是"中国精神"，引导学生在学习和将来的工作中培养"毫厘必究"的精度意识，事事做到"高精尖"，促使他们以认真的态度，订立自己的学业规划和生涯规划。

3. 以"卡脖子技术"提高学生作为仪器人的使命感

在发展篇中，在分析"张衡工程"等国家对仪器学科的发展战略时，引入国内外仪器的发展现状，并引入大家都在关注的"卡脖子技术"，让学生了解我们在许多核心技术上与美国、日本等发达国家的差距，尤其是其中的一项，即高端精密仪器，帮助学生理解核心技术对一个国家科技发展、社会进步乃至人民生活的重要性，让他们产生危机感，同时，又结合近年来我国科技发展的实例，让学生建立起攻坚克难的信心，树立科技报国的决心和意志。

三、 教学方法与手段改革

1. 问题式教学

在每一篇和每一节内容之前，先交给学生一定的问题，让学生带着问题学习，或并在相关内容介绍结束后，让学生回答问题，并进行一定范围的研讨和质疑。或在课前通过雨课堂或企业微信课程班级群发布问题，让学生在课前通过查资料，做好相应的准备，课上在课程过程中设置问答和讨论环节。如第一篇第一章的问题有：测控技术的定义是什么？测控技术与仪器专业内涵是什么？为什么说仪器仪表技术是信息技术的源头技术？仪器仪表在当代社会中的重要作用是什么？如何从测控系统角度分析地动仪？

2. 线上线下结合

通过利用雨课堂，进行课上随机点名、投稿、客观题回答等形式，调动学生课堂关注度和学习积极性，课后，通过雨课堂推送主观题，巩固和检验学生课上所学，并进行课程的形成性评价。

3. 命题式研讨

在课程结束之前，以研讨教学的形式，向学生提出问题：你是否了解我国仪器行业现状？并以论中国仪器的未来、论中国仪器与欧美仪器之差距、如何发挥测控技术与仪器专业在中国制造 2025 中的作用、如何做一个合格的仪器人等命题为基础，要求学生课后展开广泛的调查研究，并结合调研结果，深入分析与思考，完成 PPT 答辩，并最终撰写一份大作业报告：

通过这个环节，学生们走出课堂，通过网上调研的形式，进一步更深入的了解了本学科相关的知识、技能，更全面的了解了我国仪器的现状、优势及其与发达国家的差距，同时也进一步明确了学习的方向。

四、 课程思政的主要特色、 创新点和教学成效

通过课程思政元素以润物细无声的方式渗入本课程的课程教学中，让学生对本专业、本学科乃至整个仪器仪表行业有了较为深入的了解，奠定了他们学习本专业知识和从事仪器仪表行业的决心，提高了他们的民族自豪感和危机感并由此建立在大学期间好好学习的决心，未来肩负起振兴我国仪器行业的使命感和责任感。

另外，问题式、分组研讨式、PPT汇报、大作业报告等多种教学模式的应用，培养了学生分析问题、解决问题、沟通与交流及团队合作等各方面的能力。

"图形思维及表达"课程思政教学示范课程案例

（机械工程学院　黄娟　薛宏丽　戴立玲等）

一、 课程简介与课程思政育人目标

图学语言是一种集图形、符号与文字语言功能于一身的语言工具，是人们进行分析问题、表达与沟通的一种不可或缺的基本方法。随着科学技术的发展，新型的"读图"时代已然拉开帷幕。

"图形思维及表达"课程是一门培养和丰富学生表达与沟通能力的微课程，旨在有效地激发学生灵感、启发创造性思维与创新能力。除工科类专业外，更是非工程类专业如经济、管理、医学和理学类等新文科、新理科本科生的一门拓展思维能力和表达图形能力的进阶课程。本课程的任务是弥补全方位语言能力在教育上的培养空缺，为培养大学生图学语言能力打下良好的基础。

课程思政育人目标：在大学生群体中，树立正确的政治理想和政治道德，培养对社会主义事业忠诚可靠的建设者和接班人。通过课程的学习，了解制图技术的发展历程，掌握现有制图技术的标准、推进制图技术的发展。

二、 教学内容与教学设计

1. 教学内容

根据图形素质的内涵和人们在日常生活、工作和科学研究中对图学的基本需求，本课程共 12 讲（见表 6-1）涵盖图形思维及表达的基本内容，包括图之根本——投影法、形之单元——基本体及其表达与理解、体之解构—组合体及其表达与理解、体之表达—空间有形物体的平面表达方面内容。每讲由生活中有趣形象的案例引入，插入高科技、智能等爱国元素，采用色块、嵌图、动画等方法将抽象的二维图与形象的三维体连接起来，让学生能自由地在平面图形理性美和三维空间感性美之间穿梭。

表 6-1　图形思维及表达

章节	章节名称	章节内容
一	我们这门课	我们这门课
二	图之根本	图之根本：投影法
三	形之单元	形之单元：基本体的投影
	形之单元	形之单元：切出最美的单元——截交线
	形之单元	形之单元：穿越时空的爱恋——相贯线
	形之单元	形之单元：圆柱的美瞳——圆柱上的孔
四	体之解构	体之解构：形体分析
	体之解构	体之解构：绘图之乐
	体之解构	体之解构：读图之法
五	体之表达	体之表达：视视知我形
	体之表达	体之表达：切切知我心
	体之表达	体之表达：没有最好只有更好

2. 教学设计

根据课程目标和课程思政育人目标，架构课程体系，制定教学章节。在每一章节提炼知识点、设计教学安排、设定教学目标，细致每一步的教学方法与手段（部分教学设计摘录见图 6-1）。

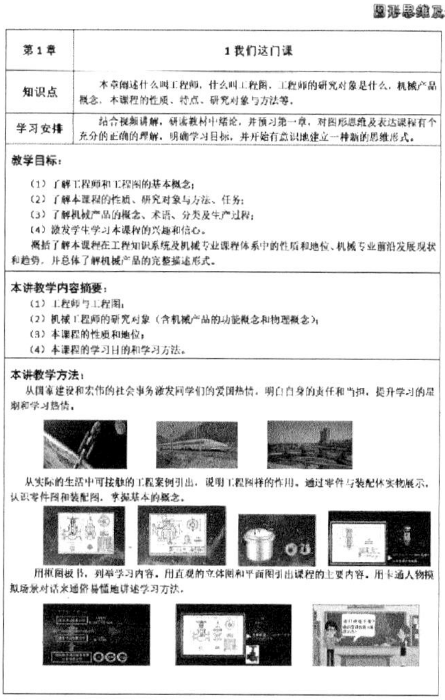

第1章	1 我们这门课
知识点	本章阐述什么叫工程图，什么叫工程图，工程师的研究对象是什么，机械产品概念、本课程的性质、特点、研究对象与方法等。
学习安排	结合视频讲解，研读教材十绪论，并预习第一章，对图形思想及表达及课程有个充分的正确的理解，明确学习目标，并开始有意识地建立一种新的思维方式。

本讲教学目标：
（1）了解工程师和工程图的基本概念；
（2）了解本课程的性质、研究对象与方法、任务；
（3）了解机械相关的概念、术语、分类及生产过程；
（4）激发学生学习本课程的兴趣和信心。
概括了解本课程在工科知识系统及机械专业课程体系中的性质和地位、机械专业前沿发展状况和趋势，并总体了解机械产品的完整描述形式。

本讲教学内容摘要：
（1）工程师与工程图；
（2）机械工程师的研究对象（含机械产品的功能概念和物理概念）；
（3）本课程的性质和地位；
（4）本课程的学习目的和学习方法。

本讲教学方法：
从国家建设和宏伟的社会事务激发同学们的爱国热情，明白自身的责任和担当，提升学习的兴趣和学习热情。

从实际的生活中可接触的工程案例引出，说明工程图样的作用，通过零件与装配体实体展示，认识零件和装配图，享受基本的概念。

附插图说名，列举学习内容，用直观的立体图和平面图引出课程的主要内容。用卡通人物模拟境对话表达轻松愉快地建立学习方式。

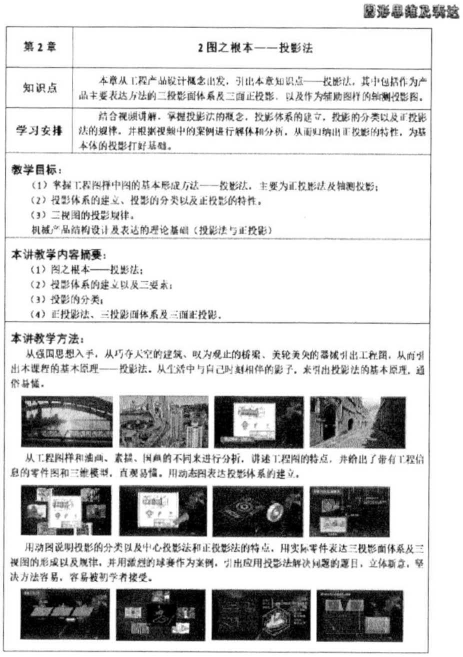

第2章	2 图之根本——投影法
知识点	本章从工程产品设计概念出发，引出本章知识点——投影法。其中包括作为产品主要表达方法的二投影面体系及三面正投影，以及作为辅助图样的斜测投影图。
学习安排	结合视频讲解，掌握投影法的概念，投影体系的建立，投影的分类以及正投影法的规律，并根据视频中的案例进行解体和分析，从而加纳出正投影的特性，为基本体的投影打好基础。

本讲教学目标：
（1）掌握工程图样中图的基本形成方法——投影法，主要为正投影法及轴测投影；
（2）投影体系的建立、投影的分类以及正投影的特性；
（3）三视图的投影规律。
机械产品结构设计及表达的理论基础（投影法与正投影）

本讲教学内容摘要：
（1）图之根本——投影法；
（2）投影体系的建立及三要素；
（3）投影的分类；
（4）正投影法、三投影面体系及三面正投影。

本讲教学方法：
从很困思想入手，从巧夺天空的建筑、坚为观止的桥梁、美轮美奂的器物引出工程图，从而引出本课程的基本原理——投影法。从生活中与自己刻相伴的影子，求导出投影法的基本原理，通俗基础。

从工程图样和漫画、素描、国画的不同进行分析，讲述工程图的特点，并给出了带有工程信息的零件图和三维图，直观易懂。用动画演示投影法投影体系的建立。

用动画演示投影的分类与中心投影法和正投影法的特点，用真实零件表达三视图体系及三视图的形成以及规律，并用课题的球操作为案例，引出应用投影法解决问题的题目，立体感强，学法方法容易，容易被初学者接受。

图6-1　部分教学设计摘录

三、 教学方法与手段改革

线上线下混合式教、混合式学、混合式考核。采用翻转课堂的模式，采用自学、辅导、讲授和讨论相融合的教学模式。以工程案例为主线、以 CAD 造型理论方法引导现代制图理论方法。

四、 课程特色与成效

课程以复式教学为改革理念，以混合式教学为教学改革方法，以培养对社会主义事业忠诚可靠的建设者和接班人为主旨，通过课程的学习，了解制图技术的发展历程，掌握现有制图技术的标准，推进制图技术的发展。

引入课程的导论，通过案例式教学，导入我国工程图学发展的历程，通过前辈们为工程图学的发展所做的努力，包括对中国本土 CAD 发展所做的努力，引发学生对工程图学的热爱，推进学生对工程图学的发展而努力学习的激情，学生 CAD 制图能力普遍得以提升。

"光学系统设计"课程思政教学示范课程案例

（机械工程学院　周志强　丛嘉伟）

一、 课程简介与课程思政育人目标

"光学系统设计"课程经过多年的建设，已经发展为光学设计课程群，包含光学设计理论、成像设计、车灯设计、实验实训、课程设计等一系列课程，为国家培养了大批光学设计类的人才。

本课程以习近平新时代中国特色社会主义思想为指导，从高等教育"育人"本质要求出发，充分发挥课堂教学在育人中主渠道作用，将习近平新时代中国特色社会主义思想等思政元素有机融入课程教学中。落实教师育人职责，力争成为学习者在探索知识过程中的引路人，引导学生树立"科学报国""科学强国"的思想。

二、 教学内容与教学设计

紧紧围绕课程思政建设思路，在以下几个方面进行思政融入：

坚持育人为本，立德树人，学为人师，行为示范。自觉加强师德修养，以良好的思想道德素养言传身教影响学生。

注重交流，诲人不倦。乐于和同学进行交谈，给学生解惑，给予帮助，主动引导学生树立远大理想。

以授课为契机，鼓励和指导学生实践创新。提倡"学以致用"的学习方法，指导学生参加各类光电设计竞赛、创新创业活动。

兼顾职业荣誉感、使命感和社会责任感教育。让学生在学习专业知识的同时，了解我国核心技术"卡脖子"的危机感，使学生感受到作为科技工作者的荣誉感、使命感，承载科技报国、科技强国的历史使命。

三、 教学方法与手段改革

授课教师注重课程质量。采用启发式教学，摒弃灌输式一言堂的授课方式，将现代化的教学手段与传统的教学方法择优结合。

教师全程参与师生交互环节，及时接受学生的问题反馈。关注国际前沿动态，帮助学生及时了解光学系统设计的前沿技术成果，客观认识我国存在的差距，激发学生奋发图强的意志。

增设一些随堂实践环节，使学生加强对本课程各知识点的理解。通过建设虚拟实验平台，使学生有更清晰直观的认识。

四、 主要特色和创新点

结合教学实际，针对学生思想和认知特点，自觉强化党的理论创新成果的学理阐释，真正做到思想政治教育入心入脑。

与光电类企业结合，让学生真正看到产业实际状况、了解技术差距，激发学生斗志。

结合课程群的其他课程，相辅相成，将课程思政有机地融入课程内容中，做到润物细无声。

五、 教学成效

本课程授课团队教师已发表相关教改论文 2 篇，同时，在课程思政思想的指导下，优化课程内容，努力提升业务能力，多次参加江苏大学机械工程学院教学竞赛并获奖，如在 2018 年获得江苏省微课比赛三等奖，2020 年获得全国光电信息类教师授课比赛一等奖。

“机械制造技术基础”课程思政教学示范课程案例

（机械工程学院　裴宏杰　任旭东　樊曙天等）

一、 课程简介与课程思政育人目标

“机械制造技术基础”是机械大类四年制本科的主干专业技术基础课程，主要内容包括：制造技术基本概念、机械制造过程基础知识、切削与磨削加工原理、机械加工质量分析与控制、机械加工工艺和装配工艺、机械制造技术的新进展等。

在教学的过程中，在传授机械制造相关概念、理论、知识和综合应用的基础上，利用机械工程在人文社科、自然科学中的融合发展，以及历史重大事件、机械专家的真实事迹等教学元素不断教育和培养学生的专业自豪感和文化归属感，教授学生如何做事、如何做人，全面提升机械类学生的家国情怀、社会责任、科学素养，以及创新意识和综合能力。

二、 思政理念与教学内容的融合

结合中国制造"2025"重大战略，详细阐述中国制造发展现状，认识制造业的国之根本的重要性与所取得的重大成就，增强了学生的专业自豪感和家国情怀。

通过介绍欧冶子（铸剑鼻祖）、苏颂（水运仪象台）、倪志福（群钻发明者）等前辈的传奇故事，寻路行业前辈，提高学生的民族自豪感和自信心。

详述牛顿、瓦特等通过认真观察生活中日常现象而触动专业的重大发明的实例，帮助学生厘清创新思路。

结合各种形状的零件（平面、圆柱面、渐开面等）、桌子（三条腿、四条腿等）、刀具（铅笔刀、菜刀、麻花钻等）（如图6-2），提取出机床成形运动、夹具定位和刀具角度等抽象规律，进而发现科学内涵。

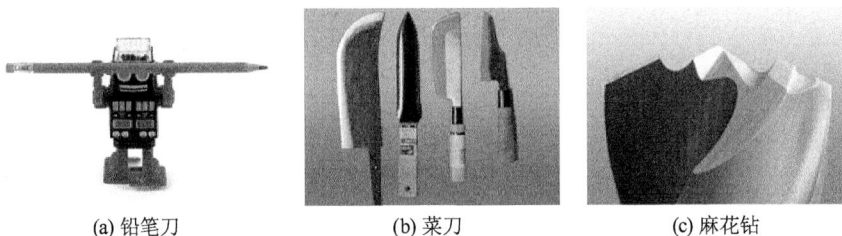

(a) 铅笔刀　　　　　　　(b) 菜刀　　　　　　　(c) 麻花钻

图6-2　刀具

三、 教学方法与手段改革

课堂以事件、实物、人物、图片和视频等素材为起始，唤起学生的兴趣，进而结合育人目标和思政理念提出问题，师生互动，从不同角度讨论和辩论，课后给学生留相似或相近的作业，比如观察不同的笔，抽象其共同规律，进而提出一种新结构、新功能的笔。

四、 课程主要特色、 创新点与教学成效

"见—知—行"的三位一体式思政体系。"见"是世界观和人生观,为方向;"知"是知识,为理论;"行"是能力,为实践。通过思政体系引导学生学习,坚定了学生的中华文化归属感和民族自豪感,在家国情怀方面表现出了良好的精神面貌,进而推动了学生学习热情和责任担当精神。

精选案例为主线。通过精选实例,把"见""知""行"打通贯穿,实现三级递进一体式课程架构,使得学生的热情与精神落于实处,行动明确而有方向。

贴近生活易实践。所选案例中,很多是日常生活中的应用,不需要特殊的实验设备,学生自己就可以实践,达到知行合一。

"信号与系统"课程思政教学示范课程案例

(机械工程学院 宋寿鹏 邹荣 许桢英等)

一、 课程简介与课程思政育人目标

"信号与系统"课程是测控与仪器专业核心课程,是分析处理信号和设计电路系统的基础,具有知识点丰富、理解与应用难度大的特点。针对目前以讲授专业知识为主,学生学习动力和投入不足,以及视野不开放,学习目标不明确,导致解决工程实际问题能力弱的问题,通过课程思政教学模式的引入,激发学生的学习热情,为我国仪器专业培养合格的工程技术与管理人才。

二、 课程思政教学设计

以章为单元,根据了内容加入介绍中国发展与成就、科学前沿知识、我国仪器行业面临的问题与挑战、大师名家奋斗故事等,激发学生投身我国仪器行业,增强学生们投身我国仪器行业的使命感,培养具有爱国主义情怀和自强不息创新精神的合格仪器人。

三、 教学方法与手段改革

动态插入思政内容,思政案例与思政元素,或者先让学生提出围绕课程相

关的问题。从我国在该领域的发展动态，引入在高铁、北斗、人工智能、5G等领域的研究成果；从动物响应入手，引出电路、传感器响应实例，告诫学生正确对待网络各种信息，减少不良网络信息反应和传播，树立正确的利用网络的观念；引入傅立叶变换发明、应用、及现代科技成果，让学生不仅知道知识，对科学发展观和发展史也有较好的认识，提升学生的科学发展观。引入为什么理想滤波器不能物理实现，其仍然要我们去研究，导出理想的树立和现实之间的关系，让学生明白树立远大而正确的理想是符合自然发展客观规律的，让学生畅谈自己的理想，如何向着理想的目标去奋斗；介绍变换思想在信号与系统领域的研究成果，引入人在观察问题时，明白观察角度不同，结论不同的道理，从而引导学生学会更加全面地看待问题，树立正确的是非观，学生也学会从多角度考查问题，更加全面地了解未知领域的知识，培养探索精神；以零输入响应和零状态响应为例，引入人的正确的价值观与世界观的形成是受前期正确教育和引导分不开的，因为相同的激励信号，当前期储备不同时，得到的响应是不同的，可以让学生在对待问题和挫折时，能树立正确的处理观念和方法。

四、 课程思政的主要特色、 创新点和教学成效等

将课程内容与思政紧密联系在一起，从具体事例和课程具体内容中体现课程思政的重要性，避免思政与实践的脱节，导致学生体会不深，理解不充分，无法贯彻在实际中的弊端。通过课堂教学发现学生的学习兴趣明显得到提升，在课程学习中的投入也有所增加，课中和课后探讨问题的次数也明显增强。

"农业装备智能化技术" 课程思政教学示范课程案例

（农业工程学院　徐立章　魏新华　祝清震等）

一、 课程简介与课程思政育人目标

本课程是农业机械化及其自动化专业的专业选修课程，主要讲授智能化农业装备的共性技术（含计算机控制技术、精确农业 3S 技术、总线技术、先进农业传感器及检测技术、智能算法等）在育苗设备、耕作机械、收获机械、植

保机械、设施农业等领域的原理及应用。

该课程通过思政内容的融入，进一步增强学生瞄准世界农业装备智能化的先进水平，为我国发展现代高效智能农业装备而努力学习、刻苦钻研的历史责任感与时代紧迫感。

二、 课程思政教学设计

1. 绪论部分介绍国内外智能农业装备发展情况时，引入毛泽东主席"农业的根本出路在于机械化"、习近平总书记的"大力推进农业机械化、智能化"重要论述的时代背景介绍。

2. 介绍我校农机发展历程，了解现阶段我校在智能农业装备方面所做的工作，畅谈新一代农机人为赶超世界智能农业装备先进水平，如何继承光荣传统、不懈奋斗。

3. 讲授 GPS、GIS、RS 相关技术时，一方面介绍我国在相关领域的技术现状及与世界先进水平的差距，另一方面通过对我国自主研发的北斗卫星导航系统的介绍，激发学生对我国科研人员奋发图强的所取得的光辉成就的自豪感与对自主研发的自信心。

4. 讲授智能化收获设备时，结合学校李耀明团队和魏新华团队所开展的工作，开展身边人、身边事，现身说法的教育活动，激发学生对学习农机课程的兴趣及树立未来从事农机事业的志向。

5. 讲授精确施药/施肥技术及设备时，引入习近平总书记关于"绿水青山就是金山银山"的阐述，强调我国之所以明确把生态环境保护摆在更加突出的位置，是因为建设生态文明是关系人民福祉、关系民族未来的大计。

6. 讲解智能灌溉技术内容时，介绍我国水资源短缺的现实状况，引入我国保护水资源、合理利用水资源的迫切性，介绍我校流体机械泵技术在南水北调工程中的应用及智能喷灌技术在全国地位及所做的贡献。

三、 教学方法与手段改革

本课程的讲解以混合式教学方法为主要手段，依托多媒体技术的应用，采用多种形式的教学方法。

1. 基于传统媒体的课堂讲授方式：主要解决课程专业知识点和课程思政素

材部分的讲授，但在教学过程中，强调师生互动交流，设置话题并要求学生参与课程研讨。

2. 引入时政内容采用在线视频模式：主要解决课程思政教学中时政内容的引入，使思政教学内容不过时，能够与时俱进从而保持新鲜度。

3. 现场讲解方式：课程与实习、实践过程结合，通过看、问、访、做，加深学生对专业知识及思政内容的准确理解与把握。

4. 专家报告方式：学习本课程的学生，要求参加一定数量的专家报告会，了解智能农业装备的发展动态，从而树立对专业未来发展趋势的认知。

通过多种教学方式的混合应用，以期达到既讲授了专业知识又增强课程思政的亲和力和针对性的目的。

四、 课程思政的主要特色与成效

农业装备智能化技术课程融入思政内容后，形成了如下特色：

1. 课程育人资源的有效挖掘：农机专业是我校的传统专业，在漫长的办学历程中，农机事业在我校一辈又一辈的农机人手中完成了接力、传承和发扬。结合专业讲好身边的人、身边的事，学生易于接受，对学生人生观、价值观的塑造及农机情怀的培养具有不可替代的作用。

2. 课程被赋予时代气息：通过课程思政使农机专业学生在学习专业课程的同时对我国的国情和"三农"问题有了更深刻的理解，对我国农业机械装备与世界先进水平的差距有了更清晰的认识，从而能够明确未来学习和努力的方向。

3. 课程给予学生提供史广阔的视野：课程不仅讲述了专业知识，还涉及了时事政治、历史、人文、环境保护等内容，拓展了学生视野。

将课程理论教学与思政内容结合，使课程教学的效果更加显著。由于学生对我国农业装备技术未来的发展趋势理解更加深刻，从而使学习智能农装、实践智能农装、创新智能农装的内在动力得以增强，具体表现在课程考核成绩的提升及实践实习报告中的心得与体会更加充实；参加大学生智能农装竞赛及大学生科研创新项目的积极性得到提高；近年来，学生毕业后进一步在农机专业深造的意愿提高，对专业满意度评价始终位于全校前列等方面。

"交通工程学"课程思政教学示范课程案例

（汽车与交通工程学院　谢君平）

一、 课程简介与课程思政育人目标

"交通工程学"课程是交通运输专业最重要的基础课程之一。本课程思政目标是在教学内容中积极发掘与社会主义核心价值观等相关的德育元素，培养学生具有良好的职业道德、团队合作精神；激发学生的家国情怀和使命担当，树立正确的世界观、人生观和价值观。

二、 教学内容与教学设计

针对课程不同的教学内容柔性融入思政元素，具体如表 6-2 所示。

表 6-2　教学内容与思政元素

序号	教学内容	融入的思政元素
1	交通工程学绪论	由绪论引出交通强国建设纲要及发展目标；培养学生的远大理想。
2	交通特性	突出"人"和"路"的特性：对"人"，强调驾驶员的职业道德；对"路"，重点介绍新中国道路建设的辉煌成就，激发学生的自豪感。
3	交通调查与数据采集	引导学生养成认真负责的工作态度，增强学生的责任担当，培养学生团结协作精神，以及诚实守信的科学态度。
4	道路交通流理论	通过梳理发展历程，培养学生的创新意识和学科交叉能力；通过阐述理论研究上与国外尚存的差距，激发学生奋发图强的意志品格。
5	道路通行能力与服务水平	通过对通行能力的讲解，培养学生透过现象看本质的能力；通过对服务水平的讲解，激发学生服务国家和社会的使命感。
6	道路交通规划	通过对交通规划全过程的讲解，加深学生对科学发展观的理解。
7	道路交通管理与控制	通过对交通法规的讲解，培养学生遵纪守法的自觉性；通过对管控理论的讲解，培养学生对实际复杂问题的认知能力和解决能力。
8	交通安全	通过介绍我国交通安全现状，以及与其他国家的对比，激发学生强烈的责任感和使命感，提高学生的专业素养。
9	道路交通与环境保护	培养学生的环境保护意识，深刻理解习总书记"环境就是民生"的论述。
10	智能交通系统	通过国内外前沿智能交通相关技术的介绍，培养学生的创新思维和国际视野。

对应关系如图 6-3 所示。

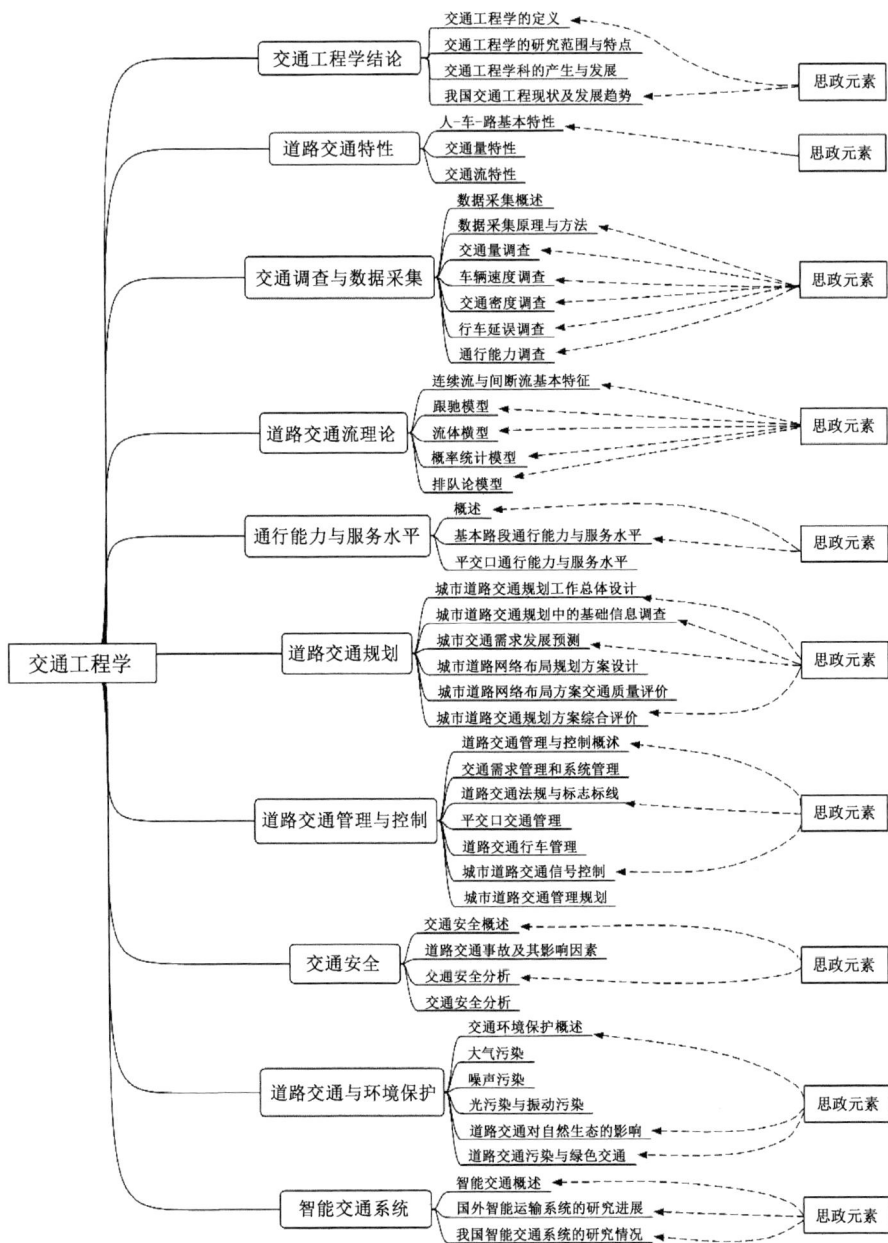

图 6-3 交通工程学导图

三、 教学方法与手段改革

本课程教学方法和手段的改革主要体现在：

（1）坚持目标教学为导向，结合 CBL、PBL 等多种方式；

（2）采用在线讨论、微课程等新的教学手段；

（3）提高平时作业、案例分析等过程管理成绩在总评成绩中的占比。

四、 主要特色和教学成效

本课程的主要特色在于首次将"交通工程学"全过程教学内容融入思政元素，做到教学内容全覆盖。取得的教学效果显著：首先，丰富了交通运输专业的思政教学资源，相比传统思政课程教育具有更明显的说服力和实效性；其次，学生在获得专业知识的同时，也大幅提升了思政水平；最后，通过课程思政教育元素的融入，促使教师更新和探索教学方法，进而提高了教学水平。

"交通安全"课程思政教学示范课程案例

一、 课程简介与课程思政育人目标

该课程是交通类专业的核心课程，主要内容包括人—车—路的交通特性及其与交通事故的关系，交通安全系统分析及交通安全设计、管理和评价等内容，通过学习该课程，学生能够了解国内外交通事故发生的特点和交通事故发生的规律性，理解人—车—路及交通环境在交通系统中的特性和对交通安全的影响，掌握交通事故发生的机理，以及交通安全系统的分析和评价方法；具备运用交通安全基本理论、技术及方法综合分析和处理各类交通安全问题的基本能力。

课程从专业认同、社会责任、社会主义核心价值观等方面深入挖掘"交通安全"课程所蕴含的内在德育要素，强化价值引领、知识传授、能力培养"三位一体"的教育教学目标，充分发挥课堂主渠道作用，构建专业课程与思政课

程同心同向的育人新格局，激发学生内生学习动力，切实将思想价值引领贯穿教育教学全过程和各环节，不断提高教育教学水平，促进学生形成科学的世界观、人生观和价值观，增强学生使命感和责任意识。

二、 教学内容与教学设计

课程采用"五星教学标准"，通过讲授课程的背景，分析比较目前国内外交通安全的现状，面临的交通安全形势，以此增强学生的使命感和责任意识；在讲授交通事故现状内容中，和学生探讨生命的意义和价值，强化学生的责任意识；在讲授"交通事故机理"时，强调运用系统工程的思想分析和处理问题；讲授"紧急救援"时，着重引导学生的价值认同；讲授"交通安全评价"时，强调公平公正的社会主义核心价值观；在实践实验环节，理论联系实际，充分认识并掌握辩证唯物主义的认识论和方法论，积极引导学生建立科学的世界观、人生观和价值观。

三、 教学方法与手段改革

课程按照融"课程思政"入整个课程、理论教学和实践相结合、课内和课外教学相结合、线上和线下教学相结合、科研与教学相融合的模式推进教学过程，融合互联网 + 教育新理念，构建"五课堂 + 3C2F"的立体化混合教学模式。探索传统的第一课堂、课外的第二课堂、实践教学的第三课堂、在线教学的第四课堂、创新学习的第五课堂虚实结合方案，构建交通工程人才培养的立体化混合式教学模式。

四、 课程思政的主要特色和教学成效

构建"五课堂 + 3C2F"的立体化混合教学模式，倡导新教学理论"五星教学标准"，通过该课程的实施，增强学生使命感和责任意识；培养学生理论联系实际的工作作风，充分认识并掌握辩证唯物主义的认识论和方法论；使学生树立科学的世界观、人生观和价值观；激发学生的内生学习动力，总体教学效果有较大的提升。

"机械振动基础"课程思政教学示范课程案例

（汽车与交通工程学院　薛红涛）

一、 课程简介与课程思政育人目标

本课程是学习研究车辆系统动力学、NVH 测试与控制和汽车理论的基础。课程围绕"中国制造""智能制造"和国产汽车等机械产品在设计与工作过程中所涉及的振动问题，注重强化学生工程伦理教育，培养学生精益求精的大国工匠精神，激发学生科技报国的家国情怀和使命担当。

二、 课程思政教学设计

本课程在教学过程中，既有教师主动的拓展、结合式融入思政元素，又有学生在研讨、实训中教师适时点评插入式融入思政元素，简称课程思政"四步走"。

（1）拓展式融入：将新知识、新理论、新技术及科研项目拓展到课堂，让学生充分了解国内外解决机械振动问题的技术水平，激发学生科技报国的家国情怀。

（2）结合式融入：结合工程实例讲授基础理论知识，引导学生发现问题、独立思考问题、合作探索问题、归纳创新问题，强化学生创新能力。

（3）研讨式插入：课堂设置小组讨论、分组汇报、集中研讨环节，学生充分展示自己观点、评判他人态度，教师适时点评，恰当融入思政元素，引导学生明辨是非、增强学生责任心、使命感。

（4）实训式插入：将实践环节、课外科技创新活动与课程教学相结合，指导学生自制车辆与零部件，增强学生实践能力，培养学生树立科学发展观。

三、 教学方法与手段改革

在教学改革中，将思政元素深入课堂、深入应用、深入人心，简称"三深入"。一是"深入课堂",通过机械系统或部件在设计与工作过程中所涉及的振动问题,深入拓展国内外解决振动问题的新技术、新方法,引导学生正确认识、分析和解决问题,激发学生科技报国的家国情怀;二是"深入应用",通过振动的基本概念和理论及基本分析方法和技能,引导学生关注振动问题,强化工程伦理教育;三是"深入人心",通过课堂研讨、课外作业、科技活动等形式,多渠道了解学生对工程伦理的理解、对民族文化和民族工业发展的态度,引导学生树立正确的"三观"。

四、 课程思政的主要特色、 创新点和教学成效

本课程以"厚基础、重实践、强能力"为理念,以"三疑三探"教学模式为抓手,重视求异思维的培养,多角度引导学生主动发现问题、独立思考问题、合作探索问题、归纳拓展问题,在润物无声、化育无形中开展思政教育,主要体现为:

(1) 主动适应"新工科"建设、"新四化"发展及工程认证理念,将思政元素与课程内容有机融合到课堂上。

(2) 积极探索"三疑三探"教学模式,以"问题"贯彻课堂,通过"设疑自探""解疑合探""质疑再探"互动环节,融入思政元素,让学生在探索中提升能力、增强责任心。

(3) 关注最新科研成果,积极融入课堂,灵活应用基础知识和基本方法揭示最新研究成果,引导学生勇于创新,敢于实践,激发学生科技报国的家国情怀。

(4) 充分利用信息技术,融教学视频、动画演示、讨论互动于课堂,形成了多元化教学模式,培养学生自主学习能力、团队合作意识、求异创新思维和工程实践能力。

经过多年来的课程改革和教学探索,本课程拥有丰富的教学资源和大量课程思政素材,2019 年被认定为校级一流课程;主编的《机械振动基础》被评为"十三五"国家重点出版物出版规划项目现代机械工程系列精品教材,入选普通高等教育"十三五"汽车类规划教材。

"结构设计原理"课程思政教学示范课程案例

（汽车与交通工程学院　姚明）

一、 课程简介与课程思政育人目标

"结构设计原理"主要根据国家现行交通行业标准和设计规范，对工程中常见的各种基本构件受力特性、设计原理、计算方法和构造设计做详细介绍。

本课程开展课程思政建设，主要围绕"培养什么人、怎样培养人、为谁培养人"这一根本问题，通过分析"结构设计原理"课程特点，探索本课程思政讲什么、如何讲、效果如何等问题的答案，旨在将社会主义核心价值观等思政元素融入"结构设计原理"课程，以形成课程思政与专业课程的协同效应，实现在潜移默化中完成全方位育人目标，把学生培养成为有理想信念、家国情怀、责任担当且能够担当民族复兴大任的时代新人。

二、 教学内容与教学设计

1. 提炼"结构设计原理"课程思政内容

如课程中"结构型式与受力特点"与我国桥隧施工建设、桥梁建设成果等思政内容进行关联性拓展，并通过相关实际案例进行虚拟场景分析，对各种结构型式的特点进行融合，展示和宣传我国桥隧建设技术水平，引导学生充分认识桥隧建设在我国社会经济发展中的重要作用，鼓励学生要继续奋发图强，为我国交通事业添砖加瓦。

2. 将"工匠精神""大国重器"等典型示例融入"结构设计原理"课程建设

如在讲解"预应力结构"时，融入我国已建及在建的各类特大型结构图片，展示我国所取得的成就，调动学生参与国家建设的积极性，为祖国感到骄傲自豪；在讲解"构造及配筋"内容时，引入"工匠精神"，通过匠心筑梦的故事、弘扬工匠精神，培育学生精益求精的精神。

三、 教学方法与手段改革

本课程在讲解过程中，采用以下新教学方法，增强课程思政的亲和力和针对性：

画龙点睛式——对知识点和技能点的简明提示，进行社会主义价值观、职业素养的点睛；

专题嵌入式——将教学目标分为知识目标和情感目标，如通过施工技术的讲解，既让学生掌握专业知识，也让学生对艰苦奋斗、无私奉献等价值观产生共鸣；

元素化合式——介绍相关工程案例中由于偷工减料产生的工程质量问题，国家相关的工程法规及处罚措施，引入社会主义核心价值观的诚实守信原则。

四、 课程思政的主要特色、 创新点和教学成效

针对"结构设计原理"课程特点，提出基于课程思政的"结构设计原理"课程教学实施方案，为交通运输类和土木工程类专业基础课程思政建设提供教学示范。

通过对核心价值观、学生认知过程、职业规划等多维形态的特征分析，建立结合课程思政教育和专业课程知识能力的"结构设计原理"课程思政教学方法和手段。

通过在专业知识教育中融入思政教育的内容，使得思政教育与实际相结合，增强了思政教育的亲和力，加深了学生对社会主义核心价值观的理解。

"流体力学与流体机械" 课程思政教学示范课程案例

（能源与动力工程学院　霍元平　王晓英　王军锋等）

一、 课程简介及课程思政育人目标

新工科背景下，"流体力学与流体机械"是航空航天、船舶海洋、热能制冷、流体机械等专业必不可少的专业基础课，在工科类人才培养体系中占有非

常重要的地位。该课程通过讲授一系列基于重大工程应用与生活实践相结合的思政教学案例，使学生能够掌握流体平衡和运动的基本规律、基本方程、基本计算方法、基本实验及应用技能，并将其熟练应用于科学实验研究及工程实践分析，为从事专业工作、学术研究和其他专业课的学习打下坚实基础，同时，通过充分挖掘与流体力学理论知识相关的课程思政资源，不失时机地对学生进行道德教育，帮助学生树立正确的思想政治观念，养成科学的辩证唯物主义思想方法，提升学生的专业素养和工程素养。

二、 教学内容与教学设计

"流体力学与流体机械"课程的思政教学设计大致可以从三个角度展开，即培养学生的民族自豪感及自信心、培养学生的辩证唯物主义思维和培养学生的科学创新精神，在此基础上充分挖掘流体力学理论知识中包含重大工程应用和生活实践应用的典型章节，选择合适的角度引导并开展思政教学内容，以激发学生的兴趣，提高教学质量，从而达到理想的教学效果。

三、 教学方法与手段改革

该课程采用线上线下混合式教学模式。根据教学日历，有序安排了各章节线上教学课时，分课时重新制作 PPT 教案及视频资源，做到一课一案，将课程知识细致化。学生可通过"学习通"软件登录江苏大学网络教学平台进行课程预习和复习，同时在平台上增加课堂测验题库，便于对函授知识点的随堂考察，提升了线上课堂的互动，充分调动学生学习的积极性。此外，进行思政案例库建设。针对不同专业，课程开篇导入合适案例，凸显专业特色；在章节开篇导入合适案例，快速融入核心知识点；在重点讲解核心知识点时导入合适案例，巩固理论并启发创新。

四、 课程思政的主要特色、 创新点和教学成效

该课程基于重大工程应用与生活实践相结合的教学设计，更加重视与工业界的密切合作，更加重视学生综合素质和社会责任感的培养，借助其中的思政元素顺其自然地对学生进行教育，贯彻教师"教书育人"的使命，帮助学生形

成正确的世界观、人生观、价值观，同时提供了一个思考和践行的机会，大大提高了学生工程素养，对其自主创新能力的培养具有积极意义。此外，把思政授课资源融入课堂教学，打破学生认为流体力学知识枯燥的固有认知，对增强学生学习的积极性并提升教学效果是一次不错的尝试。

"能源与动力工程测试技术"课程思政教学示范课程案例

（能源与动力工程学院　康灿　吴里程　付燕霞等）

一、 课程简介与课程思政育人目标

能源动力关系到国家的经济发展和战略安全，测试技术为能源动力的发展提供着重要支撑。江苏大学"能源与动力工程测试技术"课程获评国家一流线下课程，课程中的虚拟仿真实验教学项目也获得国家一流课程认定。在本课程中进行思政改革，旨在使学生树立正确的价值观和专业观，培养爱国、爱家、爱工程的情怀，增强担当社会责任的意识和不断奋进的事业心。

二、 课程思政教学内容与教学设计

基于本课程的知识体系与教学内容安排，在课程中有机融入 4 类思政元素：（1）工程问题的探索与钻研精神；（2）坚定不移的爱国精神；（3）工科人才的责任与担当意识；（4）远大的理想与追求。

本课程通过挖掘知识点中的励志成分，引导学生面对复杂工程问题时迎难而上，通过认真观察与思考，探究问题背后的规律。能源动力领域中的许多实例都体现了科学家和工程师对祖国的深厚情感。通过这些实例的讲解，使学生深刻认识到必须掌握核心技术，才能自立自强。通过课程中的合作实验，使学生勇敢地交流并直面自己的责任。借助思政教育，使学生夯实"为技术进步而学习，为国家富强而学习"的决心。

三、 课程思政教学方法与手段改革

本课程按照思政元素的层次和引入次序将知识点分为基础知识点、测试技

术、创新型实验三大类，结合每类知识点的特点，灵活加入思政元素。课程中侧重具体问题具体分析，引导学生从认知模式、学习方式和交流讨论三个方面深入理解思政元素和专业之间的联系。教学过程中注重教师与学生之间的交流，及时了解学生对专业、对人生、对未来和对国家发展的想法，筑牢他们运用专业工具报效国家和为社会服务的信念。通过课堂＋实验室＋虚拟仿真实验多元化教学环境，将教学互动、讨论交流、教学评价和教学建议贯穿于教学过程中。

四、 课程思政的特色、 创新与教学成效

本课程创新性地开展了基于能源动力领域技术发展的思政教育，以多角度的思政素材提升学生对社会发展和技术进步的认识，引导学生树立理想、责任与担当意识；借助多元化的教学方法，向学生诠释前辈科学家的奋斗历程和报国决心，坚定学生不畏困难、勇敢面对挑战的信念。

通过在本课程中深化思政改革，不但达到了预期的思政教育目标，也很好地实现了专业知识和能力培养的目标。教学评价结果表明，学生能够正确理解国内外形势和我国能源动力行业的发展，坚定了以专业为工具报效国家的决心，并且能够系统而全面地认识个人发展、行业进步和社会发展之间的密切联系。

"生物质气化原理与技术"课程思政教学示范课程案例

（能源与动力工程学院　冯永强　王谦　王爽等）

一、 课程简介和课程思政育人目标

生物质燃气是未来"零碳"绿色建筑的重要能源供给来源。专业核心课程"生物质气化原理与技术"依托于国家虚拟仿真平台"生物质燃气制备过程参数控制与目标反演虚拟仿真实验"（如图6-4所示），强调知识结构的系统性、最新技术的同步性、实验模式的探究性。课程以培养"面向新时代、面向制造强国，培育具有家国情怀和行业理想的大制造领域一流拔尖创新人才"为育人导向，以"立德树人"作为根本任务，坚持知识传授与价值引领相结合，通过工程案例牵引、历史史诗论证、生活常识外延和产教协同拓展，培养学生的理想信念、价值取向、政治信仰和社会责任，全面提高学生缘事析理、明辨是非

的能力，让学生成为德才兼备、全面发展的人才。

图 6-4　国家级虚拟仿真平台

二、 教学内容与教学设计

1. 教学内容

讲解燃气制备系统装置与气化原理、气化过程参数控制与测定和基于气化目标的参数反演。课程目标达成的思维导图如图 6-5 所示。

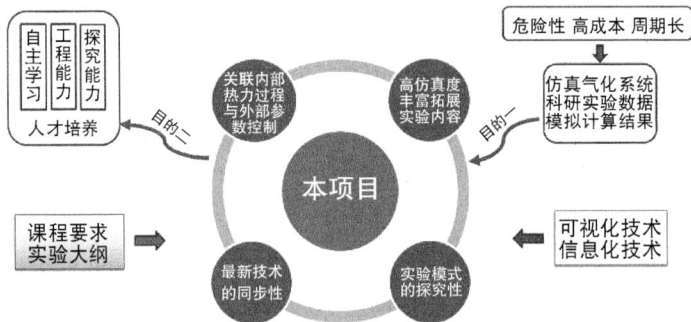

本虚拟仿真实验项目的特色与实验目的

图 6-5　课程目标达成的思维导图

2. 教学设计

主要采用三种教学设计：线上线下教学内容和教学方法设计、混合式教学模式考核方法设计和虚拟仿真实验内容和实验教学方法设计。虚拟仿真实验平台主界面如图6-6所示。

图6-6　虚拟仿真实验平台主界面

三、 教学方法与手段改革

采用混合式、探究式、校内外实训结合式等多种教学方法，以及学习参数调控与数据采集分析方法。也进行了多种实验方法的设计，包括可视化方法、控制变量法和目标设定反演法。

四、 课程思政的主要特色、 创新点和教学成效

1. 主要特色

主要特色有：实现生物质气化内部过程、外部结果与参数调控的有机关联；创新实验教学设计；整个实验体系聚焦学为中心，采用线上互动式、探究式学习及虚实结合的多种教学方式，如图6-7所示。

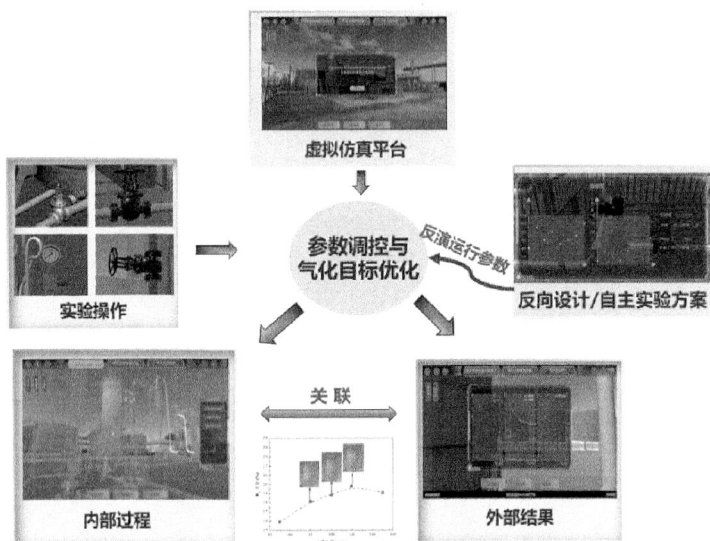

图 6-7 本项目实验体系的创新性构建

2. 创新点

创新点有：实验体系设计独特；多维度、多层次教学方法，融入了三维认知、多参数交互和探究拓扑等多种方法；综合的评价体系；丰富拓展了传统实验内容。

3. 教学成效

学生参与了多项科研竞赛，获得了多项特等奖、一等奖，在国际期刊发表了 SCI 论文。虚拟仿真平台已在江苏大学、东北农业大学、华中科技大学等相关院系近 1800 名师生中推广使用，各高校给予了本实验项目较高的评价。

"学科前沿讲座与科技创新（流体机械）"课程思政示范课案例

（流体中心 张德胜等）

一、课程简介与课程思政育人目标

"学科前沿讲座与科技创新（流体机械）"课程是由教育部青年长江学者主持开设的研究生课程。课程始终将学生的思想政治教育放在首位，坚持立德是育人之本，充分提炼课程中的文化基因和价值范式，使学生了解行业相关的社会问题、发展趋势与国家政策，培养学生的家国情怀、社会责任感和使命担当，为流体机械行业培养合格的、堪当重任的社会主义建设者和接班人。

二、 教学内容与教学设计

本课程以思想政治教育内容与专业知识技能教育内容有机融合，结合了粮食问题讲授南水北调工程大型泵站的研发需求与发展趋势，了解农田灌溉对粮食增产稳产的重要价值，让学生理解"自端饭碗"的深刻含义与重要意义，培养学生推进农业现代化的使命感。结合了淡水资源问题与国家海洋战略讲解海水淡化的应用背景，系统阐述海水淡化高压泵和能量回收装置在海岛开发、远洋舰船、海上作业平台等领域的重要性，培养学生献身海洋建设的使命担当。在学科前沿发展教学工作中融入价值观教育，培养端正的择业观念，择业时不应过分看重工资待遇，更应关注国家重大需求，以突破技术瓶颈为目标，为科技兴农贡献自己的力量。

三、 教学方法与手段改革

本课程以课堂教学为主，通过 PPT 和微视频，结合前沿关键成果的图片摘要、视频摘要以及数据可视化技术讲授前沿发展和研究方法。利用少量课时组织学生到南水北调东线泵站和实验室参观实践，结合具体的结构和工艺提出相关问题，以利于加深印象。通过课后的社会调查作业调动学生自主搜集资料的积极性，围绕粮食问题、水资源调配和农田灌溉问题等展开调查，搜集相关数据，使学生认识到这些问题的紧迫性。以论文的考核方式，鼓励学生关注行业相关的社会问题与技术瓶颈。课程负责人高度重视教材建设，结合南水北调、海水淡化等国家战略项目课题，将最新的流体机械科研成果编写了三本教材《叶片泵设计数值模拟基础与应用》《潜水搅拌机理论、设计及工程应用》和《轴流泵与斜流泵》，供学生参考。

四、 课程思政主要特色与教学成效

本课程依托国家级平台，国家水泵工程中心、国家流体工程装备节能技术国际联合中心，紧紧围绕流体机械国家战略需求，以学科最新科研成果为授课内容，使学生跟进流体机械的最新发展动态，把握流体机械的前沿研究方向，了解流体机械的最新研究成果和研究方法，从而开拓学术视野，培育创新精神，启发科研思路，提高研究生的科研能力；同时结合南水北调、海水淡化、国家光热发电、一带一路泵站建设项目等，熏陶学生，感染学生，把爱国之情、报国之志融入祖国改革发展的伟大事业之中。

"材料导论（双语）"课程思政教学示范课程案例

（材料科学与工程学院　严学华　朱脉勇　王明松等）

一、 课程简介与课程思政育人目标

"材料导论（双语）"是江苏省高等学校在线开放课程、江苏大学教学改革示范课、江苏大学一流课程（线上线下混合式）。该课程是材料科学与工程学院本科各专业的基础课，是培养材料科学与工程专业人才的主干课程之一。该课程以"知识、素质、能力"为主线，培养具备自然科学基础知识、工程技术与科学基础知识、人文科学素质、创新精神及国际视野的新时代材料研发工程师。学生能够掌握材料科学与工程基础理论、专业知识，具备在材料成分设计与制备、分析与表征、生产与应用等领域从事科学研究、技术开发、生产、经营与管理等的能力，形成科研能力和创新精神、开阔的国际视野，同时，具备强烈的投身材料科学的爱国情怀，树立正确的世界观、人生观和价值观。学生既具有材料科学与工程的专业知识，又具有外语沟通能力，才能为"一带一路"建设提供中国方案和贡献中国智慧。

二、 教学内容与教学设计

作为专业基础核心课程，"材料导论（双语）"具有知识点多、概念多、理论性强的特点，涉及数学、物理、化学、力学等多学科的知识交叉，是进入专业课程学习前必须学习的一门课程，也是材料科学与工程发展和研究的基础。因此，正确引导学生构筑知识网络、加强自然科学中的哲学观、培养学生的爱国情怀是本课程的教学重点之一。

从课程角度看,"课程思政"是一个系统的体系,是基于教育对象的身心特征,通过科学规划和系统设计,使思想政治教育与专业课程设计及实施紧密结合,目的在于把价值观培育和塑造"基因式"地融入专业课程,将教书育人的要求落实。在课堂教学上工科专业课程教学有其自身特点:讲透基础知识点,明晰知识关联,启发解决实际问题的思维。

三、 教学方法与手段改革

通过讲授中国新材料制造前沿成果等思政教学案例,使学生在学习中能够将"材料导论"课程内容有机结合,促进学生形成为中国发展和材料创新做贡献的观念,增强学生投身新材料创新的使命感。本案例采用线上线下混合式教学模式,明确将启发式、研讨式、案例式等教学方法融入课程教学,通过案例的学习,解决学生只掌握材料基础知识的问题,使学生兼备材料专业外语知识背景与爱国主义情怀,投入到国家重大战略"一带一路"建设中。

四、 课程思政的主要特色、 创新点和教学成效

随着创新驱动等国家战略规划和"一带一路"倡议的实施,材料制造业正处于转型升级和高质量发展的关键期。"材料导论(双语)"教学大纲中明确要求培养学生运用材料专业基础知识解决实际工程问题,终身学习以适应材料行业领域新技术发展的能力。通过课程的学习不仅让学生了解材料科学的基础知识,而且使学生形成良好的爱国主义情怀、时代责任感、踏实勤奋的材料工匠精神,这些将使学生终身受益,为培养优质的材料工匠接班人奠定了坚实的基础。

"金属材料综合实验"课程思政教学示范课程案例

(材料科学与工程学院 罗锐 袁志钟 程晓农等)

一、 课程简介与课程思政育人目标

"金属材料综合实验"课程于 2000 年开设,覆盖了以金属材料工程专业为

主的材料学院本科专业实践环节课程，是理工科高校教学工作的重要组织部分，在创新精神和实践能力的高素质人才培养中有着不可替代的重要地位和作用。

该课程针对后工业发展的时代背景，以产业发展对人才的需求为导向，以有效供给高素质工程型人才为目的，建立了以工程素质为重点、创新研发和技术应用能力兼备的新理念，在不断提高人文素养的同时，以工程教育为灵魂，研究并构建了涵盖学习探知能力、智慧分析能力、复合工程思维、专业实践技能、大国工匠精神和自主创新能力等素质培养的"工程素质链"人才培养模式。同时，课程负责人罗锐老师是江苏大学"青年文明号"团队核心骨干，同时金属材料工程专业是江苏大学"三全育人"示范专业，有力支撑该课程思政育人，为落实立德树人根本任务保驾护航。

二、 教学内容与教学设计

"金属材料综合实验"课程是由"国家一流本科"——江苏大学金属材料工程专业课程团队录制并开设，旨在培养材料类特别是金属材料工程专业学生分析解决实际工程问题能力，在线课程主要分为 10 个章节，着重介绍了金属材料专业实验室的管理理念及各类设备的操作规程等，着重培养学生的工程实践能力。同时，本课程的开设支撑了金属材料工程专业实验室平台的运转，本团队引入了世界百强企业"7S"管理模式理念，在线课程重点解读"7S"管理模式理念，其核心是培养学生的创新思维和实践能力，同时兼顾学生的团队意识、环保意识、健康意识的培养。

三、 教学方法与手段改革

本课程团队多年来持续对"金属材料综合实验"课程开展了教学研究的创新与实践。2018 年，本课程开始进行知识点拆分，制作微课。2020 年 3 月，在中国大学 MOOC 课程平台线上播出，在新冠疫情期间有力确保了本课程授课的顺利实施。

目前，课程采用线上微课＋线下翻转的混合式教学模式。线上课程制作过程中，课程团队在知识点拆分、课程录制、测试题编写、翻转课堂设计等方面积累了大量的经验。学生通过该课程的学习，能够直观材料类实验室的管理理念及各类设备的操作规程。本专业每一届学生进入专业实验室平台，必须通过"金属材料综合实验室"线上课程的学习，通过实验考核合格后才能进入实验平台，考核内容涉及安全知识和仪器操作流程。在学生从事实验过程中，对实验设备使用登记、实验态度、实验报告综合评价学生的实验课成绩，这种信息化的过程管理，使老师能够高效、客观地评价学生的实践效果，从而提升了实验教学质量。

四、 课程思政的主要特色、 创新点和教学成效

通过对"金属材料综合实验"课程建设不断探索实践，取得了比较显著的成效。近 3 年来，通过课程学习吸纳了本专业 100 多名本科生参与到大学生科研项目活动中，学生以专业实验室为平台，积极参加国家、省市各级竞赛，并屡获佳绩。比如本专业学生参加 2018、2019 及 2020 年全国大学生热处理大赛，连续 3 年蝉联全国一等奖；近 5 年参加全国大学生金相大赛，获一等奖 4 项、二等奖 5 项和团体二等奖 2 项。该课程的持续建设在拉进教师与学生距离、提高学生创新思维和实践能力的同时，也培养了学生的人文素养和沟通能力。

团队成员不断成长，其中课程负责人罗锐老师获 2020 年江苏大学材料学院教学大赛一等奖、2020 年江苏大学第十届教学竞赛决赛二等奖（中级组）。团队成员袁志钟老师于 2015、2017 两年度获得江苏省高等院校微课大赛一等奖。本课程主要支撑金属材料工程专业教学团队获 2018 年国家级教学成果二等奖、2019 年金属材料学入选国家精品在线开放课程、金属材料工程专业入围国家一流本科专业建设点。

"农业机器人" 课程思政教学示范课程案例

（电气信息工程学院　闫小喜　於鑫　尹华等）

一、 课程简介与课程思政育人目标

"农业机器人"课程针对农业电气化本科专业设置，是农业电气化国家一流本科专业的重要专业课。"农业机器人"是一门多学科综合交叉的前沿

课程，它涉及农业、机械、电子、运动学、动力学控制理论、传感检测、计算机技术和人机工程，是一门理论与应用并重的专业方向课程。该课程思政育人目标是，对农业电气化专业学生进行"知农爱农为农"思政教育，培养学生"知农爱农，强农兴农"的家国情怀，帮助学生树立助农兴农使命，推动学生积极投身农业，奋发成长为知农、爱农、为农的新型创新技术人才。

二、 课程思政改革

"农业机器人"课程思政改革，坚持课程知识点与思政元素内在统一性的原则，以立德树人根本任务落实的相关性来重构课程知识体系，构建了以课程知识点、思政元素、内在统一性表述为核心的嵌入式课程思政教学内容。充分提炼大国三农、农机情怀、社会责任、历史担当、文化自信等思政元素，将这些课程思政元素嵌入课程大纲、教学、考核等所有环节，实现知识传授与价值引领有机融合的嵌入式课程思政育人。该课程的嵌入式课程思政教学设计主要包括课堂教学环节嵌入"知农爱农，强农兴农"价值引领、在实践教学环节提升学生农业电气化专业和农业行业的认可度。

三、 教学方法与手段改革

本课程思政教学方法改革集中在课程思政师生互动方法的创新与实现上，具体改革内容为：课程知识点的理性传授与思政情感的互动沟通的融合。该课程思政教学方法改革的目的是充分调动教师与学生的热情与潜能，培养师生良好的互动能力。互动机制改革的内容包含两个部分：一是随课程知识点传递而展开的互动，二是基于思政元素人际交流的互动。前者以理性知识传授与认知为主，后者以思政元素情感交流为主，思政元素情感交流作为课程思政教学得以展开、深化的基础载体和保障，两者互动彼此影响，形成积极有效的良性互动循环态势。

四、 课程思政的主要特色、 创新点和教学成效

"农业机器人"课程思政改革，以农业电气化国家一流专业为对象，深

入挖掘了课程中蕴含的思政元素，将大国三农、家国情怀、社会责任、历史担当、价值实现等思政元素嵌入课程教学理念中，将思想政治意识形态教育与专业课程进行了融合，初步构建了"大思政"格局下农业工程类专业课程思政的教育体系，实现了知识传授与价值教育的双重功效，全面提升了"农业机器人"专业课程思政育人的吸引力和感染力，培养了学生的家国情怀和行业理想。经统计，2018—2020 年本科生入党积极分子中，修习过本课程的农业电气化专业学生占比持续增大；2018—2020 年农业电气化专业本科生到涉农行业工作和攻读农业工程类专业研究生的占比持续增大。课程改革打造出了一支面向农业电气化国家一流专业建设的课程思政专业教师队伍，形成了一定的示范效应，为后续推进国家一流课程思政专业教师队伍建设提供了有益经验。

"嵌入式系统及应用"课程思政教学示范课程案例

（电气信息工程学院　王博　黄永红　贾好来等）

一、 课程简介

"嵌入式系统及应用"是一门核心专业课，在课程体系中起到承上启下的作用，课程内容抽象且知识点较多，具有较强的理论性和实践性。

二、 教学内容与教学设计

为培养学生树立正确的价值观，实现立德树人，课程挖掘内在思政资源和元素，采用隐性渗透式、课堂讨论式、专题嵌入式等教学方法进行思政教学设计，结合 MOOC 课程、翻转课堂等现代教学技术和手段，将知识传授与育人进行深入融合，激发和提升学生学习兴趣和学习动力，实现在潜移默化中对大学生进行思想政治教育。"嵌入式系统及应用"课程的地位及教学目标见图 6-8。

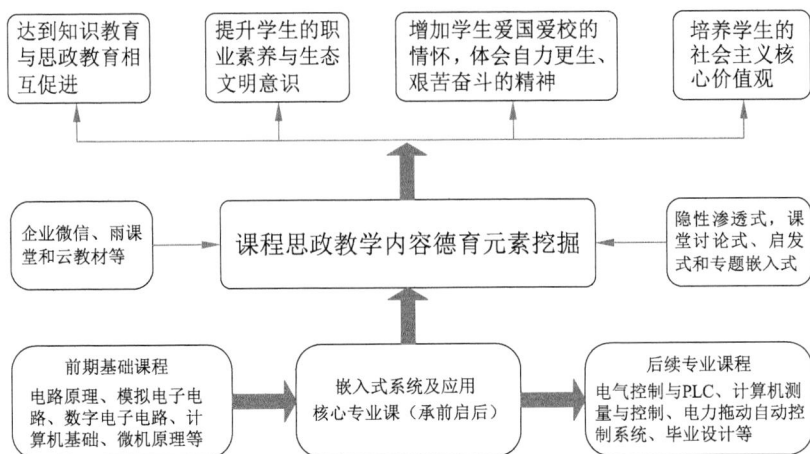

图 6-8　课程地位及教学目标

1. 坚持党的领导地位的必要性教育

讲解"中央处理器 CPU 绝对核心地位"知识点时，将"坚持党对一切工作的领导"（见图 6-9）这一中国特色社会主义基本方略融入教学中，使学生认识到"坚持党对一切工作的领导"是决定党和国家前途命运的重大原则问题，是实现中华民族伟大复兴的根本保证。

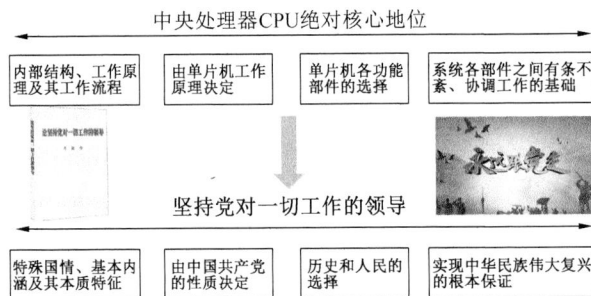

图 6-9　坚持党的领导地位德育元素

2. 爱国主义、理想信念德育元素感召力

讲解"嵌入式单片机及中央处理器 CPU 发展史"知识点时（见图 6-10）将"中兴事件"这个典型例子用作爱国主义、理想信念德育元素，激发学生对国家和民族的责任感和使命感，使学生认识到"中兴事件"既是一次教训，更是一种启示，提醒我们必须以强烈的责任心和紧迫感，立足国情，刻苦学习专业知识，艰苦奋斗，勇挑重担，为真正实现中华民族伟大复兴的中国梦奉献一份力量。

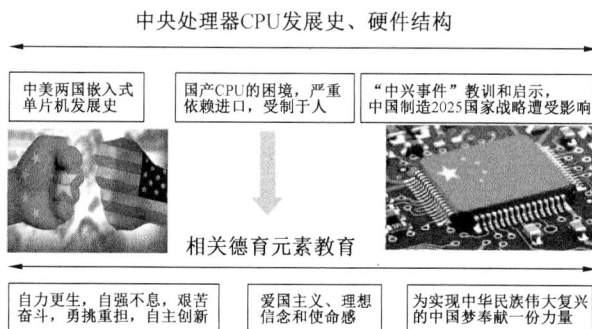

图6-10 爱国主义、理想信念德育元素

3. 合理开展大学生活职业规划教育

讲授嵌入式单片机中断系统时（见图6-11）将中断优化级的概念与大学生职业规划体系相融合，引导同学们根据自身的情况合理规划好大学生活，使自己的大学生活过得充实完美，谋求更好的发展，同时也为国家、社会和所服务的行业做出应有的贡献。

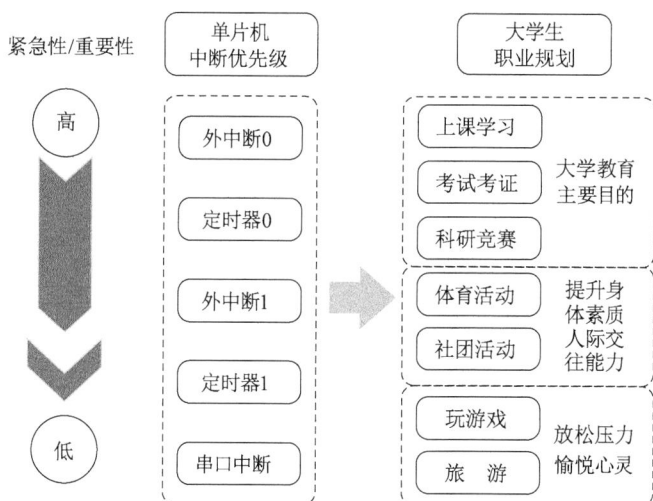

图6-11 职业生涯规划教育德育元素

课程思政各知识点教学内容如表6-3所示。

表6-3 "嵌入式系统及应用"各知识点教学内容

学　院	电气信息工程学院	课程名称	嵌入式系统及应用
授课教师	王博、贾好来	授课班级	电气工程及其自动化17级
课程思政教学案例			
教学切入点	德育元素	内容、方法及实施过程	
单片机中央处理器	"不忘初心、牢记使命"之坚持党的领导地位	结合教学内容,将"坚持党对一切工作的领导"这一中国特色社会主义基本方略融入实际教学中,以线上讲授与演示为主,并有机融入网络教学,进行线下讨论交流,直播互动远程答疑。	
嵌入式单片机发展史	爱国主义、理想信念、使命感和艰苦奋斗精神	结合教学内容,搜集相关视频,使学生了解嵌入式单片机发展史,同时将"中兴事件"这一典型案例引入教学中进行讨论,激发学生对国家和民族的责任感和使命感,培养学生的家国情怀。	
单片机中断技术概述	拥抱美好未来的大学生职业生涯规划教育	授课过程中采用课堂讨论式教学方法将中断优化级的概念与大学生职业规划体系相融合,对学生进行职业生涯规划教育,引导学生根据自身的情况合理规划好大学生活。	
单片机结构体系	整体与部分的辩证关系原理	结合教学内容,采用隐性渗透式教学方法自然地引出整体与部分的辩证关系原理这一哲学观点,以上课教师讲授以演示为主,课后布置相关作业并上交。	
单片机内部结构	集体荣誉感和团队协作精神	结合教学内容,召开专题讨论交流会,对学生进行团队协作精神教育,使学生理解团队协作精神的重要性,培养学生良好的集体荣誉感和团队协作精神。	
单片机在线仿真调试	抗挫能力、工匠精神和牢记初心	实验仿真过程中,部分同学对调试不适应,有畏难情绪,适时开展专题研讨会,引入学长们学习单片机的经验和心得,强调"工匠精神"和"科学精神"的可贵,指出"工匠精神"和"科学精神"是我们人区别于一般生物的所在,每个人都具有,并不"高大上",需要把自己内在的潜力挖掘出来。同时向学生强调"责任意识"和"纪律意识",要求学生从基本的"准时到实验室—保持实验室卫生—完成自己的代码—调试自己的电路"做起,逐步养成良好的实验习惯和编程习惯。	

三、 教学成效

课程加入思政元素后，充分激发了学生的上课积极性，广受学生欢迎，线上教学频频"送花"，线下教学抬头率明显提高。同时，课程初步做到了知识教育与思政教育的同向同行，将知识传授与育人进行了较为深入的融合，达到了知识与思政教育相互促进的教学目标，取得了较好的教学效果。也为其他理工类课程课堂教学中的"全员育人、全过程育人、全方位育人"提供了参考和借鉴，从而达成价值引领知识教育。

"电气控制与 PLC 应用" 课程思政教学示范课程案例

（电气信息工程学院　项倩雯　黄永红　刁小燕等）

一、 课程简介与课程思政育人目标

"电气控制与 PLC 应用"是江苏大学一流课程，也是国家一流专业——电气工程及其自动化专业的核心课程。教授电气控制与 PLC 控制器技术，工程实践性强，学习内容较抽象，需要选择较有教育意义的授课内容与实践项目作为教学单元，将该课程选为课程思政教学示范课意义重大。

为落实立德树人的根本任务，深入挖掘教材中的思政元素，提高学生对课程的学习质量，以培养爱国主义精神、团结协作精神、精益求精的工匠精神，提高社会责任感与职业素养为思政育人目标，触发学生的文化自信，帮助学生树立科学的发展观。

二、 课堂思政教学内容与教学设计

本课程以掌握继电接触式控制系统、PLC 控制系统设计方法为授课内容，以应用 PLC 解决复杂电气工程问题的技术为能力培养，将授课知识为载体融入思政元素，以社会主义核心价值观要求为育人导向。

课堂思政教学内容与教学设计如表6-4所示。

表 6-4　课堂思政教学内容与设计

教学周次	授课内容	契合点	思政元素	融入方式
2	C650 型卧式车床电气控制电路分析	电气控制图阅读方法、电气控制图工作原理	电气工匠精神遵守标准的职业素养	视频展示案例讲解
3	PLC 发展与应用	国际与国内 PLC 发展历程与现状的不同	爱国主义情怀	视频展示关联讲解
5	定时器与计数器扩展程序设计	定时器、计数器当前值的变化规律	团队合作意识集体主义教育	视频展示实操训练
6	多台电动机顺序起停控制系统设计	电气元器件选型、分组讨论	绿色环保发展理念勇于克服困难的品格	关联讲解实操训练
7	十字路口交通信号灯PLC 控制	调试过程、分组讨论	安全意识、求实精神	视频展示案例分析

三、 教学方法与手段改革

思政元素嵌入专业课程，实现寓"道"于教，体现在教学过程各个环节。

首先，将思政教育内容编入课程大纲。

其次，最大限度发挥课堂主渠道功能，引入启发探究法、案例法、类比分析法、分组讨论法等多种教学方法，结合多媒体、视频、雨课堂等多种教学手段使课堂成为以学生为主体的学习阵地。

再次，在课间、课后和实验等各个环节借助新媒体、互联网、学科竞赛等多种途径全方位、立体式展示科技人员与同龄人在电气工程领域付出的努力、专注与创新，引领大国工匠精神。

最后，改革考核体系，将职业素养纳入课程考核，保障思政教学效果。

四、 主要特色与创新点

针对目前电气工程专业课思政教育缺位、案例缺乏的问题，从丰富教学内容、创新教学方法、改革考核体系这三个方面探索思政元素内涵与融入途径，实现价值塑造、能力培养和知识传授三位一体的教学目标。

"自动控制原理"课程思政教学示范课程案例

（电气信息工程学院　丁世宏　马莉　於鑫等）

一、 课程简介与课程思政育人目标

"自动控制原理"课程是所有工科专业的专业基础课，是以"反馈"为主线研究自动控制技术的基础理论，最终实现控制"系统"的目的，涉及我国几乎所有的高端装备制造领域。通过本课程的学习，使学生能够正确理解和运用课程的基本概念和理论，掌握一套较完整的分析、设计自动控制系统的方法。通过思政教学，让学生了解老一辈科学家的爱国情怀，当前我国面临国外的"卡脖子"技术封锁，以此激发学生学习报国的爱国情怀。

二、 教学内容与教学设计

通过三点引入思政理念或元素。首先，绪论部分通过引入钱学森的"工程控制论"，向学生阐述《自动控制原理》在国防科技中的重要性，增加课程的深度和广度，把爱国主义教育前面融入课堂教学。其次，在讲解 PID 控制器时，通过国内和国外机床的性能对比，引入"稳态误差"的概念。让学生了解我国机床制造和国外的差距，在国际与国内的对比中加强爱国主义教育。最后，让学生了解到课程中所有主要内容都由国外学者提出的事实，要立志把曾经国家之间的"差距"转变为我们国家现在在一些方面超越发达国家的领先"优势"，并将这种主观感受传授给广大学生，不断增强广大学生对社会主义道路的道路自信，对我国改革开放的高度认同。

三、 教学方法与手段改革

教学方法与手段改革方面，主要是人物传记、历史发现与知识点教学相结合。在介绍"工程控制论"时，向学生讲解"一个人抵得上美军五个师"的历史典故，以及钱老回国从事的事业所涉及的"自动控制"知识，进而引出要讲述的内容。在讲解"稳态误差"概念时，播放德日机床和我国自主研发机床的控制性能差异的视频，让学生了解到什么才是真正的"高精度"控制。同时，列出国内外目前的主要差别，卡脖子技术主要体现在哪几个方面，与"自动控制"相关的技术有哪些，提高学生的关注点。通过这些教学方式的改革，可以有针对性的提升学生对"自动控制"的关注度，潜移默化了学生对我们在自动控制方面的"短处"的理解，增强了课程思政的效果。

四、课程思政的主要特色、创新点和教学成效等

本课程中课程思政的主要特色和创新点在于，一方面，通过引入钱老的"工程控制论"及其家国情怀，在强调课程的重要性的同时，对学生进行爱国主义教育；另一方面，通过国内国外的相关技术对比，并通过列举"卡脖子"事例，体现了刻苦学习的紧迫性和必要性，进而激发学生努力学习的热情。

通过在自动控制原理课程教学过程中引入课程思政起到了显著的教学成效。其一，强调了这门课程的重要性，让学生带着压力来学习，提高了学习效率。其二，让学生意识到了自动控制领域国内外的技术差距，增加了学生的爱国主义情怀，激发了学生的雄心大志。

"计算机控制技术"课程思政教学示范课程案例

（电气信息工程学院　高国琴　方志明　陈兆岭等）

一、课程简介

"计算机控制技术"是自动化专业的一门理论性与实践性都很强的专业课，也是本专业的主干课程之一，它建立在电路、模拟电子技术、数字电子技术、微机原理及应用、自动控制理论等先修课程知识的基础上。通过本课程的学习，使学生掌握各类计算机控制系统硬件的基本原理、构成、接线方式，以及控制算法设计和软件的编程方法，为学生毕业后从事计算机控制系统相关工作打下理论及实践基础。

二、 课程思政育人目标

通过挖掘专业理论中的哲学思想和德育元素，进行课程内容的顶层设计，引导学生形成正确的世界观、人生观、价值观，培养学生大工程观，力求在讲课时将思想政治教育自然和谐地引入专业课学习，增强思想政治教育的亲和力与感染力，给学生带来真实的体验感与获得感，起到润物无声地提高学生思想水平、政治觉悟、道德品质和文化素养的作用。

三、 教学内容与教学设计

积极挖掘课程内容中的价值观，在专业知识讲授的同时让学生深入思考做人的道理。例如：通过计算机控制系统基本要求，引导大学生弘扬正能量。计算机控制系统由控制装置和被控对象组成，控制装置由控制器、执行器和检测变送器组成。计算机控制系统调节机理是偏差调节，控制装置对被控对象施加的控制作用是取自被控对象的反馈信息，用来不断修正被控量与输入量的偏差，从而实现对被控对象进行控制。

一个好的控制系统离不开可靠的控制器、执行器、检测变送器，这三者既要完成各自的功能，又要紧密合作。思政映射"在其位要谋其政""铁路警察要各管好一段""爱岗敬业"，完成好本职工作，控制决策者要"一切从实际出发""没有调查就没有发言权""实事求是""实践出真知"，同时又要求三者通力合作，缺一不可，体现了"合力的作用""团结就是力量""家和万事兴""和谐社会"等，也体现了"部分与整体""个人与团体"的关系。

四、 教学方法与手段改革

开展基于 CBL 的教学改革，将机器人计算机控制系统的设计过程贯穿整个课程教学，课程结束后，完成具体一个机器人计算机控制系统整体方案的软硬件设计。过程中鼓励学生自主创新，也要遵循原则、守住底线，要有平等互信意识、道德意识、法律意识，遵守社会公德，遵守行业的标准、规范。

五、 课程思政的主要特色、 创新点和教学成效等

本课程思政的主要特色和创新点是把培养学生解决实际工程问题的能力与

思政培养进行了有效的结合。经过两年的实践，不仅提高了学生解决实际工程问题的能力，也改善了学生的思想态度。

"数字电子技术"课程思政教学示范课程案例

（电气信息工程学院　王振宇　陈勇　唐平等）

一、 课程简介与课程思政育人目标

"数字电子技术"课程是电气工程、电子信息、自动控制、测控、机电及其应用等专业的主要基础课程，课程既具有很强的理论性、系统性，又有很强的工程性、实践性。主要教学内容包括：数字逻辑基础知识、电路及电气特性、组合逻辑电路的分析和设计方法、触发器、时序逻辑电路的分析和设计方法、脉冲产生整形电路、存储器和可编程逻辑器件及模拟量与数字量间的转换。在学生系统地获得数字电子技术方面的专业知识的同时，将注重培养学生应用数字电子技术思考、分析、解决实际设计问题的能力，为今后开展工程实践训练和后续课程学习打下坚实的理论基础。

课程着力加强隐性思想政治教育的理念，以课程受众的课堂教学为主阵地，在课程教授内容过程中潜移默化，将思政元素寓于、融入专业基础课教学过程，实现传授与价值引领相结合，达成课程与思想政治理论课目标一致、同向同行，真正形成育人合力。

通过融入课程思政，初步培养起学生从事电气、电信工程领域的职业道德、社会责任感、科学人文及工程素养，主动和国际科技发展接轨，跟踪、发展新理论、新知识、新技术，拓宽电子信息领域的国际视野。

提升电气、电信类专业学生群体的政治觉悟，让学生形成较高层次的科技理性认同，提高辨别是非能力，在大是大非面前态度鲜明、立场坚定，始终在政治立场、政治方向、政治原则、政治道路上，同以习近平同志为核心的党中央保持高度一致，强化使命担当意识的培养。

二、 教学方法与手段改革

1. 深入挖掘本课程的思想政治教育元素

在传授数字电子技术知识、培养学生综合电子技术能力中，将弘扬社会主义核心价值观融入课堂教学，传播爱国爱党、积极向上的正能量，培养科学精神、工匠精神，将思想价值引领贯穿课程方案、教学计划、备课授课、教学评价等教育教学全过程。

2. 思政要素突出理论联系实际

按照课程 8 个章节，找出与当前科技发展紧密联系的内容知识点，建立系列化的思政教育案例库，案例应有效结合社会热点科技问题、专业领域内重点关注问题，或电子芯片技术科技界先进性人物和事迹，突出社会主义核心价值观教育和职业精神培养。

举例：让半导体可以"变平房为高楼"，还可以使晶体管缩小到 1 纳米；用辩证法的否定观来分析半导体器件在数字电路中的作用，引导学生正确看待事物发展的新方向，坚持量变与质变相统一，做到创新从基础做起，一步一个脚印。

3. 安排课程知识融合思政的专题讨论。

按照授课知识点，搜集提炼国家的、民族的电子科技发展现状相关的问题，组织教学班开展资料检索、观点争鸣、问题反思等，引导学生对我国科技发展的深层次思考，激发学生的爱国热情和建设祖国的动力。

三、 课程思政的主要特色、 创新点和教学成效

1. 主要特色

（1）追踪先进电子技术领域前沿的最新技术

网络时代，学生获取当今科技发展的信息的途径广泛，课程恰好能发掘基础理论和新技术的交叉点，既紧密联系实际，又让学生感兴趣，可以因势利导，课程教育教学效果事半功倍。

（2）构建思想元素、综合电子素养课、基础理论三位一体的"数字电子技

术"教学格局

教学内容"思政"。具体讲授课程内容时，通过引入国内外先进思政案例，如"卡脖子问题"、学校科技竞赛等实例，结合电子工程学院特色，展望人工智能、机器人等前沿技术，并对所带来的社会及伦理问题进行讨论，激发学生的多维思考，对学生进行熏陶和教育，提高学生创新能力。

教学大纲"思政"。将思想教育融入课程标准，综合数字电子技术课程特点和德育内涵，课程组修订了原有的数字电子技术教学大纲，将思想政治教育融入课堂教学中。

教学方法"思政"。对接课程实践要求，改革实验指导方式，采用多种教学方法，将实践、能力、思考的思维引入教学过程中，并改进课程评价体系。打破以卷面成绩为主、出勤加上作业成绩为辅的惯用考核依据，把职业道德精神和职业伦理同实践教学环节紧密衔接，引导学生真正融入思政教育。

2. 创新点

线上线下混合式教学中融合思政教育；完善课程评价，将思政元素真正落实到课程考核中。

3. 教学成效

（1）提升教学手段，凝练教学成果

通过教学方法、手段、项目设置及改进等方面的改革与探索，激发和培养学生的学习兴趣；逐步加大"PBL"教学模式的课堂教学中的比重；通过课内讨论、课外项目制作、各类电子设计竞赛等各种形式，为学生提供实践环境。建立数字电子技术课程网站，开放面向数字电子技术课程含图片、视频、三维动态模型的多媒体教学资源库。依托电子课程设计环节，开展数字电子技术电子线路综合设计。

（2）学生在课程学习中广泛受益

利用超星在线教学平台实现混合式教学，以尊重学生体验为前提，打破严肃、抽象的教化式言说方式，紧扣时代发展、回应学生关切，借助弹幕、短视频、讨论等板块升华互动，并以大学生喜闻乐见的网络话语及柔性方法，促进其正确价值观的形成与发展，在潜移默化之中完成全过程育人。

通过专题教学法，渗透思政要点，"课程思政"尝试将零散的思政教育元素整合为若干既各自独立又相互联系的专题，系统地渗透到课程的每一个知识单元，给学生带来耳目一新的学习感受，增进其主动学习的欲望与兴趣。

课题组全面开展课程思政集体备课活动，发挥团队合力。在课程教学过程中，传播爱党、爱国、积极向上的正能量，弘扬社会主义核心价值观，将思想价值引领贯穿于教学计划、课程标准、课程内容、教学评价等主要教学环节，有效提升课程思政教学效果，学生得到广泛受益。

"微生物学"课程思政教学示范课程案例

（食品与生物工程学院　侯靖）

一、 课程简介与课程思政育人目标

"微生物学"是系统论述微生物的形态结构、生理生化、生长繁殖、遗传变异、生态分布、传染免疫、分类鉴定及微生物多样性的一门课程。课程的教学目标包括价值引领、知识传授和能力培养三个层面，在专业知识教学过程中，整合和融入德育目标。价值引领目标具体包括：（1）引导树立唯物主义世界观、可持续发展观、社会主义核心价值观；（2）培植爱国情怀，提高民族自豪感，增强文化自信；（3）培养实事求是的科学精神与严谨的科学态度；（4）培育学生吃苦耐劳、敬业奉献的职业素养和团队合作意识；（5）引导学生把个人理想追求自觉融入国家和民族事业中。

二、 教学设计与教学方法

围绕达成价值引领、知识传授和能力培养三位一体的教学目标，"微生物学"课程思政教学设计的总体思路是精选内容、隐形融入、达成目标。在课程设计总体思路的指导下，全面且充分挖掘了 30 个教学内容与思政教育契合点，坚持思政元素隐形融入，重构课程教学内容，将思政教育贯穿整个教学过程，设计完成了深度融合思政教育元素的线上线下混合式教学方案，增强"课程思政"的说服力、亲和力和有效性，达成教学目标。

以我国在微生物学发展史上做出的重要贡献、中国传统发酵食品案例分析、科学前沿案例分析三类思政教学内容为思政教育主线，立足科学前沿，

历史与现实相结合；将思政教育隐形融入知识讲授中，引导树立正确的世界观、人生观和价值观；培植学生爱国情怀，提高民族自豪感，增强文化自信；激发学生为国家科学进步与发展奉献青春的责任心和使命感；培养学生团队合作意识，思维缜密、科学严谨的工作态度及吃苦耐劳、求真务实的科学精神。

微生物学课程采用线上线下混合式模式开展教学，线下课堂采用翻转课堂、小组讨论、研究专题等形式激发学生学习兴趣，潜移默化地对学生进行思政引导；线上课堂通过名人故事、学习视频、自由讨论等形式强化德育元素的浸润作用，全面提升课程育人水平。

三、 主要特色、 创新点和教学成效

本课程思政教学的主要特色和创新点是多模式、多手段结合。将特色案例分析、研究专题引入课堂，采用翻转课堂、线上线下混合式教学模式将思政元素隐形渗透式融入课堂，丰富了教学内容，充分提升了学生学习的主动性和积极性，提高了学生的专业素养，实现了"润物细无声"的思政教育，做到了传授知识与引领价值观统一，得到了学生的普遍认可。

"食品营养学" 课程思政教学示范课程案例

（食品与生物工程学院　祝莹）

一、 课程简介与课程思政育人目标

"食品营养学"课程是食品质量与安全专业的核心课程，是以"基础营养知识—食物营养—人体营养—改善食物和人体营养"为主线，主要研究食物、营养与人体健康的关系。课程在培养应用型、创新性、科学性的人才方面起到至关重要的作用。

通过课程思政，使学生掌握食物的消化与吸收、能量与营养素、营养与健康的关系等基础理论知识；培养学生具有从事食品工业生产管理、营养产业生产管理等工程技术能力，为改善我国居民的营养状况、保障食品安全服务的能力；培养学生关注人民健康、增强职业道德和素养，具有社会责任感和使命

感；将营养学知识与日常生活紧密融合，培养正确的生活方式，树立正确的人生观和价值观。

二、 课程思政教学设计

"实施健康中国战略"是国家发展基本方略中的重要内容，人民健康是民族昌盛和国家富强的重要标志。这体现了我们党对人民健康重要作用的认识达到了一个新的高度。基于此，食品营养学的教学首先将中国源远流长的饮食文化和食疗文化融入课程教学中，激发学生的爱国热情和民族自豪感；其次，从营养学基础理论入手，深入探讨平衡膳食的意义及膳食与健康的关系，让学生服务社会和家庭，培养学生的家国情怀和社会责任感；最后，从热点营养学话题入手，加强学生对道德底线的认知，增强行业素养，做遵章守法、有良知的食品人。

三、 教学方法与手段改革

采取多元化教学模式和方法，将思政教育与课程内容高度融合，体现以学生为中心的教育理念。开展基于超星泛雅平台的线上、线下混合式教学，采用PBL、翻转课堂和案例教学等教学方法，坚持把立德树人作为中心环节，把思想政治工作贯穿教育教学全过程，实现全程育人、全方位育人。

提高授课教师的思政水平，强化教学团队教师立德树人意识，营造课程思政氛围，强化"以课程为载体，以立德树人为根本"课程思政精髓，做好学生的榜样示范。

四、 课程思政的主要特色、 创新点和教学成效等

将食品营养学课程思政效果与 OBE 背景下毕业要求的指标点有效统一。严格执行 OBE 教学理念，强调以学生产出为导向。

采用多元化的教学方式实现课程目标的达成，学生不仅将自己所学营养学知识充分应用，同时也体现出自己的责任感和使命感，也充分表达出爱家、爱民族、爱国家的情怀。

"生化分离技术综合实验" 课程思政教学示范课程案例

（食品与生物工程学院　王宁　王云　白娟）

一、 课程简介与课程育人目标

"生化分离技术综合实验" 课程主要是为了指导学生实践分离纯化生物活性物质的各种技术，将理论课程学习中的知识应用到实际的实验工作中，通过理论联系实际来深化对生化分离技术和工艺的理解和运用，是生物技术专业的一门必修课程。

课程思政目标为培养学生创新精神、提高生命健康产业道德素质、大国工匠精神、强化爱专业、爱行业、爱国家的家国情怀。

二、 课程思政教学设计

教学内容涵盖细胞破碎、酶提取、纯化、层析柱制备、层析分离、酶活检测、聚丙烯凝胶电泳等七个实验部分，以层析分离制备酵母蔗糖酶纯品为实验目标，前期一周线上布置讲解实验要求、实验室现有条件、实验目标，教师答疑介绍国内外相关实验技术和材料，学生分组竞赛提出试验方案，即小组自己设计实验方案，提出材料购买清单、制定实验时间安排，教师负责检查和公开集体点评，录取公布每次实验最后的优胜方案，推广实行。最后根据实验过程和结果进行最后的总结和讲评。

三、 教学方法与手段改革

创新点主要体现在线上线下混合式进行实践教学，线下实践及实验采用以问题为导向的 PBL 教学，改变常见的老师准备试剂，讲实验方案，而是翻转课堂，由学生自学实验指导手册、制定实验方案；教师课堂讲评；学生准备和动手摸索完成实验，教师负责前期导，中间讲重点，把关实验细节，最后讲评实验结果，根据课堂反馈完成教学效果评估总结和后续改进。

通过中外生化分离技术、产品比较，让学生自己感受祖国的科技发展强化

"四个自信"，激发学生的爱国精神；通过动手摸索解决问题提升学生的创新意识和创新思维，只有参考资料，没有固定实验套路；老师严格进行实验方案点评和精选，在课前做好线上为学生答疑解惑和检查学生的方案设计及实验准备，用严谨细致的工作以身示范引领学生形成细致科学的工作意识；通过最后的集体评优点评实验结果，激发学生的学习热情，深化学生对专业和生化分离产业的热爱，关注医药卫生产品分离加工中的工艺难点和要点，为将来服务社会做好知识储备。

四、 课程思政的主要特色、 创新点和教学成效等

课程思政的主要特色，重视思想意识引导、根据理工科实践教学的实际，用行动说话；充分发挥线上教学的优势，全程指导，落实三全育人的精神，以情感人。

创新点：以思政教学点睛实现立德树人的高质量教学目标；以混合式教学＋翻转课堂的做法以行动培养学生的学习兴趣和专业、产业感情，切身体会生命健康产业的重要性和对社会的重要影响。

"安全人机工程" 课程思政教学示范课程案例

（环境与安全工程学院　朱方　杜道林　赵路遥等）

一、 课程简介与课程思政育人目标

"安全人机工程"是安全工程专业的主干课程之一，课程从解决"人"与"机"之间界面关系的角度，研究导致劳动者伤亡疾病等不利因素的作用机理和防控措施依据等，同时为工程技术设计者提供"人"的各种理论参数和要求，从而在实现生产效率的过程中确保劳动者的安全。课程通过讲授人机工程学在中国载人航天工程中成功应用的案例，使学生在学习中能够将"安全人机工程"的课程内容和航天精神有机结合，促进学生形成无怨无悔的奉献精神、精益求精的工匠精神、顽强攻坚的战斗精神，增强学生实现中国梦的崇高精神力量。

二、 教学内容与教学设计

以"航天精神引领中国梦"作为课程思政的纲领，系统挖掘课程的思政元素。主要选择了三方面的题材：一是中国航天员的选拔，内容对应于课程中人体的人机学参数、人的生理心理因素；二是航天员成功执行飞行任务，内容对应于课程中人的心理因素及生物力学特性；三是介绍神舟飞船内部人机环境，内容对应于课程中安全人机功能匹配、人机系统的安全设计与评价。这些题材生动有趣，与课程内容关联紧密，既能实现思政教学目标，又能"润物细无声"地将知识学习中融入理想信念层面的精神指引，实现核心价值观融入课堂教学。

三、 教学方法与手段改革

教学中注重教学手段革新。教学模式方面，采用案例教学、互动式教学，以及学生自学、讨论、练习、角色扮演等多形式的互动教学方法，开展以学生为中心的个性化教学、探究式教学和翻转式教学等，摒除"一言堂""满堂灌"。为保证课程思政的教改效果，配套采用多元课程考核方式。将客观量化打分与主观效果评价结合起来，打破学习成绩仅由考试成绩单一构成的模式，加大形成性评价在总成绩中的占比，通过学生平时上课的表现、综合作业的完成情况反映课程思政的学习效果，以科学评价提升教学效果。

四、 课程思政的主要特色和教学成效

经过课程思政改革，实现了"教学相长"的局面：

形成了良好的学风，提高了学习主动性。推动了专业知识教学与思政教育紧密结合，增加了教学内容的"两性一度"，学生的"抬头率"明显提高，培养学生解决复杂安全工程问题能力的同时，帮助学生形成正确的世界观、人生观、价值观。

促进教师深入学习。教改促进教师学习，"安全人机工程"入选江苏大学课程育人示范教学设计名单；授课教师获评第一届全国高校安全科学与工程青年教师教学大赛优秀奖、江苏大学第十届教师教学竞赛优秀奖，参编普通高等

教育"十三五"规划教材《安全人机工程学（第2版）》。

"环境微生物学"课程思政教学示范课程案例

（环境与安全工程学院　许小红　朱姗颖　杜道林等）

一、 课程简介与课程思政育人目标

"环境微生物学"在介绍基本的微生物学知识和研究方法基础上，重点介绍微生物学在环境科学和工程领域的应用，帮助学生正确认识和理解环境微生物学发展对环境科学和工程的影响，为学生今后从事环境科学和工程的研究与应用打下基础。

结合学科发展史及环境微生物学的知识内涵，从世界观、人生观、价值观、民族观和自然观等多方面着手，将思政教育元素与专业知识自然有机结合起来，培养学生强烈的社会责任感和良好的职业道德，具备严谨的科学思维和思辨能力，增强民族自信和文化自信，提升爱国主义情怀。

二、 教学内容与教学设计

根据课程内容所蕴含的思政教育元素和所承载的思政教育功能，利用社会热点问题、知名科学家事迹等，将其融入课堂教学之中，通过"课前预习—课堂讨论—课后反思"的混合式教学模式，寓于日常教学实践，实现对学生进行全方位"成才先成人"的引导。课程主要介绍环境微生物发展史及微生物在人类生活生产中发挥的作用，其思政引领主要体现在以下四个方面：（1）提升人文素养：梳理名家事迹，传播正向价值；（2）强化科学思辨：培养科学思维，辩证认识世界；（3）伦理道德教育：遵守职业规范，遵从社会公德；（4）建设生态文明：珍惜资源环境，人与自然共生。

三、 教学方法与手段改革

基于"混合式教学"模式的课程思政教学实施体现在：（1）课前：线上学习。"慕课堂"发布思政案例，学生课前资料收集、整理和总结，制作PPT

课堂汇报。（2）课上：翻转课堂。采用"专题研讨式""案例列举式"等教学方式，导入案例发生背景、科学研究现状、案例发生原因、问题解决者对问题的科学探究过程、科学工作者如何知难而进并坚持职业操守。引导学生学习知识、锤炼心志和养成良好品行。（3）课后：交流反思。同学们课后将自己的看法、问题和感悟发表在网上与大家分享，在相互讨论交流中，传递正向的核心价值观。

四、 课程思政的主要特色和教学成效

1. 线上线下混合，提高学生自主学习和思辨能力

中国大学 MOOC 为学生提供丰富的线上资源，学生对教学内容学习的积极性和主动性提高了，对于思政案例的思考与讨论也表现出极大的热情。

2. 教学相长，提高教师教学育人能力

教师针对性选择教学策略，设计不同层次思政案例；深刻思考如何有效组织学生、如何有效结合理论与实践、如何有效传递核心价值观。教师在学生的疑问中发现自身不足，督促教师努力成为一个真正"传道、授业、解惑"的好教师。

通过不断建设，课程获批江苏大学一流课程建设项目、江苏大学课程育人示范教学设计暨教学改革典型案例、江苏大学微课比赛特等奖；教师获得江苏大学优秀教师等荣誉。

"入侵防御技术及应用"课程思政教学示范课程案例

（计算机科学与通信工程学院　宋香梅　陈锦富　邓渊浩等）

一、 课程简介与课程思政育人目标

本课程面向信息安全专业学生，通过讲授中美黑客大战、疫情期间 APT 攻击等思政教学案例，使学生在学习中能够将网络攻击入侵防御课程内容与捍卫国家网络空间安全、国防安全等思政元素有机融合，促进学生形成"胸怀国家、敬畏技术、责任使命"的核心价值观，增强学生投身国家网络空间主权争夺阵地的使命感和责任感。

二、 课程思政教学设计

密切结合课程特点，收集威胁国家网络空间安全且能引起学生共鸣的典型攻击案例，围绕课程知识点巧妙设计案例引入方式，内化课程思政元素，基于案例推进专业课程内容讲授的同时，将核心价值观教育润物细无声地融入课堂教学，激励学生产生为捍卫国家网络空间主机而学习的强大内驱力。

三、 教学方法与教学手段改革

1. 思政元素案例库建设

从大量曝光的网络攻击事件里，遴选具有代表性的案例，尤其是关系到国家政治、国防安全的典型攻击事件，挖掘安全事件中蕴含的思政元素。如新冠疫情暴发以来，造成影响的疫情题材网络攻击事件及时增添到案例库中；课上利用印度黑客组织针对我国医疗机构和医疗工作领域展开的 APT 攻击案例，除关怀、提醒学生疫情期间注意身心健康外，还警示学生国家重大事件与网络攻击通常相伴相生，让学生明白争夺国家网络空间主权的重要性和必要性。

2. 教学实践

课堂上从对案例的叙述、场景或视频演示等形式开始，引导学生从理性的内容切入，沉浸到遭受网络攻击迫害的情境中，情感从对个人受害升华到国家安全深受威胁的认知上来。通过案例营造积极向学氛围后，循序展开专业课程知识点的讲授和技能实践。

四、 课程思政教学成效

网络攻防与入侵防御具有内容新颖、敏感、知识更新快等特点，专业学习任务异常艰巨，学生学习压力相对较大，但在专业培养方案的整体规划和本课程承担的思政育人分解任务有序执行下，学生学习内驱力得到充分激发，学生一直保持着对专业的学习热情。立足于专业课程，"信息安全兴趣小组"、"弹指间网络安全协会"等以学生为主体的团体长盛不衰，获奖不断，已成为信息安全专业的一张宣传名片，得到《中国教育报》等多家媒体的广泛宣传报道。

"移动互联网开发"课程思政教学示范课程案例

（计算机科学与通信工程学院　朱轶）

一、 课程简介与课程思政育人目标

"移动互联网开发"课程是一门面向移动开发技术的专业课程，目前是通信工程第五学期的专业必修课。本课程紧扣移动开发技术在社会各产业的广泛应用、覆盖面空前巨大这一典型特征，通过引导学生从移动互联网开发人员角度，讨论如何有效利用移动 APP 开发技术去弘扬社会主义核心价值观、传播正能量，进而面向 Android 系统这一外来移动操作系统，引导学生理解国产化的迫切性与必要性。经过教师的精心设计，上述教学元素已经全面融合移动互联网开发课程教学内容，促进学生思考如何让移动互联网技术更好地服务于社会主义建设，增强学生的爱国主义情怀与科技强国的信念。

二、 课程思政教学方法

结合课程具体的教学内容，从思政内容角度：移动互联网时代，网络信息技术的快速发展为推进社会主义核心价值观教育提供了全新传播方式，同时，网络传播方式也给社会主义核心价值观的塑成带来了严峻的挑战。

课程在完成移动开发每个阶段的教学内容后，会设置一个专题讨论，组织学生思考：我们在开发移动应用的过程中，综合运用了多种技术，有国内自主知识产权技术，也有外来技术，面对类似 Android 系统这类外来技术，应该如何看待其技术发展，如何树立国产化的信念，如何为振兴民族科技而奋斗。

如：2019 年 5 月 16 日，美国商务部工业和安全局（BIS）出于政治目的打压，将中国科技企业华为列入贸易特殊名单（实体名单），除非获得特殊批准，否则美国企业不得向华为及其附属公司出售一切重要的技术、配件，中断了华为与诸多美国企业合作。针对华为事件，以及华为自主研发移动操作系统的报道，课程专门组织学生开展深入讨论，思考民族科技独立自强的迫切性与必要性。

三、 课程思政教学成效

推进课程思政教育以来，多样化的课堂教学组织和多样化的思政元素的融入，充分激发了学生上课的积极性，同学们的抬头率也得到了明显的提高，最关键的是帮助学生形成正确的世界观、人生观、价值观，大大增强了学生的社会使命感和主人翁意识。通过"移动互联网开发"课堂中展现的思政元素，学生们对于移动应用开发所承担的正能量传播使命有了深入认识，深刻理解了移动开发技术国产化的必要性，高度树立了科技强国的热情与信心；对民族企业在 IT 领域的科技贡献有了深入了解，广泛建立了民族自豪感；对于当前我国在移动开发领域存在的"卡脖子"问题也有了较深入认识，相当一批学生在课堂讨论、发言中表示要积极投身祖国的科技战线，为建设 IT 强国做出一份贡献。

"渗透测试"课程思政教学示范课程案例

（计算机科学与通信工程学院　陈锦富　殷尚男　宋香梅等）

一、 课程简介与课程思政育人目标

"渗透测试"是信息安全专业一门综合性核心专业课程，综合利用线上线下多样性教学平台，让学生掌握"渗透测试"相关知识和网络攻防技术。通过讲授"黑客"和"红客"攻防思政教学案例，将课程内容与服务国家网络空间安全战略有机结合，促进学生树立正确、科学的网络空间安全观念，增强服务国家的意识。培养有爱国情怀和民族精神的"红客"学生，筑牢网络安全防线，维护社会稳定，保障人民利益，捍卫国家尊严。

二、 课程思政教学设计

本课程教学内容涵盖"渗透测试"概念和方法、漏洞挖掘分析及利用等重要知识点，并通过案例分析，加深学生对核心内容的理解和掌握。在课程中，设计红蓝对抗的"CTF"夺旗竞赛进行攻防技能训练，将学生分成红蓝两队，

在信息安全综合实训平台上，通过解题、对抗和混合三种模式进行攻防技术比拼，综合得分高的队伍获胜。从而培养学生团结协作及爱国护国的"红客"精神，谨记红客原则，使学生成为又红又专的"红客"精英，为维护我国网络空间安全的神圣主权贡献自己的力量。

三、 教学方法与思政改革

本课程主要通过实践、讨论和分析等环节的讲授培养学生攻防技能、团队意识和爱国情怀。主要采用红蓝对抗的"CTF"竞赛教学模式，具体分为以下4个阶段：

通过前期理论课程学习，制定网络攻防题库，相关课程老师在其教学中植入解题模式，将分数情况反馈给学生。从而提升学习积极性，巩固信息安全攻防的基础知识。

结合学生能力，制定攻防技能题目，主要涉及密码学、SQL 注入、跨站脚本攻击 XSS、代码审计等。在 48 小时内完成该教学内容，允许课余时间完成，以准确率作为评分标准。

学生分组，各组在攻防平台配置并加固自己的服务器，在规定时间内渗透此轮比赛中任意服务器，有获取对方服务器信息越多得分越高和篡改对方网站内容越多得分越高两种评分方式。从而加深学生对网络攻防技术的认识和应用。

获胜团队分享比赛中采取的攻防技能、思想变化及"黑客"和"红客"的区别。任课老师列举我国网络空间安全案例，讲解国家对"红客"精英的期望，鼓励学生积极加入国家"红客"战线，保卫国家网络空间安全信息系统。

四、 课程思政教学特色与成效

本课程结合多种教学模式，激发了学生兴趣，培养了实践反思能力，达到了很好的思政教学效果。近年来，培养出了全国大学生信息安全竞赛一等奖和多名网络安全专家。一大批毕业生进入了国家安全、公安、检察、法院等国家政府和安全部门，成为热爱祖国、坚持正义、惩奸除恶、开拓进取的真正"红客"。

"程序设计基础"课程思政教学示范课程案例

（计算机科学与通信工程学院　潘雨青　曹汉清　李雷等）

一、 课程简介与课程思政育人目标

"程序设计基础"课程是计算机类专业的程序设计入门课程，是重要的专业基础课和必修课，计算机类专业的核心课程之一，本课程共有4个学分，80学时，其中理论48学时，实验32学时。本课程使学生能够熟练地使用一种程序设计语言，设计基本算法和程序，解决数学、物理和实际问题，同时促进学生在程序设计中养成良好的程序设计习惯，养成严谨认真、精益求精、追求完美、勇于创新的工匠作风。

二、 教学内容与教学设计

教育的任务是"立德树人"，是培养德智体美劳全面发展的社会主义事业的建设者和接班人。程序设计是一门专业基础课，具有严谨、规范、高效的特点。

首先是培养学生严谨认真、精益求精、追求完美、勇于创新的工匠作风。从程序书写开始，从标识符的命名开始，培养规范的书写习惯，对程序精雕细琢培养精益求精的作风，一题多解，注重算法效率，提高程序的完备性，培养追求完美的作风，鼓励发现问题，不断创新。

其次是和美育相结合。诗歌、成语是中国优秀文化的代表，程序设计的很多场景可以引用，徐志摩的"再别康桥"应用可以恰到好处，指针的访问引用"顺藤摸瓜"非常形象。

再者是与爱国主义教育相结合。讲解递归程序中加深同学对国徽的深入了解，讲解十大顶级程序员之一章亦春学长的故事激励学生增长信心，爱校爱国。讲解递归分形中海岸线测量的尺度问题，帮助同学树立正确的价值观。

不同的思政元素通过恰当的形式表现出来会有很好的效果，通过图画展现国徽、天安门的宏伟和庄严，通过吟诵可以深刻领会诗歌的韵味，通过对比展现尺度的重要。

三、 教学方法与手段改革

教师一直坚持板书和多媒体并重的方式，利用黑板进行过程的推导，多媒体进行 PPT 展示，开发环境进行仿真验证。学生利用 MOOC 平台进行课前课后自学，利用在线评测系统进行编程题目的在线评测。通过多媒体展示图表、教师课堂吟诵诗歌、评价系统规范程序设计保证思政的效果和质量。

四、 主要特色

培养"工匠精神"与课程内容结合，重点突出，贯穿整个课程。培养学生具备严谨认真、精益求精、追求完美、勇于创新的工匠精神是该课程思政的核心工作，从课程的第一章到最后一章，从课堂和实践，从平时作业和课程设计，都在不断地培养学生的工匠精神。

多种思政元素与教学内容融合，春风化雨，润物细无声。在课程中恰如其分地引入诗歌、国徽等思政元素，避免了生硬、说教式的思政。不仅增加了思政教育，而且丰富了课堂内容，提高了学生学习的兴趣。

"数学教育学"课程思政教学示范课程案例

（数学科学学院　宋晓平　陈文霞　高安娜等）

一、 课程简介与课程思政育人目标

本课程为数学与应用数学（师范）专业核心课程，融入课程思政内容后，在两轮授课基础上整理形成"数学教育学中课程思政的方法与实施"系列微课。

课程思政育人目标：

（1）以师范生发展为本，立德树人，提升数学课程思政能力。

本课程以学生发展为本，落实立德树人根本任务，融入社会主义核心价值观教育；促进师范生理解课程思政的育人价值，提升课程思政能力。

（2）优化课程结构，突出课程思政主线，培养师范生课程思政意识。

优化"数学教育学"课程结构，发展师范生数学课程思政意识，为师范生学会实施课程思政提供挖掘思政元素方法、掌握课程设计和实施课程思政的策略。精选课程内容，处理好学科知识与思政内容之间的关系，强调数学中蕴含大量的思政元素，提升挖掘、设计与实施的能力。

（3）理解课程思政协同育人理念，增强师范生使命感。

课程思政是为了实现各类课程与思想政治理论课同向同行，未来教师在培养社会主义事业建设者和可靠接班人、实现中华民族的伟大复兴中发挥着巨大的作用。

二、 教学内容与教学设计

（一）教学内容

我们遵循"科学性、育人性、有效性"的原则，挖掘"数学教育学"课程中蕴含的课程思政的内容，结合"数学教育学"课程特点，采用"渗透方式"教学设计，在日常教学中潜移默化地开展课程思政教学。课程内容主要包括爱国主义情感、唯物辩证法观点、理性精神和创新意识、数学文化与美的陶冶等。

（二）教学设计

教学设计贯穿"知识—能力—思维—价值"四维一体的设计理念，实现以学生为中心的教与学，达到知识传递、能力培养、思维提升和价值塑造之目标。

利用好各种渠道的教学资源，发挥好新型教学模式和教学手段的作用，真正以学生学习为中心，根据认知神经科学和行为设计学的基本规律，架构出知识传递、能力培养、思维提升和价值塑造一体化的高质量课堂教学，真正帮助学生唤醒内在的好奇心和求知欲，引导学生掌握和建立探索和改造世界的方法，形成自己看待问题和思考问题的思维模式，唤醒他们对自我价值的认知和追求，激发学生进行自主学习，最终具备终身学习的意识和能力，从而真正实现教书育人的目的——不仅是让学生学会知识，更是习得一种思维方式和学习能力，在这个知识急速膨胀、技术指数发展的时代，让学生能够驾驭学习，掌控学习，真正成为学习的主人。

三、 教学方法与手段改革

任务驱动的教与学的方式。为学生提供体验实践的情境和感悟问题的情境，围绕任务展开学习，以任务的完成结果检验和总结学习过程等，改变学生的学习状态，使学生主动建构探究、实践、思考、运用、解决高智慧的学习体系。

基于案例教学。在教学过程中恰当引入课程思政案例，可以提高学生的学习兴趣，培养他们的严谨态度和勇于克服困难的毅力，培养学生提出问题、探索问题、解决问题的意识和能力，真正实现"价值引领、知识教育、能力培养的有机统一"。课程思政案例把科学内容和哲学、美学、创新、人文精神结合起来，使学生的专业学习水平和思想政治水平同时得到提高，有助于大学生形成正确的世界观、价值观、人生观，从而为专业课程教学水平的提高、为高层次人才的培养起到重要的推动作用。

渗透式课程思政的实施。开发出"数学教育学中课程思政的方法与实施"微课程，总体实现未来数学教师理解学科课程思政内涵，感悟课程思政的育人价值，学会利用基础教育数学内容资源，挖掘课程思政元素，掌握课程思政的教学方式和评价方式；学会在未来日常教学中实施课程思政教学，即教会未来教师在数学内容中学会挖掘课程思政元素方法、掌握嵌入式设计思政内容。

"双线混合教学"。"后疫情时代的教学理念"促进教学全面进入"双线混合教学"的时代，深度进入"线上教学与线下教学混融共生"，即"双线混融教学"的新时代，是"线上教学"和"线下教学"的"共存""共融"。

四、 课程思政的主要特色、 创新点和教学成效

（一）课程思政的主要特色

1. 内容特色：深入挖掘数学内容课程思政元素，提升其思政价值

数学课程思政内容涉及数学哲学思想、数学史、数学文化与数学美的相关内容，为实施课程思政奠定了内容基础。教学内容设计结合学科、专业和课程的特色，从专业的沿革、现状与前沿的讲解中，激发学生的责任感、使

命感与荣誉感，引导学生不断提升专业素养，数学课程思政的内容包括：爱国主义情感、唯物辩证法观点、理性精神、创新意识、数学文化与美的陶冶等五部分。

2. 教学内容设计特色：引导学生增强综合素养

内容设计要重在增长"智"，一方面是要抓好课堂知识传授，把基础知识与前沿知识结合起来，让学生习得一身知识、练就一身本领；另一方面是抓好知识的应用能力，把知识传授与解决问题、书本知识与实践问题结合起来，让学生成为"理论知识高、动手能力强、综合素养好"的优秀人才。

（二）创新点

1. 课程思政的理念创新

"课程思政"的理念是培养德智体美劳全面发展的社会主义建设者和接班人，确立科学观念、提升综合素养，"数学教育学"课程承担着"课程思政"的功能，是构建具有中国特色的教育教学体系的一部分。思政元素并不是纯粹的政治，而是一种思维方法和认识方法，在知识传授中强调价值观的同频共振，使之成为培育和践行社会主义核心价值观的重要课堂。

2. 课程思政教学规划流程创新

数学课程思政教学过程分为入题、获取知识、应用知识、形成价值判断四个阶段（见图 6-12）。教学过程规划的关键在于将学生纳入规划中，否则他们无法参与课程思政工作规划，而只是教学的"纯粹的"教育对象。

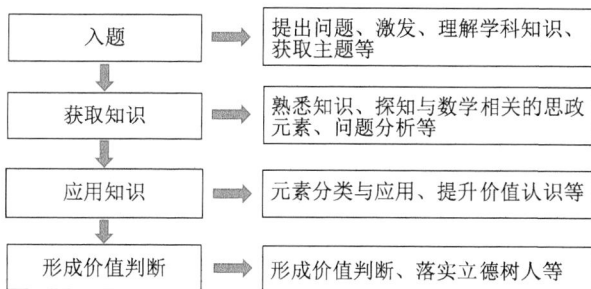

入题	➡	提出问题、激发、理解学科知识、获取主题等
获取知识	➡	熟悉知识、探知与数学相关的思政元素、问题分析等
应用知识	➡	元素分类与应用、提升价值认识等
形成价值判断	➡	形成价值判断、落实立德树人等

图 6-12　数学课程思政教学"四阶段"过程规划

（三）教学成效

"数学教育学中课程思政的方法与实施"获得江苏大学微课程（课程思

政）特等奖，获得江苏省微课程（课程思政）比赛二等奖。

实现全过程育人教育目标。课程融入思政育人理念并将思政教育元素落实到教学的全过程，实现全过程育人目标。在进行具体的教育环节中，从教学设计就将思政元素融入目标，有效优化基础课程教学目标，完善学校教育教学计划，强化教师课程教学的思政元素挖掘和渗透，在教学各个环节落实，注重学生的文化素养、科学素养及可持续发展能力的提升，为学生的职业生涯发展打下坚实基础，进一步梳理其中所蕴含的思想政治教育元素及其所承载的思想政治教育功能，实现思政教育与"数学教育学"课程内容统一。

促进师范生树立正确的世界观、人生观及价值观，打造立体化"融德课堂"。课程融入思政育人教育理念可进一步培养学生的科学严谨的治学态度，逐步引领学生在数学学习中树立正确的世界观、人生观及价值观；通过数学教学设计有效训练学生的数学思维，促使学生对于事物的原理、方法及规律形成本质性的认识，感受数学学科专业知识蕴含的价值导向，逐步形成数学教育观，体验数学知识的育人功能，初步养成职前教师应具备的职业道德和职业素养，增强作为一名职前数学教师的使命感，并增强朝着优秀数学教师方向努力的自信心。

"数学建模与数学方法"课程思政教学示范课程案例

（数学科学学院　朱峰　李医民　杨宏林等）

一、　课程简介与课程思政育人目标

"数学建模与数学方法"课程是随着计算机的广泛应用而发展起来的新课程，是利用数学知识解决实际问题的实践性很强的课程。本课程是数学连接应用领域的桥梁和道路，在数学学科中占有特殊重要的地位，是我校金山英才班专业基础必修课程。课程组成员指导学生参加全国大学生数模竞赛近 30 年，曾获国家级或省级优秀数学建模指导教师，培训指导近万名江苏大学在校本科生。

本课程的思政育人目标是立足于"志高存远，学以报国"创新人才培养，采用问题驱动的教学方法，潜移默化弘扬爱国主义，让学生深刻认识到自己是

中国特色社会主义现代化强国的建设者和实现者，学以致用，知行合一。使同学不断掌握数学建模理论和方法的最新前沿，了解国情，同时倡导爱国爱家乡的赤子情怀，提升参与创新实践和自主学习热情。

二、 课程思政教学设计

本课程教学内容与教学设计的立足点是紧紧围绕实际问题进行深入进行探究，通过选取有深度的社会热点问题或科研课题进行课程思政。

案例1——嫦娥四号软着陆轨道的控制策略

通过案例背景，介绍我国研制的嫦娥四号成功着陆在月球背面，这是人类历史上的首次月球背面软着陆，也为今年标志着我国从航天大国迈向航天强国，中华民族为人类探索宇宙奥秘做出了卓越贡献。通过案例背景介绍，激发学生的爱国热情，进行爱国主义教育。

案例2——新型冠状病毒的传播特性与控制策略

通过传统的传染病模型，来研究新型冠状病毒的传播特性，接着重点引导学生来分析了我们中国在短时间内及时控制新冠状病毒肺炎传播的原因：在整个疫情期间，中国分别在降低接触率（提高卫生水平），提高治愈率（提高医疗水平）和积极开发疫苗三个方面做出了很大的努力，在党的带领下，经过全国人民的艰苦努力，疫情终于被有效地抑制了。对比中国和欧美国家面对此次疫情的不同做法及其取得的成效，让我们对中国的制度优势感到无比的自豪。

三、 教学方法与手段改革

1. 基于启发式的课堂教学

通过启发式通过提出问题、建立模型、分析模型的合理性、解决问题等步骤组织学生学习、研究和讨论，发挥学生的参与性，激发学生的创新性，在润物细无声中进行课程思政.

2. 基于课堂思辨式讨论教学

以问题为导向，通过课堂思辨式讨论，激发学生的求知欲和追求真理的动力，知识的学习和运用，不仅仅是冷静的自然知识过程，更是人的思想行为和思维观念塑造的过程，而这正是思想政治教育的意义所在。

3. 线上线下混合式教学

有效利用现有精品课程资源和努力建设在线开放课程，发掘学科史、人物史的丰厚教育资源。引入课程历史人物的事迹风采，用他们探索科学的过程，追求真理的历程，来引导学生，教育学生，让科学家、学者、大师的科学人生成就他们的学习典范。

4. 以数学建模竞赛为重要实践抓手

学以致用是教学的根本出发点，参加各类数学建模竞赛是本课程学生实践和综合能力提升重要平台，也是创新人才培养的关键环节，经过科学学习和训练达到学生修养的全面提高。

四、 课程思政的主要特色、 创新点和教学成效

1. 坚持课程文化育人，培养学生家国人文情怀

在数学建模课程教学中融入"课程思政"可以培养学生的家国情怀、个人品格和正确的人生观，让学生对这门抽象的数学课程更有兴趣，同时也可以拉近老师和学生的关系，在和谐、融洽的师生关系下，可促进教师教学手段多元化，引导学生更好地学习和掌握知识。

2. 注重学以致用，激励了学生奋发学习与参与实践的热情

以案例教学为主，注重学以致用的思政课程特色，使得学生课堂发言与讨论更加积极，参与创新实践活动热情日益高涨。自课程建设与改革三年来，95%的学生参与到各类数学建模竞赛中，共获得全国数学建模竞赛全国一等奖3项，全国二等奖14项，省奖近百项，获得美国数学建模竞赛特等奖提名1项，国际一等奖5项，国际二等奖7项的好成绩。

3. 加强多元融合，扩展了学生认识问题的视野和专业学习

数学建模课程案例是多学科交叉，涉及物理、机械、动力、计算机等多专业知识，通过课程建设和努力，学生不但掌握了本课程的教学目标，还促进学生在解决本专业课程及相关问题的建模能力。学习本课程后，很多学生在科研立项，SCI论文发表，挑战杯等各类专业学科竞赛上也同样取得了优异成绩。

"概率论与数理统计"课程思政教学示范课程案例

（数学科学学院　范兴华　张正娣　孙艳楠等）

一、 课程简介与课程思政育人目标

"概率论与数理统计"是研究随机现象的数学学科，是数学科学学院本科各专业的一门重要基础理论课。本课程以概率论与数理统计知识为载体，在知识教学的主体中无痕融入思政内涵，培养学生用随机思想与科学方法解决实际问题的能力，使学生学会用理性精神、科学态度探究新知识，求真求实、勇于创新，形成辩证唯物主义观念、科学意识和社会主义核心价值观，具备爱国情怀、科学家精神、工匠精神，坚定文化自信和道路自信。

二、 教学内容与教学设计

在整个教学过程中开展思政教育。围绕立德树人，挖掘概念、定理和性质的思想政治教育资源，锻炼学生的理性思维能力和创新意识，从知识传授、能力培养和品质塑造等方面进行教学改革。

（1）介绍中国学者的学术成就，进行民族自豪感教育，增加爱国意识和文化自信，并在课后通过自由讨论、扩展阅读、答疑互动深化、培养爱国情怀。

（2）结合教学内容渗透辩证唯物主义思想。在频率的稳定性、大数定律、中心极限定理、t分布、假设检验两类错误等教学过程中主动引入、有针对性的强调唯物主义思想，体会量变到质变、普遍联系、对立统一等唯物辩证法思想。

（3）结合案例分析进行道德品质教育。如频率试验、投针试验、敏感性调查、HIV提案案例、真假阳性问题，培养敬业、专注的工匠精神，理论联系实际的良好品质，诚实守信、友爱互助的合作意识。

三、 教学方法与手段改革

注重课程的数学严谨性与随机现象生活趣味性的有机结合，增强课程思政的亲和力和针对性。以问题为中心实施思政融合课程教学；通过情景教学和案例教学引入思政元素；注重师生互动，用 Excel 现场观摩随机试验，启迪学生学习思维。布置选做小组任务，激发学习动力。立足课堂教学这一课程思政的主渠道，采用云班课线下线上混合方式进行思政元素与重点知识拓展、能力提升训练的结合。

四、 课程思政的主要特色、 创新点和教学成效

教师积极性高。课程组教师积极学习、领会党的各项教育方针、社会主义核心价值观、唯物辩证法思想，关注社会热点，了解学科前沿，思想意识和教育技能得以不断提升。

教学形式时代感强。充分利用现代教育技术，采用云班课开展辅助教学，改进教学效果，教学相长。通过多种社交学习平台在线答疑，及时解决学生在学习或生活中遇到的问题，建立了平等、和谐的师生关系。

协同育人效益好。思政元素与课程内容有机结合，做到"显性思政"与"隐性思政"同向同行。学生普遍反映，通过学习起到了潜移默化的作用，对自身品格的塑造、修养的提高也有一定的帮助。

"理论力学"课程思政教学示范课程案例

（物理与电子工程学院　戴海浪　曹大威　袁加仁等）

一、 课程简介与课程思政育人目标

"理论力学"是物理类专业"四大力学"的第一门课程，它的分析力学部分更是沟通经典物理到量子物理的桥梁，也是进入各个物理学前沿领域的必备基础知识。

本课程思政育人目标是在掌握经典力学基础知识和基本研究方法的基础上领略物理之美，体会人类探索未知世界过程中所展现的一系列最宝贵的性质，特别是科学家在研究过程中所表现出来的实事求是的科学精神。

二、 教学内容与教学设计

在牛顿运动定律等物理定律内容的教学过程中，注重史料融合，把分析力

学发展史贯穿教学过程的始终。在教学过程中渗透方法论与力学史，溯源理论力学原理发现过程，强调科学方法的提炼，重点讲述科学家研究的艰苦历程。在整个课程的教学过程中，我们既引领学生学习科学家对待自然科学的态度和对待社会的人文情怀，也充分挖掘学科发展史中科学家事迹的教育和启示意义。内容兼顾学术性和趣味性，深入挖掘专业知识中所蕴含的科学精神，培养学生依据科学事实得出结论的科学态度，训练学生探索真知、创新创业的意志品质。

三、 教学方法和手段改革

在课程理论部分的教学中，采用讲授、讨论相结合的方法，在前沿问题的学习中，采用问题探究式的教学方式。通过该课程的学习能够促进学生的自由全面发展，充分发挥教育教书育人的作用。为了实现课程目标，我们依靠团队力量开展课程建设，以问题为导向设计课程内容，深度改进教学方式和手段，每一部分内容围绕价值教育主题，通过激发学生的学习兴趣和主动探究的动力，提高学生解决问题的能力，再从问题解决升华到价值内化。

四、 课程思政的主要特色、 创新点和教学成效

主要特色有两点，一是把科学家（特别是理论物理学家）作为价值引领的重要支点。科学知识由人发现，在科学研究过程中科学家的成败得失，对科学精神的反思和对社会的人文关怀等内容能够影响学生，让学生了解科学问题的历史脉络和背后不为人知的事实，达到比常规知识传授更好的效果。二是在课堂上融入世界观。这是贯彻德、识、能"三位一体"的人才培养方式。其创新点由传统的课堂讲授改变为讲授、讨论相结合，并引入"问题探究式"的教学方式，呈现给大家一次精神的旅行。这里既有知识和智慧的碰撞，也有观照历史和人文的视野，更有人类勇于探索、追求真理的精神力量的绽放。教学成效主要体现在通过该课程的学习，改变了学生的知识结构，丰富了学生的精神世界，以小论文或小组讨论的方式引导和启发了学生对自然和自我进行更深层次的思考。

"大学物理实验"课程思政教学示范课程案例

（物理与电子工程学院　王国余　徐晨光　徐桂东等）

一、 课程简介与课程思政育人目标

"大学物理实验"课程是我校所有理工类专业学生进入大学后接触到的第一门实验课程，是学生接受系统实验方法和实验技能的开始，对培养学生独立思考能力、动手能力和创新能力等素质十分关键。通过将思想政治教育元素恰当地融入实验物理的教学中，实现"教书"和"育人"的结合，在传授知识、培养能力的同时，实现对学生的价值塑造，使学生不仅"专业成才"，也"精神成人"。

二、 教学内容与教学设计

在教学内容上"立德树人"与"传道授业"协同，深入广泛地挖掘与教学内容相关的物理学理论和技术发展过程中的"隐性"德育素材；把实验物理知识和技术在学生关注的科学、技术发展的新领域、新应用和社会发展热点问题引入课堂教学，激发学习兴趣和热情；引导学生将自身的学习、发展与国计民生密切联系，提高学生的爱国意识，激发学生的时代责任感。

在教学模式上做到老师教授知识与学生主动学习协同，促进任课教师在教学过程中跳出框架，引导学生主动实验，鼓励学生勇于并擅于提出问题，培养学生的思辨能力和理论联系实际能力，进而培养学生正确的价值观、人生观和世界观，为课程注入精神力量和思想灵魂。

三、 教学方法与手段改革

1. 挖掘物理学史的人文内核，教育和引领正确的人生观和价值观

在教学过程中适时地介绍相关的物理学史知识，让学生增长知识，以史为鉴，领悟正确的思考人生问题和物理问题的方式方法，做到知识传授和思政教育相统一。

2. 强化大学物理实验过程的监督和检查，培养科学精神和严谨治学态度

将学生作为大学物理实验课的操作主体，在大学物理实验授课过程中密切关注学生实验情况，及时把握契机对学生进行科学精神和严谨治学态度的培养。

3. 及时关注科技动态和社会热点，弘扬民族精神和社会主义核心价值观

中国现代科技进步日新月异，很多成就都是与物理实验相关的，及时把这些元素引入课堂，给予正面引导，传递正能量，加深学生将个人的成才梦有机融入中国梦的思想认识。

四、 课程思政的主要特色和创新点

内容注重亲和力和针对性，避免盲目求全。形式注重灵活多样，避免刻板单调。篇幅注重简短精致，避免长篇大论。

经过课程团队一个学期的实践，初步在各专业学生间树立了良好的实验教学口碑和稳定的思政教育效果，学生学习热情提高，师生互动更为广泛。课程团队将进一步建设好线上课程思政资源，形成全方位、立体化的物理实验思政教育。

"工程力学认识实习"课程思政教学示范课程案例

（土木工程与力学学院　王自平　张慕宇　冯侃）

一、 课程简介与课程思政育人目标

"工程力学专业认识实习"是工程力学专业新生的一门实习课。该课程通过设置大工程理念引导下的层层递进式管理模式在进入工程一线实习前讲授超级工程、生活中的力学、趣味力学知识抢答、科研成果展示等教学案例，使学生在实习中能够将工程力学应用背景与认识实习内容有机结合，促进学生形成大工程理念，提高了专业自信，调动了学生学习力学知识的兴趣，增强学生为中国大工程发展、社会创新等做出贡献的热情。

二、 课程思政教学设计

实践中以工大程理念为指引，通过超星网络教学平台展示了超级工程系

列——中国桥梁、中国高铁、中国建筑、世界工程四大模块，介绍中国及世界超级工程发展与成就，现场参观和研究生讲解力学学科固体力学、非线性力学和工程力学三大科研团队的科研成果，以开拓科学前沿知识、力学专家奋斗故事等，激发学生为中国发展、社会创新等做出贡献的热情，勉励学生不怕苦、不怕难，勇于挑战创新。通过平台增加生活中的力学问题学习模块和趣味力学题库及抢答形式，增强学生们投身力学专业研究的使命感，培养学生爱国主义情怀和自强不息精神。

三、 教学方法与手段改革

为充分体现力学在工程学科中的基础性、先导性和支撑性，在认识实习教学活动中，增加了多种形式的教学活动，认识实习教学改革整体设计思路如图 6-13 所示。如增加趣味力学知识抢答竞赛、开发了基于工程力学认识实习网络教学辅助平台、中国发展与成就大型超级工程展示、跨年级专业认识座谈会、本专业科学前沿成果教学化展示、现场大工程参观等多种形式，实现大工程理念引导下的层层递进式实践教学管理模式，采用现代化的教学手段来应用于工程力学专业认识实习的教学中，充分体现师生互动性，学习的新颖性和教学的前瞻性。

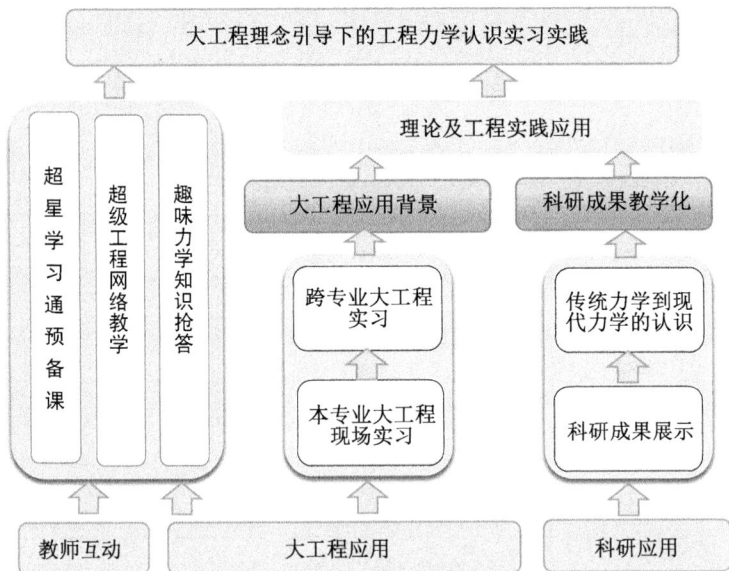

图 6-13　工程力学专业认识实习教学改革整体设计思路

四、 课程思政的主要特色、 创新点和教学成效

工程力学专业认识实习对树立正确的爱国主义情怀、专业思想和学习观，对于提升对本专业的认识及综合能力的培养具有重要的意义。增加大工程的实习机会及多种形式的认识实习，提高了同学们对认识实习的重视程度，同时也大大加强了学生对本专业用于大工程的认识及层次，培养了学生不怕苦、不怕难，勇于挑战创新的精神，塑造了学生较大的专业自信，提高学生的整体专业素养，激发了学生为中国发展、社会创新等做出贡献的热情，本课程改革开展以来，对学生的专业了解、未来规划都起到了很大帮助。

"现代工程建造技术" 课程思政教学示范课程案例

（土木工程与力学学院　王路　韩豫　张富宾）

一、 课程简介与课程思政育人目标

"现代工程建造技术"课程是工程管理专业的一门专业方向选修课。该课程的任务是研究现代工程施工技术，它具有理论面广、综合性和实践性强的特点。课程思政育人目标主要包括：让学生提前、充分了解我国工程建造现阶段水平和实现超级工程的建造能力，增强学生对我国工程建造硬实力的自豪感和荣誉感，激发学生立足中国建造，树立土木工程大国与强国自信的热情。让学生提前、充分知晓我们国家目前还处于建造大国向建造强国的征程中，加强学生寻找技术差距、攻克工程建造世界难题的使命感，为我国更快更好实现建造强国而努力奋斗。

二、 课程思政教学设计

通过本课程的学习，使学生熟悉桩基础工程施工新技术、地下空间工程施工、预应力混凝土施工技术、新型模板及脚手架应用技术、钢结构施工新技术、建筑节能与环保新技术、建筑物整体平移技术、施工过程监测和控制技术、了解地基处理新技术、深基坑支护技术、新型混凝土技术、建筑防水工程

新技术、抗震、加固与改造技术等专业知识。

　　教学中，将思政元素与现有专业知识全面有机融合，尝试在其中融入现代工程建造技术进展介绍及未来信息化、智能化技术在工程建造领域的应用，穿插进行介绍我国超级工程建造新技术、新工艺、新材料、新设备的应用内容，最终形成一体化的教学方案。

三、 教学方法与手段改革

　　教学中，强调学生的自主学习和探索能力，部分章节采用了专题学术研讨式的开放教学模式，结合典型工程问题和案例，综合采用问题导向（PBL）和案例导向（CBL）的教学方法。

　　以我国工程建造技术的进展与发展方向为主线，同步梳理我国工程建造水平由弱变强的发展历程，对我国目前是土木工程建造大国，而不是建造强国的原因进行分析，找到存在的瓶颈问题，为学生指明努力方向。

　　1. 让学生知晓存在的问题。我国建造行业虽然创造了很多世界第一，但目前仍然有粗放式、碎片化的生产方式，带来了产能性能欠佳、资源浪费较大、环境污染严重、生产效益低下等问题。这些都迫切需要按照生态优先、绿色发展的要求，通过转型升级，实现建造行业的高质量发展。

　　2. 让学生知晓解决问题的方法。借鉴发达国家在重视制造业的同时也非常重视建造，我们要抓住新一轮科技革命的历史机遇，高度重视数字化、网络化、智能化对工程建造的变革性影响，实现工程建造的转型升级，促进工程建造的可持续高质量发展。

　　3. 让学生树立建造强国的自信。国家已开展"中国建造 2035 战略研究"，是站在历史的转折点，具备高度前瞻性和战略性的开篇，中国建造对于更好地建设美丽中国、打造中国建造品牌具有重要意义。培养学生立足中国建造，树立土木工程大国与强国的自信，为未来中国建造成为世界标准而努力。

四、 课程思政的主要特色、 创新点和教学成效

　　通过介绍现代工程建造技术应用进展和我国在土木工程领域取得的成就和瓶颈问题，让学生提前、充分了解了我国工程建造领域的水平、发展方向和存在的问题，提高了学生对我国现阶段处于土木工程建造大国而非强国的认识。

通过介绍人工智能、信息化、大数据等智能建造技术的应用，让学生提前、充分知晓了我国要想实现建造大国向建造强国跨越的发展途径，提出了学生学习和努力的方向。

通过介绍我国超级工程取得的成就，增强了学生国家自豪感，培养了学生立足中国建造，树立土木工程大国与强国的自信。

本课程改革案例已与多名同行教师交流研讨，获得了较好的认可，评价认为："以现代工程建造技术课程为平台，对工程管理专业本科生开展行业思政教育，帮助学生树立土木工程大国与强国自信十分有必要，是在学生走向社会担当国家建设任务之前，培养学生社会责任感和国家荣辱使命感的重要抓手。课程改革创新是一次积极、有益的尝试，并坚持继续探索实践，不断延伸教学内容的广度和深度，形成良好的示范效应。"

学生在学习课程后评价："改革后的课程让我们提前了解到了书本上没有、但是未来工作中肯定会遇到的重要问题，课上所提到的一些智能建造、人工智能、大数据应用，开拓了我们的眼界，并让我们增强了国家建造实力由弱变强的自豪感。学习后，我们大家都对即将从事的工作有了更加全面的认识，并且会努力学习和主动应用工程建造新技术，使我们国家早日成为土木工程建造强国。"

"土木工程导论"课程思政教学示范课程案例

（土木工程与力学学院　陈妤　刘荣桂　延永东等）

一、　课程简介与课程思政育人目标

1. 课程简介

本课程旨在让学生较为全面地认识和了解土木工程所涉及的专业领域（房屋建筑工程、铁路工程、公路工程、桥梁工程、隧道及地下工程、岩土工程、水利工程、给排水工程等），包括内容、成就及未来发展和研究方向。帮助学生建立一个清晰的概念和科学的方法，从而树立专业思想和工程意识。

2. 课程思政育人目标

本课程作为一门了解专业领域的专业基础必修课，在课程育人中具有先导

性。引导学生树立正确的人生观、价值观，孕育家国情怀，有较强的工作责任心和良好的职业道德，以及勇于创新的科学品质和精益求精的"工匠精神"。

二、 教学内容与教学设计

结合课程知识单元中的思政映射点，对思政元素进行多尺度把控、多维度融入、多角度挖掘，制定专业知识的融入路径方法，如表6-5所示。

表6-5　部分课程知识点中思政映射点

课程知识单元	思政映射与融入方法
交通与水利工程	介绍高铁工程与"南水北调"工程，说明改革开放伟大成就，宣传中国特色社会主义制度；简述詹天佑事迹，弘扬爱国主义情怀
建筑环境	结合建筑节能与环保案例，培养学生勇于创新的科学品质；通过失败案例，树立正确的工程伦理道德
工程灾害与防灾减灾	结合汶川地震房屋倒塌与上海金茂大厦抗风设计分析，树立学生强烈的社会责任感和担当精神
桥梁与隧道工程	导入超级工程（杭州湾大桥、港珠澳大桥等）视频，厚植家国情怀，提升民族自豪感，逐步培养学生精益求精的"工匠精神"

针对部分知识单元（如桥梁与隧道工程），可从工程选址、设计、施工、维护等多个阶段分别植入思政元素，如表6-6所示。

表6-6　桥梁与隧道工程（以港珠澳大桥为例）中的思政映射点

阶段	思政映射与融入方法
选址	结合地质条件、海洋生态及社会因素等，对大桥选址与规划进行讨论，培养学生的职业道德素质和社会责任感，树立正确的工程伦理道德
设计	结合方案选型与设计过程分析，逐步培养学生专注坚持的"工匠精神"
施工	结合施工难点与新技术（组合梁整孔制造新工艺、塔柱整体吊装工艺等），逐步培养学生吃苦耐劳、刻苦钻研、勇于创新的科学品质
维护	结合大桥后期维护与国内外先进监测手段，拓宽学生国际视野，培养学生坚守职业道德和匠心精神

三、 教学方法与手段改革

1. 多尺度把控，显性与隐性教育相统一

在课程思政视域下，讲授我国土木工程的发展时除了典型工程的技术创新，引入"辉煌中国""圆梦工程"等内容；通过对我国现代基础建设超级工程的课堂讲授，让学生对我国在土木工程各领域的发展现状有更深刻的认知，增强民族自豪感、专业自豪感和"四个自信"意识。

2. 多维度融入，课堂讲授与课后拓展相结合

依托课程网站建设，将课堂讲授和课后拓展（网站拓展资源）自学等形式相结合，采用引领启发、互动研讨、情境观摩等教学方法，引发学生的深度思考，发挥学生的主体作用，深入理解未来的职业责任和使命，将思政教育传递的人生观、价值观内化于心，外化于行。

3. 多角度挖掘，思政"硬核"与知识"硬核"相融合

依托大国工程案例分析教学，以"问题导向，创新驱动"为主题，分析设计思路、施工工艺、所遇难题及解决方案，工程建成后的社会经济效益等，用工程自身魅力吸引学生，厚植家国情怀。

四、 课程思政的主要特色、 创新点和教学成效

1. 主要特色和创新点

（1）思政元素多尺度把控；

（2）课上课下多维度融入教学模式；

（3）典型案例思政元素多角度挖掘。

2. 教学成效

（1）学生到课率、抬头率显著提升；

（2）学生对专业兴趣更加浓厚；

（3）学生具有更加宽阔的视野思考和分析专业问题。

"高等混凝土结构理论"课程思政示范课程案例

（土木工程与力学学院　操礼林等）

一、 课程简介与课程思政育人目标

"高等混凝土结构理论"课程为江苏大学研究生精品课程，是土木工程专业核心学位课程，该课程使学生掌握混凝土结构基础理论和设计方法、工程结构防灾减灾基本原理、复杂工况下桩基计算理论等，增强防灾减灾意识和解决复杂工程问题的能力，培养学生精益求精的工匠精神，提升学生爱国情怀、法制意识和责任担当，强化学生职业道德修养和团结协作精神。

二、 教学内容与教学设计

课程教学中将思想政治教育内容与专业知识技能教育内容有机融合，使学生在掌握专业基础知识的同时，得到社会主义核心价值观教育的熏陶，实现"知识传授"和"价值引领"的融合。思想政治教育的融入点包括：结构可靠性设计（工匠精神），材料本构关系（规范意识），混凝土构件承载力计算（责任意识），混凝土结构耐久性（创新思维），预应力及 FRP 筋混凝土结构（职业素养），工程结构防灾减灾（家国情怀），地震灾害与结构抗震减震（责任担当），风灾害与防风减灾（理想信念），火灾害与防火减灾（伦理道德），桩基设计理论（职业素养），桩基检测原理（法制意识）。

三、 教学方法与手段改革

创新教学方法与手段，增强课程思政的亲和力和针对性。（1）基于应用问题的启发式教学。在教学过程中以问题为导向，启发学生主动思考。（2）案例式教学。通过实际工程案例分析，将理想信念、法制意识、国际视野、伦理道德、工匠精神和责任担当等内容自然融入教学过程中，加强学生社会主义核心价值观的塑造。（3）以学生为主的讨论、汇报式教学。增加学生自主汇报的考核，并在成绩评定中体现学生的思想政治表现。

四、 课程思政的主要特色与教学成效

探索实践"知识关联、案例分析、教师引导、学生汇报、研讨交流"的教学框架。授课前，团队分析讨论课程中的思政元素和思政逻辑，凝练总结课堂教学案例，将思政教育自然融入教学各个环节和全过程，制定课程教学目标。授课中，团队成员根据学生实际情况补充必要的思政元素。授课后，学生围绕工程热点问题查阅文献、交流研讨、参观重点工程等。通过"知识点 + 工程热点 + 思政点"的课程思政融入模式，提高了学生学习专业知识的热情，提升了教学效果。课程思政教育使学生深刻体会到民族精神的传承、国家发展的速度、职业道德的重要性等，进一步培育了学生的社会主义核心价值观。

"无机化学"课程思政教学示范课程案例

（化学化工学院　朱国兴　朱文帅　吕晓萌等）

一、 课程简介与课程思政育人目标

无机元素化学是化学专业核心课程之一。主要教学内容包括碱金属、碱土金属、硼族元素、碳族元素、氮族元素、氧族元素、卤素等。该课程学习能使学生掌握物质世界的构成元素相关知识，了解各元素和化合物的基本物理化学性质。在无机元素化学教学过程中通过融入中国发展与成就、科学前沿知识、名家奋斗故事等课程思政内容既能熏陶学生辩证唯物主义、爱国主义、民族精神情怀，又能全面增强学生的社会责任感，同时也能培养学生的创新创业精神。

二、 课程思政教学设计

本部分以"碱金属和碱土金属"教学为例。

本章节课程思政主要在侯氏制碱法内容。思政教育从以下几个方面展开：

（1）通过简短影片介绍历史背景。20 世纪初，英国卜内门公司技术封锁，一顿纯碱价格相当于一盎司黄金。我国化学家侯德榜摸索出了索尔维制碱法，在全世界共享成果。（思政教育：勉励学生勇于挑战创新，兼有"博爱"精神）

（2）简介侯德榜先生拒绝侵华日军的威逼利诱和印度 10 万美金的高薪聘请，坚持发展我国的化学工业。（思政教育：民族大义和爱国情怀的熏陶）

（3）简介侯德榜先生经历 500 多次的实验，分析 2000 多种试样创制侯氏制碱法，并结合其在大学期间 10 门课全满分的事迹，勉励学生努力学习。（思政教育：努力学习。增强学生们投身专业研究的使命感）

此部分具体教学设计如下：

教学环节以问题为导向，层层深入，启迪学生深思，激励学生高尚的品德。

在介绍侯德榜先生探索出索尔维制碱法的技术方案时，抛出问题——当你解决了一个重要的技术时，会怎么做？再引入侯德榜先生的做法，公开技术成果，全人类共享——博爱精神。

继续抛出侯德榜先生对"暗红碱"的处理，引导学生利用无机化学知识思考解决途径（结合工业实际引导学生进行探究性学习）。在此基础上，引入化学家侯德榜的解决途径，启迪深思。

引导分析索尔维制碱法的不足，引导学生思考——创新思维培养。介绍侯德榜创制侯氏制碱法的过程及相关事迹——培养学生民族主义精神和爱国情怀。

三、 教学方法与手段改革

本次课程思政教学采用课堂讲授法实施，思政元教学以科学史为切入点，通过顺其自然的嵌入化学家侯德榜制碱法史实和科学内涵强化课程思政亲和力；通过启发性教学设计诱导学生发现、思考其中的思政内涵。

四、 课程思政的主要特色、 创新点和教学成效

本次课程主要特色和创新点在于：（1）彰显课程思政教学与科学史的统一，育人于课堂；（2）课堂设计强调"启发和隐性暗示"强化课堂亲和力，"润物细无声"。通过问卷，作业，感悟等评估了思政教学成效，该课程思政效果良好。

"化工热力学"课程思政教学示范课程案例

（化学化工学院　傅小奇　姜廷顺　蒋银花等）

一、 课程简介与课程思政育人目标

"化工热力学"课程是化工专业最重要的核心课程。2018 年，本课程入选江苏大学首批教学改革示范课程；2020 年，入选江苏大学课程育人示范教学课程、留学生教学精品课程。本课程教学团队具有政治素质高、业务能力强的声誉。

"化工热力学"课程把德育放在十分重要的地位。将思政教育无痕融入教学全过程，实现专业教育与思政教育的协同推进，全面提升课堂教学质量和育人成效。同步实现价值塑造、能力培养、知识传授三位一体的教学目标，将个人的成才梦有机融入实现中华民族伟大复兴的中国梦的思想认识，提升学生对中国特色社会主义共同理想的思想认同和理论自觉。

二、 教学内容与教学设计

课程教学内容包括 5 个模块 9 个重点章节：热力学理论模块、热力学性质模块、热力学循环模块、化学平衡模块、化工过程热力学分析模块。

在教学过程中适时引入思政元素案例，设定"案例情境—启发思考—解决问题—爱国德育教育—总结提升"的教学环节，将复杂的热力学知识体系与爱国主义、集体主义、社会法律公德有机结合，应用于实际情境，营造自主和团体的学习讨论氛围。

案例：青藏铁路建设—制冷与热泵—动力循环。青藏铁路建设的热棒就相当于一个永动的天然制冷机，不断地将冻土层中的热量排出，使其永久冻结。

知识点：蒸汽动力循环、热力学第二定律、逆卡诺制冷循环、热泵。

思政元素：青藏铁路精神，民族团结精神，西部大开发战略；拼搏奋斗，开拓创新，攀登不止。

三、 教学方法与手段改革

采用案例式教学方法，通过深入发掘、提炼课程内容所蕴含的思政要素，精心组织教学案例。通过设定"案例情境—启发思考—解决问题—爱国德育教育—总结提升"的教学环节，将复杂的热力学知识体系和爱国主义、集体主义、奉献精神等有机结合，应用于实际情境，学习课程所要求的知识点，提升学生课堂学习积极性和课堂氛围。

四、 课程思政的主要特色、 创新点和教学成效

主要特色：问题的探究式教学。通过对案例的细化讨论、分析，解决实际复杂化工问题。

创新点：模块式教学、案例式教学、混合式教学、线上线下结合、三方评价。

教学成效：学生学习氛围明显更浓，学习积极性明显提高，在充满正能量氛围中高效生动地学习知识点；社会主义核心价值观中"爱国、敬业、诚信、友善"贯穿整个教学实践；弘扬爱国主义、集体主义、奉献精神；打通专业课与思想教育课程之间的壁垒，在潜移默化中引导学生理解、领悟、认同并践行一个"化工人"的责任与使命。

"大学生'创意江大杯'创客竞赛"课程思政教学示范课程案例

（基础工程训练中心　吕翔　曾艳明　秦犹等）

一、 课程简介与课程思政育人目标

2016 年，基础工程训练中心应学校"一院一赛"要求，开展一年一度江苏大学大学生"创意江大杯"创客竞赛，至今已举办 4 届。竞赛的主题定义为"传承精华，守正创新"，旨在激励我校大学生提高创新设计能力，培养自主创业意识，提升学习和探索能力，促进人文艺术与工程实践相融合，培养当代大学生对优秀中华传统文化的认同和坚持，培养担当民族复兴大任的时代新人。

二、 教学内容与教学设计

思路来源于中国古代科技案例，以古为源，古为今用。在已开展的自动抛石机、循迹指南车及智能战车三个赛题基础上，新打造"记里鼓车""水上机械玩具""木质舞蹈人"等赛题，将传统文化与现代技术融合，机械结构与电气控制融合，产品功能与人文艺术融合，通过竞赛横向"串接知识"，纵向"叠加能力"，加快知识向能力的转化，实现价值塑造、知识传授、能力培养、智慧启迪全方位人才培养。

教学内容从知识、能力和情感与价值观三个方面开展。

知识：掌握机械制造现代化的重要意义，熟悉先进制造领域新技术进展与中国古代文化的有机结合，了解产品质量控制与分析技术新方法。

能力：培养学生汲取祖国传统文化精华的传承能力，拓展学生采用先进制造技术，发扬传统文化的创新能力。

情感与价值观：引导学生学习中华文化瑰宝的热情，培养推动中国制造走向世界信心，为建设健康中国、实现中华民族伟大复兴的中国梦贡献力量。

三、 教学方法与手段改革

从竞赛的主题和赛题的来源中发掘思政元素，例如民族自豪感、学科发展史、大师的成长道路。从知识点中发掘思政元素，例如技术应用、产业与市场和社会生活的关系。从项目的实施过程中发掘所蕴含的哲学思想与元素，例如历史思维、辩证思维、系统思维、创新思维的启发与建立。从存在问题的角度、失败的教训发掘思政元素，加强挫折教育，培养坚忍不拔的意志。总之，课程思政是"方法"，不是"加法"，是将思政元素与多学科知识融合，广度拓展、深度延伸，最终将"知识—思政"由点到线，由线到面，多条"思政线"形成一个"思政面"，全面打造德智体美劳全面发展的中国特色社会主义建设者和接班人。

四、 主要特色和创新点

课程思政"三融合"——知识与思政融合，实践与思政融合，劳动与思政融合。春风化雨、润物无声。

课程思政"三结合"——课堂内外、学校内外、线上线下。拓展教学时间与空间，形成全方位、多维度工程实践思政育人体系。

五、 教学成效

2016 年，首届大学生"创意江大杯"创客竞赛赛题为"抛石机创意设计制作"，开启了"古为今用、传承弥新"基于古代战车的现代创新设计制作系列项目。一年一度的"创意江大杯"已成功举办了 4 届，来自 14 个学院近 500 名学生参加了竞赛。赛题由自动抛石机、循迹指南车到智能战车，规模不断扩大，人文和科技性不断增强，影响力逐步提升。真正做到以教促赛，以赛促改，相辅相成。并以此为基础成立学生社团"未来工程协会"，越来越多的学生参加各类竞赛、科研活动，在思想上和能力上都得到了长足的进步。近三年荣获省级及以上奖项 51 项，校内竞赛奖项近 80 项，其中国家级 A 类特等奖 2 项，一等奖 1 项，省级一等奖 4 项；"未来工程师协会"首任理事长能动学院 2020 届毕业生李步发同学连续获得 2019、2020 年江苏大学"十佳创新创业之星"。

"基础工程训练Ⅲ"课程思政教学示范课程案例

（基础工程训练中心 曾艳明 吕翔 秦犹等）

一、 课程简介与课程思政育人目标

本课程是一门实践性技术基础必修课。通过学习，学生能运用机械制造的基本工艺和基本方法，完成"古为今用、传承弥新"基于古代战车的现代创新设计制作项目，提高综合运用知识解决实际问题的能力，培养工程综合素质、团队协作、创新思维和创新能力，培养当代大学生对优秀中华传统文化的认同和坚持，培养能担当民族复兴大任的时代新人。

二、 教学内容与教学设计

在教学过程中引入国际工程教育 CDIO（构思、设计、实施、运行）培养

模式和"做中学"工程项目教学方法，构建全新的知识、能力、实践、创新（KAPI）一体化培养模式，通过项目牵引、串接、训练过程，通过"能力叠加"加快知识向能力的转化，实现课程知识的获取、个人品格的建立及正确科学价值观的树立。教学内容是一系列综合性项目，包括自动抛石机、循迹指南车及智能战车，思路来源于中国古代科技案例"指南车"和"抛石机"，以古为源，古为今用，将传统文化与现代技术融合，机械结构与电气控制融合，产品功能与人文艺术融合，向学生提供具有不同特色、不同教学要求和较大发展空间的实践性系列教学内容。

三、 教学方法与手段改革

将课程思政通过元素分化、画龙点睛和专题嵌入的方法有机融入教学内容中。

文化元素——项目分析，任务布置，引入中国古代科技案例，说明中华科技成就，增强民族自豪感。

学科元素——从传统制造方法到先进制造技术，引入国家、学校科研成就，讲好中国故事和江大故事。

工程元素——在项目设计、制作过程中，培养发现、分析、解决问题的能力和创新创意的意识，引入认识论和方法论。

哲学元素——毛坯材料成型与热处理中内因与外因的作用，引入辩证唯物主义的思想方法。

美学元素——作品外观和颜色搭配，引入人文艺术概念。

劳动元素——学习劳动技能，培养劳动意识，打造三实一新、精益求精的工匠精神，引入正确的马克思主义劳动观。

四、 主要特色和创新点

春风化雨、润物无声，潜移默化价值传递：将思政元素贯穿于教学环节中，好似溶盐于水，化于无形，入脑入心，自觉践行。

因课制宜、分时施策，多维度思政育人：立足教学环节，从不同角度、不同时间（课内课外、线上线下）开展思政教育，形成全方位、多维度工程实践思政育人体系。

五、 教学成效

思政教育与专业知识相得益彰，育人成效与课程质量都有提高。2017 年 9 月和 2018 年 11 月分别推广到留学生综合工程训练课程和专业学位硕士研究生校内企业实践课程中。截至目前，完成学时数分别为 12488、4560、11664 人时。

坚持以教学质量为本，以课程思政为魂，提升工程训练品质，逐步探索出一套课程质量与育人成效双向提升的工程训练课程思政经验方法。激发学生内在动力，促成从"要我学"到"我要学"的学习动机转变，促成从"学为小我"到"学为大我"的学术志向提升，使工程能力教育与思政教育相互促进、相得益彰。2019 年获得教育部机械基础课程教学指导委员会批准立项（JJ‐KAPI‐201922）。

"新时代大学生劳动教育实践课程"课程思政教学示范课程案例

（机电总厂　马鹏飞　秦犹　曾艳明等）

一、 课程简介与课程思政育人目标

"新时代大学生劳动教育实践课程"是劳动教育课程的组成部分。劳动教育课程为大学生通识教育必修课程，面向全体在校生，课程总学时为 32 学时，其中 8 学时为劳动教育理论课，24 学时为项目化的劳动实践课程，学生修完本课程后，可以获得 1 学分。

劳动教育实践课程旨在引导全校大学生结合学科专业，围绕创新创业开展生产劳动，提高在生产实践中发现问题和创造性解决问题的能力，从而强化大学生马克思主义劳动观教育，发挥劳动教育育人功能，弘扬劳动精神，教育引导学生尊重劳动、热爱劳动、崇尚劳动，促进学生德智体美劳全面发展，成为走在时代前列的奋进者、开拓者、奉献者。

二、 教学内容与教学设计

劳动教育实践课程充分挖掘机电总厂工程训练和生产经营的设备资源和

人力资源优势，设置了遥控船制作、创意小铣床设计制作、智能循迹小车设计制作等10个技能型、创新型的劳动实践项目。劳动实践时，学生可以结合自身专业，自主选择感兴趣的项目，由3到5位同学组成项目团队，机电总厂提供实践项目平台，在教师指导下完成劳动教育实践项目动手制作全过程。在劳动实践中，学生以普通劳动者的身份参加劳动过程，亲自动手用脑操作实干，感受劳动的艰辛，体验劳动成果的来之不易，增强对劳动人民的思想感情。

通过劳动实践实现德与智的"二育"并举，劳动树德，能够培养学生正确的人生观、价值观；劳动增智，可以强化学生对自然科学理论知识的体验和感受，提升追求真知的能力。在劳动实践中，全方位多层次挖掘与其相匹配的思政素材，切实提高劳动实践和思政教育的关联度、契合度，增强二者的有效黏合性，达到思政理念与元素和教学内容的有机融合，起到"化盐入水"的育人成效。

三、 教学方法与手段改革

采取线上线下混合式教学模式。学生线上学习劳动教育理论课和基础工艺知识课，实践指导教师在线布置劳动任务，指导项目设计，解答学生遇到的难题，检查学生的项目设计状况；学生完成作品设计后线下进行劳动实践，操作机床设备，动手用脑，出力流汗，制作劳动作品，进行项目答辩评审。

指导教师以学生为主体，针对各类学生，设计内容丰富、形式多样的劳动实践项目。紧紧围绕项目及特点，学生做中学，教师导中育，因事因时因人，适时联通知识育才与思政育人的双向维度，拓展劳动实践与课程思政的有机融合空间，真正做到润物无声，入脑入心。

四、 课程思政的主要特色、 创新点和教学成效

通过线上线下混合式教学模式和理论联系实际进行双维度育人，从而加强社会主义核心价值观、劳模精神和工匠精神教育，着力打造劳动教育课程的品牌特色，切实构建"三全育人"背景下具备树德、增智、强体、育美特质的江苏大学特色劳动教育课程体系。

"卫生经济学"课程思政教学示范课程案例

（管理学院　代宝珍　许兴龙）

一、 课程简介与课程思政育人目标

"卫生经济学"是以最优的资源配置方式和手段保持和促进人民的健康为目的，对卫生费用投入、社会保障和组织活动进行计划、组织和控制的过程。具体培养目标如下：

第一，知识目标。聚焦我国医疗卫生事业"公益性"的根本属性，培养学生了解我国卫生领域面临的主要经济难题，认识卫生系统的经济关系与经济规律。

第二，能力目标。掌握卫生经济学研究的基本理论与方法，提高应用卫生经济学方法分析和解决卫生领域现实问题的能力。

第三，素质目标。教育学生深入体会健康中国战略实施的意义，以及其对人民美好生活需要的根本作用，引导学生牢固树立为人民健康服务的理念，为实现全民健康而奋斗。

二、 教学内容与教学设计

本课程思政元素主要体现在以下几方面：

第一，健康扶贫。通过运用"卫生经济学"理论及方法对健康贫困及其改善措施进行分析，引导学生正确理解健康扶贫政策的重要意义。

第二，健康中国行动。运用"卫生经济学"成本效益分析的思想，揭示"健康中国行动"是旨在以较低成本取得较高健康绩效的有效策略。

第三，健康融入所有政策。引导学生思考如何保障健康融入经济社会发展全局，从而形成人民共建共治共享的健康治理新格局。

第四，全民健康。以全民健康覆盖及构建人类卫生健康共同体为政策背景，培养学生维护人民群众健康权益、为人民健康服务的理念。

三、 教学方法与手段改革

本课程的课程思政建设，主要开展以下几方面教学改革：

第一，优化课程资源建设。课前通过云班课或微信群上传课程参考资料，主要包括电子教材、卫生经济领域最新研究报告、课程相关视频资源等。

第二，探索形式多样的课堂活动。针对典型案例，实施小组团队讨论、结果展示汇报、相互质询提问等多种形式的课堂活动，训练学生自主学习及团队协作能力。

第三，加强教师的引领角色。在课程教学过程中，教师主要通过启发式提问、对学生讨论结果进行点评总结等方式，对教学内容进行全面梳理，对学生存在的错误观点进行正向引导。

四、 课程思政的创新特色和教学成效

本课程初步形成了"信息传递—理论讲授—交流讨论—启发思考"的教学模式，在教学质量、授课方式、思政建设等方面取得了较为显著的成效。专业理论知识和思政建设相结合，充分激发了学生学习的积极性，随机抽查显示，同学们对这种授课方式的满意度达到95%以上。学生在有效地接受理论知识的同时，激发了其在推进"健康融入所有政策"和"健康中国行动"过程中的理想情怀，有助于实现立德树人的人才培养总目标。

"管理思想史"课程思政教学示范课程案例

（管理学院　黄启发　庄晋财　王国栋等）

一、 课程简介与课程思政育人目标

"管理思想史"是面向管理学院工商管理专业开设的专业基础选修课，为专业课程的学习提供关于学科发展的基础理论。课程主要运用历史分析、辩证分析、对比分析等方法梳理古今中外管理思想的发展演变过程，强调对管理思想的扬弃，吸取古代管理思想的精髓，提高学生管理科学素养。

"读史使人明智，鉴以往而知未来"，通过对本课程的学习，让学生"明管理之志向，知民族之兴衰"，不仅提升对工商专业的满意度，同时增强对中国特色社会主义建设的理论自信和文化自信，继而引导、激励学生在努力学习文化知识的同时，树立伟大志向，为民族复兴而不断奋斗。

二、 教学内容与教学设计

通过对工业革命之前东西方管理思想的梳理和对比，让学生认识到封建时期及先秦时期管理思想的兴盛与发达，树立学生对中国传统管理思想的自信心与自豪感。

通过对工业革命以来至 20 世纪西方管理思想的教学，使学生明白正是由于工业革命的发展，使得西方国家管理实践领先于世界，从而产生了影响全球的管理思想，而中国管理实践和思想的落后只是暂时的，随着国家崛起和民族复兴，中国定会产生更先进的管理实践和管理思想。

通过对日本明治维新以来管理实践和思想发展的梳理，让学生理解东西方管理思想的融合非常有利于管理思想的创新与发展，引导学生以开放的心态主动吸收中外管理思想精华。

结合 21 世纪以来中国与西方在应对疫情、面对气候变化及全球化浪潮中的不同方式，树立未来中国管理实践将会逐步领先于世界的信心，从而为孕育新的、领先于世界的管理思想提供良好土壤，并为当代管理专业学子成长成才提供千载难逢的历史契机，激励学生努力学习，以不负时代赋予的责任与使命！

三、 教学方法与手段改革

古今与中外相结合的案例研讨。将诸子百家管理思想与当代企业管理实践相结合进行专题式案例研讨，让学生明白中国古代的管理思想在当今时代仍拥有强大的生命力和实践应用价值。

线上与线下相融合的课堂交流。运用互联网手段将未能到校的留学生与中国学生连接在一起，共同分享和交流国内外管理思想和管理实践，增强学生对管理思想的理解和认知。

课中与课后相衔接的反馈闭环。不仅在课程中及时询问学生学习效果、期望满足程度、教学改进建议，而且在课后要求学生书面呈报对该课程的建议，并进行逐一单独回复，实现教与学的反馈闭环，促进教学效果的螺旋式提升。

理论与现实相映照的思维碰撞。将 21 世纪以来中国与西方国家在气候变化、疫情应对等的不同管理思路和方式进行对比分析，将课堂从学校延伸至社会，从理论映射到现实，引导学生对社会现象和现实问题进行深入思考，树立对未来中国诞生伟大管理思想的信心，坚定中国特色社会主义建设的理论自信和文化自信。

四、 课程思政的主要特色、 创新点和教学成效

"管理思想史"课程思政的主要特色：通过师生双向互动，课堂内外衔接，把思政要素融入课程教学每个阶段，在鉴古通今的过程中，将思政建设由教师"外在教学需求"逐步转变为学生"内在情感需要"，在"润物细无声"中将社会主义价值观播撒在学生心中，实现课程思政教育功能。

"管理思想史"课程思政的创新点：把思政要素嵌入课程的全过程和所有环节，将思政内化为课程自身属性而非外在要求，通过课程互动与交流，引导学生树立正确的价值观念，帮助学生进行自发的思想升华。

"管理思想史"课程思政的教学成效：通过思政教学大大提高了学生对该课程的喜爱程度，课堂互动参与度得到大幅提升，学生不仅踊跃报名进行专题研讨，而且会在课后搜集几万字材料制作课件和讲稿，专题汇报后会自发提问、热烈交流。通过该课程的学习，学生们不仅了解了管理思想的发展脉络，提升了管理科学素养，更为重要的是坚定了未来中国管理实践和思想创新的信心，增强了爱国情怀及民族自豪感。后续计划将该课程进一步提升为学校公选课，以辐射和影响更多学生。

"社会医学"课程思政教学示范课程案例

（管理学院　刘石柱　陈羲）

一、 课程简介与课程思政育人目标

"社会医学"课程是公共事业管理专业的专业选修课，以健康及其社会影

响因素作为主要研究对象，培养学生掌握未来从事卫生健康管理工作所必备的社会卫生策略。培养目标如下：

第一，知识目标。掌握现代医学模式及健康观，熟悉我国及全球的社会卫生状况及其影响因素。

第二，能力目标。具备分析现实社会卫生状况的能力，能够熟练使用健康行为干预、社会卫生状况评价、健康管理策略等基本方法。

第三，素质及价值目标。深入理解"将健康融入所有政策"的发展理念，树立"以人民为中心、以健康为根本"的价值取向，强化投身新时代卫生与健康事业高质量发展的理想信念。

二、 教学内容与教学设计

本课程主动融入思政元素，从以下几方面对课程内容进行了优化设计：

第一，强化公共政策属性。将健康中国战略、国家治理体系和治理能力现代化等公共政策导向融入课程教学，提升学生的政策意识。

第二，突出面向实践的特征。运用丰富的教学资源反映健康及其社会影响因素研究的最新进展，在中国情境下锻炼学生分析、解决现实卫生问题的能力。

第三，深入挖掘价值内涵。加强学生对于全民健康覆盖在全面建成小康社会中的重要意义的理解，激发学生对于课程内容及专业技能的学习兴趣，培植职业荣誉感。

三、 教学方法与手段改革

为了提升学生对课程思政的接受和参与程度，开展以下几方面教学改革：

第一，探索线上线下混合式教学。主要运用云班课 APP 等线上教学工具，创建了线上线下混合式课程网址（https://jk. mosoteach. cn/#/4039)，上传课程资源供学生预习和复习。

第二，改进教学活动质量。实施 PBL、CBL 等以学生参与为中心的教学方法，以学生自主学习为主体、团队协作为主要方式开展课堂小组作业、直播讨论等多种形式教学活动。

第三，创新课程评价方式。打破原有的以期末成绩为主的考核方式，注重增加过程评价的比重，小组作业的评价标准注重体现学生分析问题的客观性、逻辑性及创新性，反映综合素质的提升。

四、 课程思政的创新特色和教学成效

本课程的课程思政建设，初步形成了学生参与度高、价值引领性强、信息化力度大的创新特色。以公共事业管理 2018 级本科生为例，云班课 APP 中教学活动参与率达 100%，活动完成率（学生获取的平均经验值占教师发布总经验值的比例）达 94.7%，并有 3 人次运用本课程的理论和方法开展大创项目或科研立项的申请。总体来看，课程思政建设致力于科学理论与正确价值观念的有机整合，强化学生理论分析与实践能力的交融互通，促进了人才培养素质及价值目标的有效达成。

"货币金融学"课程思政教学示范课程案例

（财经学院　丁国平）

一、 课程简介与课程思政育人目标

"货币金融学"是金融类专业的一门必修基础课程，在课程思政改革中，本课程立足于专业理论教学，以马克思主义基本原理为指导，积极引用反映我国国情的金融案例，以润物细无声的方式将社会主义核心价值观融入教学过程，把价值认同和专业实践相结合，引导学生树立正向、创新的金融思想理念，采用科学性的方法观察和探讨金融问题，提升学生鉴别与处理金融理论与金融现实问题的综合能力，培养具有良好职业操守和职业素养的金融人才。

二、 课程思政教学设计

首先是"货币金融学"课程思政改革思路：提高专任教师的理论素养和思想境界，在教学过程中积极引导学生树立正确的价值观，同时不断改进授课方法，在课前加入案例引导，逐步引导学生用已学的货币金融学知识来面对中国实际挑战，最后探索新的考核方式，将学生对我国金融市场的情感体验、价值

认同等纳入考核评价体系。

融入习近平总书记关于金融的系列论述，比如："我们一定要建立稳定、可持续、风险可控的金融保障体系，加快建立监管协调机制，加强宏观审慎监管，强化统筹协调能力，及时弥补监管短板，做好制度监管漏洞排查工作，防范和化解系统性金融风险。""数字经济是全球未来的发展方向。"引用这种重要论断来教育、浸润学生，提高学生金融素养。

其次是"货币金融学"课程思政教学实践：一是以专业知识为依托充分挖掘课程内容的思政元素，如在讲授"货币支付体系演进"时以我国历史为背景，具体介绍各时期支付体系的发展演变，特别是宋代时期出现的以交子为代表的"代用货币"是世界支付体系发展的重要历程，通过该内容的学习，使学生树立民族文化自信和爱国情怀。二是在尊重学生个性的前提下结合学科特点加强思想引导，现阶段的高校学生多为"00后"，成长于全球化浪潮和互联网信息化时代，容易受外界影响，缺乏思辨能力，因此在课程思政教学中需要科学引导，既尊重个性又能产生心灵共鸣。如在讲解企业最主要的融资方式——间接融资——银行借款时，可结合近几年出现的典型信用风险，让学生直面社会痛点问题，深刻思考国家发展、个人使命和价值实现等现实问题。三是基于专业特色创新教学手段和教学载体，利用现代信息化采取情景教学、小组讨论等教学方法不断激起学生的学习兴趣，在课堂上采用翻转课堂教学模式，分组讨论并进行展示。四是改革教学评价体系，提升过程考核的评价权重，从课堂提问、案例发表、金融现象分析等角度对学生进行综合评价；在期末考试试题设计中，采取封闭式问题、半封闭式问题，并结合开放性问题，对学生的学习状况进行综合性的评价。

三、"货币金融学" 课程思政教学总结

"货币金融学"课程思政以一体化人才培养方案为依托，结合目标实现矩阵支撑点要求，引导学生充分认识自身人格道德养成、知识能力提升与社会形态发展相联系，在追求实现自我价值实现的同时，也要培养其对国家、对集体的归宿感和认同感。结合财经学院多年的授课经验，形成了如图6-14所示的"货币金融学"课程思政的组织流程图。

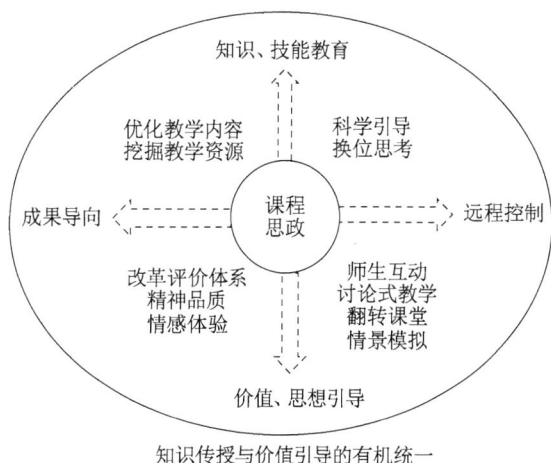

图 6-14 "货币金融学"课程思政的组织流程

"会计前沿专题"课程思政教学示范课程案例

（财经学院 朱乃平 孔玉生 姚晶晶等）

一、 课程简介与课程思政育人目标

本课程是会计学本科专业的理论和实践探索性课程，是高级会计人才素养形成的关键课程之一。课程以"知识整合、素质拓展、能力强化"为主线，教学中既强调学生的学科理论研究能力形成与提升，同时也重视培养学生理论契合实践发展需求的自由调试转变能力。本课程自第一次课"如何做新形势会计人、做中国会计事"开始，每课时的教和学中注重思政的渗透，旨在实现"宽视野、高素质、强能力"的复合型高级会计人才培养目标。

二、 课程思政教学设计

教学内容：将课程思政目标与授课内容相结合是首要任务，明确思政育人目标，才能有明确方向的教学内容设计。本课程主要体现四个内容：学科前沿知识、学科前沿研究态势、会计道德规范和会计实践发展趋势。考虑到全球会计学科和会计行业发展态势，选择热点案例、融入思政要素，引导学生"做诚信会计人，为中国会计事业而奋斗"。

教学设计：① 在充分理解了本课程思政的目标后，了解学生思政素质，分析思政要素，设计问题情境。② 根据教学内容对课堂教学进行设计，将思政要素融入课堂，学生在学习专业知识的同时，提升思政素养。③ 在课后复习环节中，设计渗透思政的教学资源，通过小组讨论和小测验形式，巩固所学内容，加深对思政的记忆刻画。

三、 教学方法与手段改革

1. 课前资源开发与教学平台上传：课前通过教学平台或微信群等上传课程参考资料，让学生提前预习了解课堂教学内容。

2. 课中理论讲授与互动讨论：在理论讲授中启发同学结合我国经济和国家治理形势思考问题，对于重要知识将班级同学分为小组，围绕思考题展开资料搜集与讨论，各小组成员代表进行现场汇报。

3. 课后作业布置与知识点答疑：围绕课堂讲授内容及讨论结果，通过教学平台或微信群推荐学生阅读相关文献资料，继续深入思考新形势和人工智能趋势下中国会计理论和实践发展相关问题。

四、 课程思政的主要特色、 创新点和教学成效等

本课程教学中渗透思政，注重启发式教学，融合全球会计理论前沿和中国会计实践发展，激励学生更加关注和热爱中国会计事业，同时强化了学生践行"会计越发展，社会越进步"的使命感。学生学习主动性强，课堂互动活跃，教学实施效果好。课程思政不是简单的将专业课与思政相加，而是有机的渗透融合，才能实现"知识传授、能力培养和价值观塑造"三位一体的教学综合目标。

"比较政治学导论" 课程思政教学示范课程案例

（马克思主义学院　蒋俊明　卜广庆　霍秀红等）

一、 课程简介与课程思政育人目标

比较政治学是政治学的一门分支学科，它主要是通过比较的方法来研究政治

现象、政治理论、政治制度，内容涉及政治的整个领域，没有特定的研究对象和范围，最大特点在于比较研究方法的运用，比较研究不同政治制度、政治发展、政治文化、政治过程、政治参与等问题，以及政治理论研究方法的比较研究。

本课程旨在教会学生运用马克思主义的政治观念辨识西方比较政治理论所存在的西方中心主义意识形态倾向及思想危害，学会比较中西政治制度的优劣，从理论上认同中国特色社会主义政治制度所具有的优越性，从而提高有效抵御西方思潮思想渗透的能力，并由此增强对中国特色社会主义制度的认同度。

二、 课程思政教学设计

1. 在讲授比较政治学已有理论的时候，坚持历史唯物主义立场，运用经济基础与上层建筑关系的理论，分析西方政治系统理论、结构功能主义、现代化理论、多元主义、自由民主主义等理论为资产阶级服务的本质和西方中心主义意识形态倾向，特别是其政治价值观输出的政治企图，分析这些理论对发展中国家，特别是对中国政治现象不具有解释力原因，鼓励学生励志以中国自身政治实践为源头的，为发展具有中国气派、中国风格的中国特色社会主义比较政治学理论的发展情况。

2. 在讲授比较政治学的比较方法时，坚持运用马克思主义关于矛盾的普遍性和特殊性的原理，纠偏学生把政治制度特殊性混同于政治制度普遍性的错误观念，消除把现代政治制度等同于三权分立、普选制和两党制（多党制）的误解。从资本主义民主政治制度的发展历史和各个主要资本主义政治制度本身的区别和差异等方面，讲清楚资本主义政治制度的特殊性，揭示其把西方的特殊性等同世界的普遍性的思维错误。在教学过程中，还必须让学生明白，二战后，西方为了更好地非西方国家售卖自己的政治制度，获得"普世价值"的世界认同，在理论对社会主义和民主进行意识形态式的分离，从而达到持续控制世界霸主地位，维护不平等的国际秩序，颠覆社会主义政权的目的。这也是很多发展中国家走向分裂及苏联剧变解体的重要原因。

第三，在讲授政治制度比较时，引导学生正确认识中西政治制度的优劣，告诉学生不能把西方制度简单标签化，培养中国特色社会主义民主政治制度的自信。习近平总书记强调，高校要教育引导学生正确认识世界和中国发展大势，正确认识中国特色和国际比较，全面客观认识当代中国、看待外部世界。西方把政治合法性建构在赢得选举，必然导致各个党派在竞选和施政的过程中，更多致力于选民眼前利益的满足，较少从战略及长远考虑国家的发展，党派之间相互攻讦和诋毁而非团结合作成为政治运行的常态。由此，导致西方国家民主政治制度走向了制度形式主义，其所具有利益集团依附主义、诱导社会分裂及国家决策和执行能力低下等弊端不断显现。教学中，除了要重点讲授好西方民主政治的弊端外，也要注意中西比较，讲清楚中国特色的社会主义制度所具有的特点及优势，尤其是中国所展现出的强大国家治理能力。

三、 教学方法与手段改革

1. 历史性叙事和范式性说理相结合的教学展现方法。对政治制度的全面了解不仅要求讲授者从历史的角度，按照逻辑和历史的统一的要求，帮助学生还原现实的全，还应从范式的角度，讲清楚制度背后的价值承载，帮助学生还原思想的全貌。本课程在讲清楚西方自由主义思潮和宪政民主、自由民主、公民社会等西方民主话语的基础上，坚持用马克思主义人民为中心的思想，中国特色的民主话语体系分析资本主义民主政治制度，真正做到理论的彻底性，提高教育的说服力。

2. 可视化案例和问题导向相结合的教学组织方法。按照可视化案例教学关于案例选择和制作具有真实性、可观性、典型性强，贴近教育主题的特点，选择美国、乌克兰等国家的大选，新冠疫情中西方应对的制度运行和效果，根据案例所展现的事件设计启发学生思考的问题，用问题引导学生进行深入交流，在对比的过程中自觉接受正确的政治观点。

四、 课程思政的主要特色、 创新点和教学成效

1. 主要特色及创新点

第一，思政元素丰富，在教学过程中能实现知识传授和思政教育的有机融入和流畅展开。在政治学理论比较、政治现象分析的方法比较及政治制度比较方面，都可以切入思政元素。

第二，比较性特点明显，在教学内容和组织设计上具有创新性。这种比较

既有马克思主义政治学与西方政治学等理论在理论和方法上的比较，还有基于不同范式的中外政治制度的比较，在比较的过程中，增强理论的分析能力，坚定学生的马克思主义信仰和中国特色社会主义制度的自信。

2. 教学成效

经过精心的教学设计和实施，课程教学达到了预期的效果。表现为：学生上课更为全面和系统地了解了政治学，能够做到从更为广阔的视角（历史和现实）去理解政治制度，纠正了过去或多或少的存在着对西方政治理论和政治制度抽象化认同的情况，对西方政治制度的局限性和国家治理能力有了更加理性的认识，坚定了中国特色社会主义政治制度的自信。

"社会学原理"课程思政教学示范课程案例

（马克思主义学院　张慧卿　马丽　霍秀红等）

一、 课程简介与课程思政育人目标

"社会学原理"是一门本科学生人文社会科学专业的基础课程，主要培养本科生掌握社会学的基本知识和技能，引导学生运用社会学的方法观察和思考社会问题，解决日常学习和生活的困惑和难题，同时为学习政治学原理、思想政治教育学原理、公共关系学等专业课程打下坚实的理论基础。社会学原理课程思政育人目标为：引导学生正确认识和处理个人与社会的关系，树立为实现中华民族伟大复兴而奋斗的责任感和使命感。

二、 课程思政教学设计

社会学原理课程包括宏观社会学和微观社会学两大部分。其中微观社会学涉及文化、社会化、社会互动、社会群体、婚姻家庭与社会性别等内容；宏观社会学涉及社区、社会分层与流动、社会变迁与社会现代化、社会问题与社会控制等内容。在教学过程中，课程组注重将思政理念与元素有机融入教学内容。例如，在讲述社会学基本问题，即个人与社会的关系时，在分析古今中外有关二者关系各种论述的基础上，重点阐释马克思主义历史唯物主义的观点，

引导学生注重个人与社会关系的和谐。在讲述社会形成基础和社会问题时，把"五个全面"总体布局渗透其中。在讲述文化时，引导学生树立文化自信；在分析主文化与亚文化时，指出"社会思潮的多元性与指导思想一元化的统一"，强调我们要牢牢掌握意识形态的领导权。在讲述社会问题与社会控制时，强调了推动社会治理体系和治理能力现代化的必要性和具体途径。在整个课程的讲解过程中，注重把十九大、十九届三中、四中、五中全会的最新精神穿插其中。

三、 教学方法与手段改革

采用讨论式、启发式、演示式、合作式、体验式、提问式、辩论式等各种教学方法和手段，线上和线下相结合，真正发挥学生的主体作用，以达到潜移默化的作用。本课程还特别注重经典的阅读，学生通过阅读经典作品与课堂读书汇报与交流，在积累专业知识的同时，增强了辩证分析问题的思维和能力，把马克思主义的认识论和方法论与专业学习有机结合起来。

四、 课程思政的主要特色、 创新点和教学成效等

课程组注重营造轻松、愉快的课堂氛围，使思政理念和元素自然而然融入专业课程中；同时注重引导学生运用辩证唯物主义和历史唯物主义的方法对所学专业内容进行客观、理性的思考。创新点主要为：教学方法灵活多样、充分发挥学生的主体性以及经典阅读的展现和引导。教学成效体现为：学生的马克思主义信仰比较坚定；善于运用马克思主义的立场、观点、方法分析现实社会问题；对经典作品的理解比较深刻、透彻。

"国际政治" 课程思政教学示范课程案例

（马克思主义学院　周均　李明宇　阎静等）

一、 课程简介和课程思政育人目标

"国际政治"课程以马克思主义为指导、以国际政治基本理论分析为重

点，使学生系统了解和掌握国际社会的基本特征、国际政治行为体之间的政治关系及其发展变化的一般规律、国际政治研究领域的核心概念与重大理论问题。

本课程最终目标是能让学生理解和运用马克思主义解释分析预测国际政治。

二、 课程思政教学设计

在教学内容中挖掘可进行思政教育的切入点，做好思政育人。

1. 在国家利益问题教学中，通过钓鱼岛、南海、中印边境冲突等案例，从我们党和政府维护国家利益的战略策略及实效方面，教育学生爱党爱国。

2. 在国际合作问题教学中，充分联系中美关系、一带一路等现实感很强的案例，从我党我国政府的立场、战略、策略、效果等方面，将我国主张的开放合作的多边主义立场同某些国家的单边主义政策进行对比，培养学生对中国特色社会主义的认同感；

3. 在对外战略与外交政策教学中，对中华人民共和国成立以来我国外交思想、对外战略和外交政策进行介绍，培养学生梳理正确的国家利益观，激发其爱国主义热情。

此外，在国际冲突、国家实力等章节的教学中融入课程思政的内容，提升学生的民族自豪感，增强其对中国特色社会主义的道路自信和国家认同意识。

三、 教学方法与手段改革

在国际政治课程教学中将马克主义方法论充分融入国际问题的分析中，强化其对马克思主义理论科学性的认同。

引导学生用马克思主义政治经济学方法来认知中美贸易战，用马克思主义历史分析法分析中日关系，用马克思主义特有的阶级分析法分析当前世界资本主义国家与社会主义国家的关系问题。通过将马克思主义研究方法与西方国际政治研究方法进行比较，进一步说明马克思主义方法论的科学性和有效性，使学生消除对马克思主义理论的某些不成熟的偏见，巩固马克思主义理论作为政治指导思想的核心地位。

本课程通过鲜活的当代国际热点难点问题，聚焦问题，引导分析，不断增强课程思政的亲和力和针对性。

四、 课程思政的主要特色、 创新点和教学成效

（一） 课程思政的主要特色

1. 旗帜鲜明的政治立场。本课程培养目标非常清晰明确，就是要培养认同马克思主义、认同我们国家的历史文化、政治制度、中国道路等根本性的政治认同；就是要培养能站稳马克思主义立场、能运用马克思主义原理和方法去认知分析国际问题和国际政治规律的专业人才，培养中国特色社会主义接班人。并切实在具体的教学内容和教学方法等教学环节和过程中一以贯之。

2. 新颖丰富的课程思政内容。基本做到每一章、每一节、每一个知识点都有具体的课程思政内容，竭力从鲜活的当下国际热点问题切入。

3. 灵活高效的教学方法。紧紧围绕教学目标和内容，采用案例、比较、讨论、读书报告、模拟等灵活多样的教学方法，真正贯彻"教师主导、学生主体"，以学生获得感为归宿的课程思政。

（二） 创新点

1. 教材内容的创新。针对教材课程思政内容不突出情况，力求从大量历史和现实中丰富教学内容，凸显课程思政，做到教学内容和课程思想有机融合。

2. 更新教学理念和方法，激发创新意识。在"知识、能力、人格"三位一体教学理念的基础上，创建了"现象—问题—理论—方法—创新意识"五环相扣的创新教学法，加强对国际政治现象和问题的分析；引导学生在学习的同时，向"问题发掘"与"自主创新"两个方向延伸。

（三） 教学成效

本课程开设已有 17 年。学生普遍反映学有所获，对国际政治问题和规律有了专业化的认知，对增强对马克思主义信仰、坚定社会主义和共产主义理想信念、坚定中国特色社会道路、制度、理论和文化自信很有帮助。

"民事诉讼法"课程思政教学示范课程案例

（法学院　周德军　陈松林　牛玉兵等）

一、 课程简介与课程思政育人目标

"民事诉讼法"是法学专业核心课程、必修课程。课程思政教学目标旨在通过将思政元素融入民事诉讼法学理论知识的讲解和实践应用技能的传授，提升学生的思想政治素养，打造新时代实践应用型卓越法治人才2.0，培养优秀的新时代法治事业的建设者和接班人。

课程思政育人目标在于坚持把立德树人作为中心环节，在典型案例的论证分析和实践法律知识讲解过程中融入社会主义核心价值观等思政元素，在提升学生法治素养的同时，培养学生的爱国情怀和责任担当，实现"法律知识传授"与"法治价值引领"无缝对接，从而实现培养"德法兼修"社会主义法治人才的目标。

二、 课程思政教学设计

本课程将思政元素全面融入法学专业知识教学，系统打造"课程思政"教学示范课。思政元素主要的融入点包括：

其一，民事诉讼基础教学融入。将社会主义法治理想信念融入民事诉讼法基本原则教学，改变传统的僵化教条的讲授模式，让学生在司法实践案例的分组讨论和角色扮演中深入体会法治社会的价值目标和制度构建的深刻内涵，树立社会主义法治理念。

其二，民事诉讼程序教学融入。将工匠精神融入民事诉讼庭审流程教学，实现庭审程序法治教育价值。加强对民事诉讼庭审实践的打磨与挖掘，将司法审判流程与法制宣传、法制教育相融合，激励学生爱岗敬业，以工匠精神打磨法律实务，养成职业理想信念和社会法治情怀。

其三，民事诉讼理论教学融入。将家国情怀融入民事诉讼理论内涵教学，采用潜移默化式思想接纳方法，将爱国爱家爱法和学法知法用法结合起来，构建系统和谐的法学思政课程理论体系，学以致用，学法为民，明确职业发展目标，确立职业发展方向。

最后，民事诉讼实践教学融入。将责任意识融入法学专业民事诉讼的实践操作教学，提升学生的社会责任意识，拓展学生法治国际视野，感悟法学职业伦理道德，在法律执业过程中爱岗敬业，诚实守信，无私奉献，勇于担当。

三、 教学方法与手段改革

民事诉讼法课程思政改革过程中创新教学方法，在现代教育信息平台的基础上综合运用案例分析法、分组研讨法、项目操作法、法律诊所法等多种理论与实践相结合的教学手段，增强课程思政的亲和力和针对性。

四、 课程思政的主要特色、 创新点和教学成效等

民事诉讼法课程思政改革注重立足"农"字基础，凸显江苏大学"农"字特色，彰显爱国情怀，选取案例主要涉及农业、农村和农民的民商事法律纠纷。课程思政教学改革过程中注重培养学生将法律实践应用技能学习和"农"字特色相结合，知"农"爱"农"、不忘初心的优秀品质，将所学的民事诉讼与仲裁法律知识更好运用于服务涉农纠纷。

"商法" 课程思政教学示范课程案例

（法学院　方晓霞　谢仁海　陈士林等）

一、 课程简介与课程思政育人目标

本课程为法学专业基础课程，课程结构主要由体现新时代中国特色社会主义思想的商事主体法和商事行为法构成，具体内容涉及商事法律基础理论、商事主体生成及商事行为规制等方面。学生在掌握商法基本理论的基础上，能够运用商法基本理论去分析和观察各种商事法律制度的相关问题；通过对公司法、破产法、保险法、票据法等法律制度的理解，提高学生运用商法基本理论解决实际问题的能力。

经济全球化与区域一体化进程不断加速全球与区域统一市场的形成，这既

为中国商事法律制度学习、借鉴先进的商事立法经验提供了宝贵机会，也在客观上凸显了中国商事法律制度与域外商事法律制度的抵牾之处。有鉴于此，商法课程思政育人目标致力于培养学生"中国问题、世界眼光"的思维，引领其正确对待和评价我国和域外商事法律制度和政策，使其在习得专业知识的同时，不断提升其对新时代中国特色社会主义市场经济的道路自信，对中国商事法律的理论、制度和文化的自信。

二、 以社会主义核心价值观贯穿教学全过程

商法以规范商事主体、保护商事交易、平等对待市场经济主体、增进社会财富、倡导商事交易诚信、实现社会和谐稳定为宏旨，围绕国家富强、诚信经营、主体平等、契约自由、公正司法等理念，构建商法基础理论和商事具体部门法的制度规则，其法律意旨与制度安排与社会主义核心价值观具有天然契合性。

三、 以课程实践与研究创新教学方法

在教学模式上，推动商法课程从以专业课程为本体的"单一模式"向以与思政融合互动的"复合模式"的转变，实现思政与专业课程的"隐性＋显性"方式向"同屏＋映射"方式转变；在课堂角色配置方面，使学生由传统的被动接受者转变为主动参与者；充分融合"第一课堂"与"第二课堂"，以校创新创业孵化基地为服务对象，增设课程实践活动，使学生在具体法律服务中感受并践行商法为创新创业保驾护航规范功能，同时在解决法律问题中传播社会主义法治理念；以指导大创项目和科研立项为路径，引导学生以实践自由、平等、公正、法治等社会主义核心价值观为研究的价值基础，通过分析与本课程相关的重大、热点事件，提高其对国情和社会的关注度，实现专业知识与社会问题的互动。

四、 以法律意见书展示课程思政实践

组建法学服务小分队进驻创业孵化基地开展"巡诊式法律体检"和一对一法律咨询服务，为大学生初创企业开诊把脉，从企业的规范设立到诚信经营提

供书面法律意见，在学法、知法、用法中深刻领会社会主义核心价值观。

"跨文化交际与国际中文教育"课程思政教学示范课程案例

（文学院　任晓霏　毛艳枫）

一、 课程简介与思政育人目标

本课程是一门跨文化交际和汉语国际教育相结合、理论和实践相结合的跨学科应用型课程，针对汉语国际教育本科生的专业特点，讲授跨文化交际知识和技能，培养学生跨文化的交际能力和跨文化的教学能力，服务国别汉语教育事业。

本课程的思政育人目标为：① 学生在中外价值观和文化模式对比的过程中认识人类文化的多样性，减少文化中心主义思想，增强文化相对主义意识，在相互尊重、友好协商、平等互利的原则指导下有效地传播汉语语言；② 学生在传播汉语语言和文化的过程中提升对中华民族优秀历史传统的文化自信，为提高国家文化软实力做出应有的贡献。

二、 课程思政教学设计

本课程的教学内容主要由两大部分构成：① 跨文化交际学的基本理论和研究方法；② 汉语国际教育中的跨文化交际案例分析。

思政元素通过教学设计融入：① 价值观和文化模式的讲解中，鼓励学生识别传统文化中积极与精华的部分，结合当代中国文化创新成果向外传播，如"和睦相处、和谐共治"的人类命运共同体等。② 案例分析和学生的实践过程中，促使学生正确客观地看待他国文化，消除偏见和歧视，达到"和而不同"、"美美与共"的意识层面。

三、 教学方法与手段改革

由于本课程理论联系实践的应用型特点，因此采用教师讲授、案例分析、情景模拟、小组任务、经历分享等灵活结合的教学方法。其中，以学生为中心的小组任务和经历分享占据整个课程的一半课时，通过学生自身的经历和感受讲出他们的理解，从而增强了思政的亲和力和针对性。

四、 课程思政的主要特色、 创新点和教学成效

课程思政的主要特色为理论指导实践、实践检验理论。不同于本科生的其他普通课程，本课程强调跨文化交际知识对学生进行汉语国际教育的指导作用，同时鼓励学生反思自己的教学实践，再回到书本中验证理论知识。

课程的创新点在于根据学生的专业特点把两门不同学科结合在一起，互为补充、各取所需，既提升了汉语国际教育专业本科生的国际视野，又丰富了跨文化交际学研究的内容。

通过近三年的课程思政建设，本课程取得了显著的成效：① 积极塑造了学生的价值观，如学生认识到不能给别人贴群体性标签，淡化刻板印象，尊重每个人的性格、喜好、行为方式，以开放包容的心态与他人交际；② 正确引领了学生的思想，学生学会将他国的优秀文化品质与本国的文化传统巧妙结合；③ 大大提升了学生的专业知识，他们在教学实践中不再是一味地抱怨授课对象的习惯和语言，而是从文化背景中去寻找原因和解决方法，提高了教学效果。

"大学语文"课程思政教学示范课程案例

（文学院 周衡 乔芳 张芙蓉等）

一、 课程简介与课程思政育人目标

"大学语文"课程是江苏大学人文素质教育平台课程，课程成果"大学语文课程与人文精神培养"、"文化素质课程群与高等语文能力培养"先后荣获江苏大学 2013 年、2015 年教学成果奖二等奖。大学语文课程为 2016 年校精品在线开放课程，2017 年提前通过验收。育人目标是扩展学生的文化视野，提升其文化辨识能力；培养学生对传统文化的认同和批判精神；培养学生观察和解读国家、社会、人生的自觉意识和评价能力，最终引导学生建立健康合理的人格结构。

二、 课程思政教学设计

教学内容包括：（1）心灵建设与大学语文。从社会文化和大学精神角度阐述心灵建设是大学语文课程的核心目标。（2）内圣外王和格物致知。从传统文人的人生设计出发，阐述中国传统文人的内生外王精神结构及格物致知的修持路径，引导学生认为个人价值与社会价值的融合，并通过实践、反省、创新来提升个体文化内涵和心灵境界。（3）困局与出口。从人类共同命运角度阐述人类的困境状态和困局意识，围绕拯救与逍遥的话题来讨论知识分子的历史选择和人生出口，从当下青年的学业、就业等角度引导学生自觉思考自身的困局与出口。（4）自然与生命。从传统文化角度阐述中国传统文人的自然意识的流变，分析天人合一、天人相胜等自然思想；从当代社会角度阐述现实社会与自然的离合关系。（5）乡村与城市。从乡村与城市的内涵嬗变和关系更替角度思考当代社会的乡村状态和城市空间。（6）伦理与情感。思考传统社会和当代社会伦理精神的嬗变，探讨当代青年的情感世界。

教学设计包括：（1）建立以人文精神培养为核心的教学观念，建立课程群，指导教学开展深入思考。（2）以情理结合、互动合作、实践运用为教学方法，建立合理的教学体系。（3）教研互动，提高学生的课程认同意识、研究意识。

三、 教学方法与手段改革

一是专题讨论和文本细读。围绕内圣外王和格物致知这一专题，从君子人格、家国情怀、克己内圣等角度进行专题讨论和文本细读。二是示范分析和对话讨论相结合。通过教师对具体文献的示范分析，为学生的对话讨论建立一种可行的分析路径，并对学生的对话讨论进行合理的引导和规范。

四、 课程思政的主要特色、 创新点和教学成效等

主要特色与创新点主要有三个方面：一是将基础课程与思政教育有机融汇，促使知识传授与价值教育同频共振；二是建立科学的教学模式，解决传统大学语文课程教学中存在的问题；三是优化大学语文课程资源，按照精品课程标准进行课程建设。课程思政教学改革的成效在于：一是对完成十九大报告所

强调的教育要落实立德树人根本任务起到了良好的推动作用，二是对引导学生正确认识生命、人生乃至世界，从而建立健康完善的心灵结构起到了有力的促进作用。

"秘书学理论与实务"课程思政教学示范课程案例

（文学院　乔芳　王明真　武克勤等）

一、 课程简介与思政育人目标

"秘书学理论与实务"课程是文学院汉语言文学专业的一门专业必修课，也是汉语言文学（师范）专业的专业选修课。该课程是研究秘书工作和活动的性质、特点、规律，揭示秘书工作方法、过程、步骤等的一门综合性应用课程。该课程的建设依托于汉语言文学跨口径培养的专业定位，立足于新时代秘书人才核心技能培养的教学改革实践，充分整合秘书学概论与秘书实务两门课程的教育资源，构建起基于秘书人才核心技能培养的核心课程群，在教学理念革新、教学内容调整、教学方法改革、实践活动开展等方面做出了富有成效的探索和改革，形成了较为稳定的教育教学模式，课程授课效果得到学生的普遍肯定。

秘书学理论与实务课程无论理论讲授还是实践实训均与现实秘书工作和任务的完成密切相关，课程内容与人才培养目标本身蕴含着丰富的思想政治教育内容，通过课程相关内容的理论讲授和实践实训，让学生从思想上领悟高尚的职业道德、踏实严谨的工作作风、爱岗敬业的职业精神、甘居人后和任劳任怨的献身精神、甘于从属乐于辅助的服务意识和服务精神的重要性，比如在秘书职业道德和基本素养的讲授过程中，通过积极调动秘书腐败和违法乱纪的典型案例，结合党风廉政建设要求，通过分析秘书腐败和违法乱纪带来的危害性和问题实质，端正青年学生选择和从事秘书工作的动机和目的；扭转青年学生秘书观念和秘书意识，从而实现"立德树人"的根本教育任务和教育目标。

二、 课程思政教学设计

秘书学理论与实务课程是秘书学理论和秘书实务的整合，课程的教学目标是通过秘书学基本理论讲授和秘书实务实训与处理，培养和提高秘书专业学生从事秘书工作的能力和水平。该课程的主要内容包括秘书学理论概论和秘书实务两个彼此独立又紧密相关的板块。其中秘书学理论教学内容包括秘书学史、秘书与秘书职业、秘书机构与职能、秘书人员的素养、秘书团队管理和绩效考核等。秘书实务的教学内容包括秘书工作概述（工作的内容、类型、性质等）、秘书信息工作、秘书文书工作、秘书会务工作、秘书日常事务处理等多个方面。秘书学理论与实务课程的思想政治资源源于秘书及办公室工作本身，课程在讲授相关内容时，通过充分调动和选用鲜活的秘书工作实际案例，将思想政治教育与秘书学理论讲授和秘书实务处理充分结合，让学生在掌握知识、获得技能、提高能力的过程中，接受思想政治教育的熏陶，实现寓教于学，收到良好的教育教学效果。

三、 教学方法与手段改革

秘书学理论和实务课程从 2006 年起开始启动课堂教学改革，通过相关教育教改项目的研究，从理论层面厘清教育教改理念，探求教育教改路径，从而指导教育教改课堂实践的有效开展。

秘书学理论和实务课程教学团队中，所有任课教师均具有秘书学专业背景，部分教师还拥有丰富的办公室工作经验，属于双师型教师。团队在授课过程中充分发挥成员的专业学科背景、岗位优势、知识储备和能力特长，在理论讲授和实践实训两方面充分挖掘思想政治教育的资源和路径优势，以实现教育教学目标。

在我国高等教育推进"立德树人""以本为本""四个回归"的新时代，秘书学理论与实务课程通过 PBL（问题导向）教学法、CBL（案例导向）教学法、情境创设教学法、实践活动策划组织完成法等多种教学方法，充分整合和盘活课堂内外教学资源，收到事半功倍的教学效果。

例如，在秘书实务课上，组织完成"官僚主义与秘书职业道德建设——从高校学生干部官僚主义作风谈起"为主题的"课堂思政"示范课，通过调查研究活动的开展和任务的完成，收到了以下教育教学效果，有效完成了"立德树人"的"课堂思政"教学任务：

1. 通过"官僚主义与秘书职业道德建设"课堂思政课，促使学生思考官僚主义作风的表现和危害。

2. 通过"官僚主义与秘书职业道德建设"课堂思政课，通过调研，分析高校学生干部思想作风状况，了解高校学生干部思想中有无官僚主义表现，表现形式如何。

3. 通过"官僚主义与秘书职业道德建设"课堂思政课，在掌握学生干部思想状况和官僚主义倾向的基础上，促使学生思考高校学生干部官僚主义作风与从业人员官僚主义作风的异同及其危害，进一步认识思想作风建设的重要性。

4. 通过"官僚主义与秘书职业道德建设"课堂思政课，促使学生思考并寻找对高校学生干部官僚主义作风的表现和危害。

5. 通过"官僚主义与秘书职业道德建设"课堂思政课，促使学生思考干预学生干部官僚主义思想作风的路径和方法。

6. 通过"官僚主义与秘书职业道德建设"课堂思政课，让学生进一步认识到思想作风和职业道德建设的重要性，自觉端正自己的思想，培养乐岗敬业、忠于职守、为党为国家为人民为单位负责、公而忘私、廉洁自律等职业道德。

四、 课程思政的主要特色、 创新点和教学成效等

课程思政的主要特色在于致力于通过 PBL（问题导向）教学法、CBL（案例导向）教学法、情境创设教学法、实践活动策划组织完成法等多种教学方法，寓思想政治教育于生动的、来自现实秘书工作任务的完成和开展，或者鲜活的案例分析，实现教育教学任务的有效完成。

创新点在于实践教学方法的创新和双师型教学团队的创新两个方面。

课程思政的教学成效在于将秘书的职业道德和思想作风建设启动于准秘书（学生）阶段，通过将课程教学内容的讲授和学习与思想政治教育有机结合，实现让"不敢腐、不能腐、不想腐"的理念武装准秘书（学生）们的头脑，实现"立德树人"的教育教学根本任务的完成。

"高级英语（学术人文）"课程思政教学示范课程案例

（外国语学院　吴媛媛　潘秀杰　卢木林等）

一、 课程简介与思政育人目标

"高级英语（学术人文）"是非英语专业本科生第三学期进入英语提高阶段学习的一门学术英语类选修课（EAP），要求学生具备良好的英语基础。本课程着眼于学术英语语言技能训练、学术思辨和创新能力培养及人文学科专业素养的提升，希望通过本课程的教学对学生在人文学科中用英语进行学术研究及参加学术活动打下坚实基础。

本课程的育人目标是通过对文学、历史、哲学等英语人文素材的阅读和讨论提升学生的人文内涵，拓展综合文化素养，以适应新形势下我国社会发展和国际交流对国际化高素质人才的需要。

二、 课程思政教学设计

本课程分为文学批评方法、历史研究概述和中外哲学概述三个模块，每个模块都由理论和实践两个单元组成。在理论单元中，学生需阅读和分析选自外研社学术英语教材 *Academic English for Humanities* 中相应课文，形成读书报告；在实践单元中，学生运用在理论单元中学习的研究方法对教师选取的拓展素材进行分析和评价，并开展讨论，以小组为单位形成论题。学期末，各小组需选取一个论题，形成研究计划，提交论题陈述（Thesis Statement）。

在教学设计上，教师有意识地引导学生进行中西文化对比研究，在教学素材的选取上尤为谨慎。理论单元的教学素材主要选自教材，涉及文学批评理论、历史研究方法、哲学研究方法等；实践单元的素材全部包含中国元素，如汉语文学作品、中国历史素材、中国哲学思想等。在涉及文化对比时，教师着力引导学生批判性理解西方文化和价值观，督促学生加深对中国文化尤其是传统文化方面的理解和探索，教师加强价值观引导，在潜移默化中使学生增强文化自信。

三、 教学方法与手段改革

为培养学生的学术能力，教师在课堂教学中以学生为中心。仅在教学素材选取上做硬性规定，其他环节如课堂讨论、小组选题、论题陈述等方面都尽量遵从学生的选择。在涉及文化对比时，适时引入中国文化元素和中国视角，引导学生自己去发现中西方文化异同以及用批判性眼光看待西方文化。以哲学模块为例，在学生讨论中国哲学时教师适时引入中国传统价值观和社会主义核心价值观的讨论，并启发学生对优秀的中国传统价值观进行总结。最终，学生总结的中国传统价值观基本与我们倡导的优秀价值观相符合，即：责任先于自由、义务先于权利、群体高于个人和和谐高于冲突。

四、 课程思政特色创新与成效

1. 教学目标与育人目标有机融合：学术人文课程的根本目标是提升学生的人文素养，使学生成为具备一定学术能力的高素质人才，这个目标的达成渗透到了教学的全过程；

2. 以中西文化对比引导学生自己发现中国文化的优越性，增强文化自信；

3. 在课堂讨论中有机引入价值观讨论，加强价值观引领，尤其是对中国传统价值观和社会主义核心价值观的认同；

4. 学生在自由的课堂氛围中通过小组合作和探究发现问题、分析问题、解决问题，学术能力和人文素养同时得以提升。

"综合英语" 课程思政教学示范课程案例

（外国语学院　李霞　谢志芳　丁建等）

一、 课程简介与课程思政育人目标

综合英语是英语教育专业的一门核心课程，兼有工具性和人文性特征，开课时间历时六个学期。其教学目标为在系统教授学生基础语言知识及培养学生基本语言技能基础上，提升学生语言实践能力、跨文化交流能力、思辨与创新等能力。此外，该课程还强调通过发挥课程潜在价值导向作用，实现语言教学和思政教育共融，潜移默化引导学生构建正确的人生观、价值观和世界观，落实立德树人的根本任务。

二、 课程思政教学设计

课程主要通过建立"三位一体"体系，将思政与教学有机融合。① 以教材为基础，深挖课程思政元素。教师紧扣教材，挖掘其中隐含的文化及育人要点，在夯实语言知识中融入思政教育文化元素，达到智育和德育的齐头并进。② 以课堂为主要阵地，师生共同探索课程思政元素。课堂上教师组织多样化主题课堂探讨，科学规划教学内容，创新教学设计，鼓励学生寻找问题，发现问题，做到教化无痕。③ 以课外为延续，强化课程思政效果。教师鼓励学生课外积极参与第二课堂、科研立项及各种比赛等，让学生在任务完成过程中，主动感受、探索并强化思政教育和语言学习的融合。

三、 教学方法与手段改革

课程以"产出导向法"为指导，倡导以学习为中心，学用一体及全人教育。通过输出驱动、输入促成、及时和延时评价，深挖课程隐性思政教学功能，提升思想政治教育亲和力和针对性，满足学生在成长发展过程中的价值引领需求和期待。

四、 课程思政的主要特色及创新点

1. 加强课程思政教学团队建设

课程教学负责人联合思政教师和外语教师，通过集体备课、公开课、研讨会等形式共同进行教学内容梳理，挖掘潜在思政教育资源，提炼课程特色，提高课程内涵。

2. 创新完善课程教学设计

围绕"知识建构、能力培养和价值塑造"教学目标，优化教学设计，加强社会主义核心价值观教育渗透，把家国情怀、文化自信、社会责任、工匠精神等经典思政内容融入教学设计。

3. 突出师范特色，丰富课程内容

课程立足师范生需求，积极引导学生对有关现象进行教育性思考和分析，让学生在学习中体验教师角色，从而发展其教育理解能力、提高教育教学理论水平及技能。

4. 建立以评促学多维教学评价

教师通过形式多样的、过程性的评价方式，教师点评、生生互评、学生自评的多种评价模式，实现语言与思政并进的教育目标。

5. 利用互联网资源，"线上 + 线下"相结合

充分利用教育信息技术，利用学习强国、学习通、itest 及学堂在线等线上资源，实行线上线下教学。

"环境小品设计"课程思政教学示范课程案例

（艺术学院　韩荣　费晓慧　霍珺等）

一、 课程简介与课程思政育人目标

主要是研究环境小品设计的趋势、影响因素、布局方法等。育人目标依托混合教学模式将"文脉延续"这一主旨通过课堂内外共融，增强中华优秀文化多元支撑，强化学生主体意识和创新意识，让更多的学生获得快乐，汲取智慧，延续基因，萃取精华。

二、 教学内容与体系构成

本课程内容基于"德艺双修"策略，体系的构成是"一主轴，两贯穿"。一主轴是指"文脉延续"，主要包含传统史论教育、多语汇设计教育与综合设计实践的有机结合；两贯穿包含"多途径（学科交叉与成果转化）"课程传播设计及"双修式（个人品德与艺术素养并重）""递进式（被动式学习到主动式学习再到创新性学习）"提升设计。

三、 创新方法与手段改革

优化课程体系：通过预设题目锻炼学生资料梳理能力。按课程要求渗透中华文化元素精神内涵，例如在先导学习部分增加古代园林历史知识导入，明晰并凸显其所蕴含的内在品格。

加强观念传授：通过具体案例解析地域文化属性。例如在形式语言部分增加案例内容比重，主要运用思维导图教学法、引导文教学法等保证学生能依据文化元素和传承方式探究问题答案。

倡导跨学科交流：通过跨专业联合引入综合型课题。将传统文脉基因与现代设计主题衔接，例如在综合训练题目部分增加民间美术知识内容置入，针对核心价值编组团队在同一命题下进行任务分工。

推进学研协同：通过实际课题与学科竞赛形式推进成果转化。依托科研项目、学科竞赛、实际项目开展可行性探究，充分利用具有合作基础的博物馆、纪念馆、美术馆等，邀请行业专家参与辅导，从真正意义上做到和社会服务密切联系。

四、 主要特色与教学成效

责任感得到增强：课程中将传统语汇通过符号化复制引导学生独立理解文化脉络的本质问题，激发了学生应用能力。近 3 年所指导包含国家级在内的大学生科研立项共计 11 项。文化元素包含革命文化，地域文化，民俗文化等。

学科视野得到拓展：学生从设计思维层面到实践层面都有了提高，呈现出比以往更加成熟的逻辑程序。近 3 年所指导学生获得全国大学生计算机设计大赛、数字艺术大赛等各类奖项 42 人次。此外，在跨学科授课与联合训练之下，共有 5 组团队入选省团队优秀毕业设计和省"紫金奖"文化创意设计作品大赛等。

教学技术得到飞跃：课程思政模式对教师知识储备与专业能力提出了较高的要求。近 3 年共发表教研类论文 13 篇，获批省重点教材立项建设 1 项、省在线开放课程 1 项、教育部产学合作协同育人项目 2 项等。

"工业设计产品赏析"课程思政教学示范课程案例

（艺术学院　孙宁娜　张凯　李明珠等）

一、 课程简介与课程思政育人目标

工业设计是一门综合性极强的当代新兴学科，当代的工业设计将创新、技术、用户体验、商业、文化等诸多方面紧密联系在一起，在为全人类更好的生存、生活和发展的方方面面提供着服务。本课程已在中国大学 MOOC 平台上线教学多年，采用在线教学为主、线下辅导为辅的混合教学方式，并采用启发、讨论等多种教学方式开展教学活动，并提供大量的课外教学内容与延展学科知识，以期让学生能懂得什么是好的设计，提高同学们的设计鉴赏水平；并拓展视野，激发各类同学们的创新意识。

本课程教学始终坚持以"大学生全面发展"为目标，紧扣"国家创新驱动发展战略"要求，体现"创新发展、文化自信、创设美好生活"的教学目标，以期帮助学生拓展视野，提升人文艺术修养，并能帮助学生提升运用多学科知识进行问题发现、分析、定义的能力，理解创新思维的重要性，可以将本学科知识灵活用于自身学科专业的科研活动当中。

二、 课程思政教学设计

本课程教学内容以工业设计学科的时代发展为脉络，以典型案例解析为切入点，通过较为全面的讲解专业基本概念，解析工业设计的时代价值与现实意义；紧跟学术前沿，通过介绍经典的企业产品设计案例与学科发展中的最新案例解析，使学生更为直观的掌握本学科知识，并通过介绍工业设计学科的前沿设计理念，帮助同学进一步了解自然科学、工程技术在产品创新中的设计应用路径，掌握工业设计发展对人类生活方式、生存环境与社会可持续发展，以及设计创新对我国实现制造业产业升级、促进国家经济发展的重要影响。

三、 教学方法与手段改革

本课程为线上、线下混合式教学，利用线上课堂视频教学，组织互动交

流，拓展学习；线下课堂教学，检查学习效果，补充最新资讯教学，交流学习心得，梳理完善教学形式，迭代更新。本课程既重视基本理论介绍，又紧跟学术前沿，采用"理论讲授法"和"案例引导法"相结合的教学方式，重点强调基于问题的教学内容，并通过日常生活中成功案例的介绍和讲解，使学生感同身受，进而激发学生的学习兴趣与学习热情。

四、 课程思政教学特色

1. 依托我校工程学科优势及"高水平、有特色、国际化"发展战略，把践行社会主义核心价值观有机融入教学体系，全面渗透教学全过程。培养学生提升科技创新与服务社会的能力，并同时提升文化自信、民族自信与爱国精神，充分发挥课程德育功能。

2. 以"多维融合"教学，助力学生创新意识与创新能力培养，其包括以机械工程、计算机科学等学科互通互融，助力学科交叉交流混合教学；以与爱达荷大学、普利茅茨大学、京都情报大学院大学，以及浙大、南艺等国内外高校合作，助力校际交流混合教学；与华帝、OPPP、深圳创新研究院等十余家企业合作设计项目，助力校企合作混合教学；与中国工业设计协会、省工业设计学会等保持良好合作，助力校地互动混合教学。

3. 以"传承创新"为文化育人特色，教学中充分重视讲解独特东方视角下的造物智慧，结合优秀案例解析，使学生了解文化传承为当代生活方式和行为模式的发展与创新提供了具有中国特色的现代解答。

"FLASH 动画制作"课程思政教学示范课程案例

（艺术学院 肖晨 朱其林 孟翔等）

一、 课程简介与课程思政育人目标

本课程是动画专业的核心创作课程之一，在整个课程体系中起到承前启后的关键作用，是学生在初步掌握专业基础知识与创作工具之后，第一次用"创作"的眼光和视角去进行完整动画作品的创作。通过学习该课程，学生能够掌握运用 AN 进行全案作品创作的方法和能力，能够学会使用多个视角，多个方法去审视创意，并能够在创意阶段实践不同的思维角度，基本具备能够独立创作全案动画短片的能力，了解在当前语境下如何站在正确的视角去进行艺术创作。通过课程思政，使学生了解"主旋律题材的好作品"这一概念相关理念的思维方式，从商业创作的影像中发现艺术创作者的社会责任所在，发现动画作品对社会审美传播和价值观传播的重要性，灵活运用动画特有的创作语言，探寻新颖的视觉效果，进而结合动画创作富有戏剧化的表演形式和创作方法，让观念和思政元素有机结合在一起，成为传递理念和精神强有力的载体，创作出真正具有社会意义和传播价值的作品。

二、 课程思政教学设计

本课程主要包括国内外实验动画艺术发展史、顶级动画创作工作室详解、创意表现手法，小康短片创作分析等阶梯递进式章节。同学们经过两年的训练和学习，初步掌握了动画创作工具和流程方法，也参与过各类赛事，获得了一定的创作经验。但是普遍未曾建立艺术工作者的社会责任感，也并不明白主旋律创作的思维方式和视角，由于下半年是各级赛事的评选时间，没有相关的大型赛事，因此本课程的目标是围绕"全面建成小康社会"与"建党 100 周年"这两大方向进行创作引导，为了带领和指导同学们顺利达成这一目标，首先在课程开始阶段采用纯理论和赏析教学，带领和布置他们大量观片并详细逐格解析，通过教师原创案例的分析和学习，同学们基本了解和认识到主旋律创作的重要性和必要性，学会运用影视动画相关的艺术形式和创作手段，寻找社会热点和符号化事件与政策，并结合音乐、人声、音效、动画，将信息积极、有效的传播给广大受众。

三、 教学方法和手段改革

在练习一阶段，要求同学们进行廉政静态作品创作，通过这次练习来尝试深入理解传播思维。由于对思政视角比较陌生，大部分同学的创作并没有良好的实现目标，不过，在创作案例讲解和分析的过程中，不少同学产生了新的灵感和方向，并将其运用到第二次练习中去。

短片创作采用了小组合作的模式，同学们尝试头脑风暴带来的创意积累阶段，产生了一些让人眼前一亮的创意。

四、 课程思政的主要特色和成效

课程的最终作业是围绕动画创作本身来进行，从光盘行动到环境保护，主题选择丰富多样，同学们积极主动地沟通，让自己的作品越发精进，并有同学的作品获得了江苏省大学生艺术展演三等奖，入围江苏省大学生"安全让生活更美好"短视频大赛。

本课程的核心案例：《我和我的小康》获北京市公益广告大赛特等奖，入选国家广电总局社会主义核心价值观动画短片扶持项目。

"现代教育技术应用"课程思政教学示范课程案例

（教师教育学院　王斌）

一、 课程简介与课程思政育人目标

"现代教育技术应用"课程是师范生的教师教育类基础课程。此课程的开设主要是为了让学生了解当前信息化教学的各种手段，教授学生运用现代化媒体手段以提升教学效果。通过让学生了解学科发展的历程、了解学科在历史转折的重大关头如何回应时代诉求，使学生真正在"道"的层面上领悟民国时期仁人志士"师夷长技以自强"的奋斗精神、领悟改革开放初期现代化媒体对扩大人才培养规模的重要意义，从而在更为广阔的时代背景下认识教学媒体等"小技艺"在科教救国、民族振兴中的"大用途"。

二、 教学内容与教学设计

在现代教育技术应用课程中开展学科发展史教学，目前采用的是集中课时讲授加零星渗透式教学结合的方法。前者主要是在讲授学科概论时专题讲授中国教育技术发展简史，后者则主要是在讲授教学媒体、远程教育等内容时顺便论及其发展历程。

三、 教学方法与手段改革

教育技术学是伴随着媒体技术的教育应用而诞生的新兴学科。民国时期，

陶行知、晏阳初、孙明经等有识之士学习西方国家的先进经验，将幻灯、电影、无线电等现代化媒体用于社会民众教育，在扫除农村青壮年文盲、宣传抗日救亡等方面起到了重要作用。改革开放之初，在各行各业百废待兴、高级专门人才又极度匮乏的情况下，邓小平亲自倡导成立广播电视大学，为社会各界输送了大量人才。可以说，学科每一步的发展，都呼应着时代发展的重大需求。

因此在现代教育技术应用课程中渗透学科发展史，讲述民国时期重要的电教人物、改革开放初期中央电大的诞生等案例，不仅能提高学生的学习兴趣，更能从"课程思政"的角度引导学生将媒体的教学应用与当时社会对教育的迫切需求联系起来，促进学生形成"教育技术与社会发展密切关联""科教兴国"等深层次的理念，提升学习本课程的历史责任感和使命感。在当前受疫情影响、学校普遍转入线上教学的背景下，这一理念更具有其特殊的现实意义。

四、 课程思政的主要特色、 创新点和教学成效等

教学中对学科发展史的渗透，最直接的成效就是提升了学生的学习兴趣。从课下与学生的交流来看，学生普遍反映对这部分内容很感兴趣。有的学生也反映，原本以为教育技术只是单纯的多媒体教学，在了解了学科的发展史之后，对先辈学人科教救国的思想有了更为深入的理解，自己也更有兴趣学好这门课。从学生评教的结果来看，教学效果很好。2019 年春季学期给思政（师范）讲授的"现代教育技术应用"课，被教务处评定为课程教学质量评价 A 级课程。部分学生对此内容兴趣浓厚，并以相关主题申报课题或撰写论文，并对学科发展史有了更为深入的探究。

"临床医学导论" 课程思政教学示范课程案例

（医学院　许潇　黄攀　张娣等）

一、 课程简介与课程思政育人目标

"临床医学导论"是临床医学专业学生入校后的第一门专业基础课。课程以医学为研究对象，着重从整体的角度来阐述医学的本质、特征、发展规律、

内部结构及其相互关系；论述医学的社会地位和社会功能；介绍医学的基本理论和方法以及医学工作者的思维方法和基本技能；将医学生引入医学这一神圣殿堂。

本课程作为一门专业导论课，承载着给学生提振信心，树立志向，扩展视野，强化职业责任意识及丰富人文底蕴的任务。

二、 课程思政教学设计和教学方法

本课程采用"网课＋讲坛＋实践＋训练营"的全方位、多维度授课体系开展，在形式上帮助学生适应大学阶段的新学习模式，也能更好地达到课程育人的教学目的。

优质网课：引入校外优质线上资源，介绍我国医学教育改革和卫生改革的形式和取得的成果，使医学生进一步了解医学教育和卫生事业的现状以及医学和医学教育国际化的趋势。

系列讲坛：组织杰出专家、知名校友、全国劳模、国学学者开展，围绕医学生的成长路径，职业担当，奋斗目标和人文积淀开展系列讲座，反响热烈，学生纷纷表示受到了很大的启发和鼓舞。

小组实践：为了引导医学生"对自己的专业产生感性认识和职业自豪感，课程设置了课外见习环节，赴附属医院实地调查，要求学生了解就诊流程，采访一个科室并形成小组报告。通过学生在实践中对患者病痛的观察、对医护人员的访谈，深化学生对"医者仁心"的理解。

PBL 训练营：临床医学专业本科专业类课程中，PBL 等研讨型学习所占比例较大，因此在导论课中专门设置了 PBL 新生训练营，通过组长培训、工作坊等形式，帮助学生熟悉 PBL 流程和方法。

三、 课程思政特色和教学成效

本课程通过"线上线下"混合式授课方式，"课内课外"创新式实践活动，全方位实现课程育人功能。通过线上学习成绩、实践评分、提交职业生涯规划和 PBL 小结等方式考核，学生在课程中和课程后的各项反馈显示能够充分达成知识、技能及思政教学目的。调查显示学生在课程结束后，对临床医学专业的职业自豪感、从业信心和社会责任感都有显著增强。其中，89.4% 的学生认为自己从医是"为了促进祖国医学事业的发展",99.61%的学生认为自己"能够关爱生命,感悟生命真谛",100%的学生认为"患者的权利、尊严和人格是执业的追求目标"。

"临床输血学检验"课程思政教学示范课程案例

（医学院　孙晓春　王梅　许文荣等）

一、 课程简介与课程思政育人目标

医学检验是国家特色专业,"临床输血学检验"是医学检验技术专业的主干专业课程之一。本课程主要介绍与临床输血相关的基础理论与技术方法。本课程的主讲教师全部来自国家网络精品课程临床基础检验学的教学团队。

本课程的育人目标分为专业目标和德育目标。专业目标:掌握临床输血学检验基础理论、基本知识和基本技能,能够胜任将来临床输血相关的实际工作;掌握临床输血学检验实验操作技能,包括血型鉴定、交叉配血及不规则抗体筛查等;熟悉和了解本学科的发展历史和研究前沿动态。德育目标:在掌握临床输血学专业知识的同时,以典型社会事件、典型人物事迹为引领,使学生了解中华优秀传统文化,培养具有社会主义核心价值观、正确的人生观,并具有良好的人文素养和医生职业道德的医学专门人才。

二、 教学内容与教学设计

临床输血本来就是救死扶伤、治病救人的事情,蕴含着伟大的生命科学意义。在本课程的不同章节,结合相关历史背景、名人事迹、典型案例等,设计思政案例,将专业知识和人文素养充分结合起来,旨在对学生进行奉献精神和仁爱精神教育,帮助学生树立民族自信和文化自信。课程思政教学内容主要来源于以下几个方面:

1. 杰出人物的事迹

比如讲到"O"型血时,重点介绍国际主义战士白求恩,讲述他无私奉献、治病救人的高尚情怀。讲解输血传播性疾病中的丙型肝炎,结合与丙型肝

炎研究相关的 2020 年诺贝尔医学奖 3 位科学家，以期激发学生的科研热情。

2. 典型的案例

义务献血是目前我国血液的重要来源，介绍义务献血的重要意义和价值，义务献血对自身而言有促进造血的功效，对社会而言可以救治别人。讲与输血相关的传播艾滋病时，讲红丝带计划，提醒学生要重视生命、关爱别人，并阐明大学生要有正确的爱情观和处事方式等。讲第一次世界大战对输血学科的发展促进作用，我们要珍惜当前来之不易的和平与稳定。

3. 实验课的课程思政

一方面，在基本实验技能的教授中要严格规范操作，使学生增强无菌观念，强化无菌操作技能，献血员的献血过程必须无菌操作，培养实事求是、严谨踏实的科学态度；另一方面，适当增加探索性实验、综合设计性实验，以培养医学生的逻辑思维能力、动手能力和创新能力，是培养高素质新型医疗人才的有效途径。

三、 教学方法与手段改革

本课程目前主要还是线下教学，积极寻找和收集素材，做成内容丰富的PPT，收集相关课程录像和图片，将思政内容有机地融入课堂教学中。这样做既有利于教师的课堂教学、活跃课堂气氛，还有利于提高学生的学习兴趣，培养学生正确的价值观、人生观与世界观。另外，本课程也正在积极地进行网络课程建设，争取早日将课程思政内容呈现在网络平台。

四、 课程思政的主要特色、 创新点和教学成效

课程思政的主要特色：

1. 高水平高素质的教学队伍

本课程教学团队的知识结构和年龄结构合理，师资配置优化。专职教师全部具有博士研究生学历，其中教授 3 人，副教授 2 人，全部为中国共产党党员，都能够发挥共产党员的先锋模范带头作用。

2. 授课内容与思政内容有机结合

课程的主讲教师都能够积极备课，课程思政的内容涵盖所有理论教学章

节。比如血型鉴定和交叉配血对医学检验专业学生来说最具有临床价值，它们是生命攸关，事关患者生死的两个实验。利用岗位的重要性激发学生对专业的认可度，提升爱岗敬业的精神，也促进学生逐渐拥有实事求是、一丝不苟的科学精神。

创新点：

引入新的学科研究成果以引导学生科研兴趣，既注重学科基础理论的传承，又非常注重学科最新动态和进展。经常将最新的研究成果融于课程，以及新成果可能带来的经济和社会效益，提升学生的专业认可度，并激发学生的科研热情和学业提升积极性。

增加循证医学和精准医学的理念，强调与临床结合，在各知识模块引入"经典案例分析"，这有利于教师引导学生融会贯通各种知识，加强各知识模块的联系，增强临床能力和科研素质的培养。

教学成效：

学生对思政教学的效果非常满意，有别于单纯的思政教学，绝大多数学生认为将思政内容与输血学的相关知识有机结合在一起非常有助于本学科知识的了解，激发了学习兴趣，开阔了眼界，增长了知识。

学校督导组专家的听课评价为优秀，认为本课程思政教育在专业教学中探索应用中展示了新途径和新方法。在课堂教学的多个环节融入思政内容，将专业知识和人文素养充分结合起来，提高了学生的学习兴趣，实施了有效的德育渗透。

义务献血人数和比率，以前镇江市中心血站采血车来我院进行义务献血的血液采集时，采血车前人员稀少，现在经常是采血车前学生站的满满的。班级的义务献血比率在学过本课程后得到显著性提升。

科研意向的学生数量增加，要求加入本课程教师团队中进行科研立项或者加入导师科研团队的学生人数也有了显著性增加。

咨询考研人数增加，将课程思政内容引入课堂后，现在找课程相关老师进行教研咨询的也有了明显的增加。这说明大家提升专业素质和学历层次的认识得到了深化和认可。

"高级卫生事业管理学"课程思政教学示范课程案例

（医学院　刘石柱　陈羲　余悦）

一、 课程简介与课程思政育人目标

"高级卫生事业管理学"是公共管理学科硕士研究生学位课，在公共管理人才培养过程中发挥夯实专业基础、追踪学科前沿、锻炼综合素质的重要作用。

在实施健康中国战略、深化医药卫生体制改革及推进国家治理现代化的政策背景下，高级卫生事业管理学课程体现出较强的公共政策属性。学生的发展需求正在从被动接受知识转向创造性地提升健康管理的综合素质。教师的育人目标也需要从培养卫生管理从业者转换为培育立德树人导向的健康中国建设者。教学资源及方法也需从单一教材向反映最新卫生政策的"大社会"活教材扩展。

1. 知识探究：掌握卫生事业管理的基本理论、主要方法，深入理解我国卫生系统及卫生管理体制的运行规律。

2. 能力培养：具备应用卫生管理与健康治理策略，分析、解决卫生与健康领域复杂管理现象及实践问题的基本技能。

3. 素质养成：理解全民健康在全面小康社会建设中的重要地位，培育符合新时代人民健康生活需要的综合管理素质。

4. 价值引领：形成"以人民为中心、以健康为根本"的价值取向，培植投身新时代卫生事业高质量发展的职业信念。

二、 教学内容的优化设计

对照高阶性、创新性、挑战度的"金课"建设标准，本课程注重引入"课程思政"元素，广泛吸取卫生体系研究领域的最新进展，围绕整合型卫生服务体系、价值医疗、健康治理现代化等前沿热点开设专题章节，将健康中国行动、十四五医改规划等最新政策导向融入课程教学。同时，在教学案例选取方面，注重反映我国医改的创新经验，体现案例研究本土化，强化学生对于我国医改的道路自信，加深学生对于中国现实情境的问题意识和挑战精神。

三、 教学方法与手段改革

按照新文科建设指导思想，本课程积极采用现代信息技术，探索开展线上线下相结合的混合式教学方法，改变过去以教师讲授为主要教学手段、期末成绩为主要评价标准的教学方式。借助云班课 APP 等载体实施形式多样的教学活动，通过 PBL、CBL 等教学方法提升学生的参与式学习能力。探索实施以过程评价为主的课程考核，加强考核中的师生互动、生生互动，全面反映教学质量改进情况。

四、 课程思政的创新特色与教学成效

通过开展课程思政建设，本课程逐步形成了"强化学生参与能力、凸显民生价值导向、融合现代信息技术"的创新特色，并在提升学生学习积极性、改善学生自主学习能力、创新教学质量评估方式等方面初步取得了较为显著的成效。

"分子病理学"课程思政示范课程案例

（医学院　黄攀　周小明　鞠小丽等）

一、 课程简介与课程思政育人目标

"分子病理学"是优化了临床病理学和高级病理学两门课程而成的新开课程，是分子生物学、分子遗传学及蛋白质组学等多学科内容相互渗透形成的一门前沿交叉性学科。

知识目标：掌握传统病理学基础上，理解人类主要疾病的发生过程中的分子基础及机制，为疾病的诊断预后，以及新发疾病的预防、治疗和靶向治疗打下理论基础。

能力目标：具备以病理学形态改变为基础，疾病发生发展的分子基础及机制为中心的提出问题、分析问题和解决问题的能力；并能够将所学的分子病理

学理论知识与实践相结合，应用到病理诊断和科研工作当中，做到学以致用。

课程思政育人目标：通过本课程的学习，要求学生不仅能够了解疾病的分子病理机制及其转化医学的知识，而且通过思政案例的引入与研讨，使学生了解病理学人及医护人员在疫情中的责任与担当，培养青年学生勇于担当的精神；激发学生的爱国情怀，增强学生对病理课程的学习兴趣；提升研究生投身专业学习和研究的热情及使命感，树立正确的人生观、世界观和价值观；鼓励青年学生要坚定理想信念，磨砺意志品质；了解科研成果的完成需要团队成员的共同努力，培养学生的大局观念和团队意识；选择要以国家利益为前提，增强爱国情怀和社会责任感，引导青年学生把个人职业的发展与"健康中国"战略紧密相连。

二、 教学设计和教学方法

课程设计采用混合式教学方法，课前要求学生线上预习，随后课堂讲解病理学相关的基础知识，再通过课堂研讨医学前辈先进事迹等，最后再分享相关科学研究的历史大事件和国内外进展，并分析关键科学问题、研究方向、研究内容和突破点，课后通过网络在线测试等检测学习效果，最后通过问卷形式邀请学生对课程内容及教学效果进行评价。

教师利用网络将各个阶段的学习任务发布给学生：课前预习鼓励学生通过网络资源发现合适的学习资源，经过自主探究，解决问题；课上可采取形式多样的教学方法，如探讨辩论、答题竞赛、翻转课堂等，激发学生学习兴趣。在运用翻转课堂基础上，针对学生自主探究的问题以及融入的思政案例进行讨论，通过引入前沿科研知识，并进行拓展，深挖研究内容，培养未来的科研工作者。

三、 课程思政教学成效

通过本课程学习，不仅能够激发青年学生对专业基础知识学习的积极性，还能够引导青年学生回望历史，深刻体会医学先贤们的爱国情怀和责任担当，并且有利于培养学生的早期临床思维和科研能力，激励学生树立热爱祖国、终生追求科学真理的宏伟目标。

"药物分析"课程思政教学示范课程案例

（药学院　童珊珊　沈玉萍　戚雪勇等）

一、　课程简介与课程思政育人目标

"药物分析"是研究药品质量及其控制规律的学科。其课程思政的教学目标在于：通过学习，树立强烈的药物质量与安全意识，培育专业使命感和社会责任感，认知中医药文化的独特优势，弘扬严谨、求实、创新的科学精神。

二、　教学内容与教学设计

在"药物分析"课程具体技术和案例的基础上，引入分析技术方法的创新、发展，引导学生崇尚科学精神。如通过介绍色谱技术的发展历程，让学生认知、领会科学理论与实践的相互作用，以科学理论培育人。

讨论中药质量标准的发展及中药在新冠疫情中的实际作用，引导学生正确认知我国的中药文化，树立中医药是当代中国"独特的卫生资源、潜力巨大的经济资源、具有原创优势的科技资源和优秀的文化资源"的学科自信。

结合"药物分析"线上课程的丰富资源，展示我国药典的进展，介绍国产分析仪器的知名品牌；疫情期间，"药物分析"课程的试卷以连花清瘟胶囊中有效成分测定为试题；"体内药物分析"课程中介绍我国核酸、抗体检测的产品。以上均从具体技术方法出发，潜移默化，让学生认识我国医药技术伟大发展的国情，激发学生对专业的认同感和自豪感。

三、　教学方法与手段改革

通过案例式教学（CBL）和课外实践，将知识技能与职业价值观塑造相结合，培养学生的责任感和使命感。如以疫情期间的"三方三药"为例，引导学生深入讨论中医药在新冠疫情中的预防与治疗作用，增强时代感，增强课程思政的亲和力和针对性。

课外实践中通过"寻药记——守护家庭小药箱"，发挥学生主体作用，引导学生探索本专业需要分析、解决的实际问题，帮助学生体会自我在"健康中国"发展中的价值与意义，增强成为"健康卫士"的信心与为健康守护的使命感、责任感。

思政内容上传至药物分析、药剂学等线上课程和学生公众号，形成输出。

四、 主要特色、 创新点和教学成效

1. 主要特色

（1）符合学生认知特点，体现学生为中心；

（2）从技术领域的理论与实践发展的相互作用入手，引导学生思考；

（3）课程网络资源充足，学生的调研作品均在线上平台保存，提供学生观看、学习和传播，产生思政输出。

2. 创新点

（1）开展 CBL、实践等形式的课程思政的教学改革；

（2）实现线下线上混合式课程思政，形成网络传播的辐射。

3. 教学成效

2019 年，课程组成员所属支部获评教育部全国党建工作样板支部、江苏高校支部"提质增效"观测点、江苏大学先进基层党组织。2020 年，课程组教师荣获江苏大学党建工作典型案例一等奖、江苏大学课程育人示范教学设计优秀奖、江苏大学"微课"教学比赛特等奖、江苏大学重点教材立项项目，"药物分析"获评江苏大学一流课程（重点培育）。课程负责人的工作室被遴选为教育部第二批高校"双带头人"教师党支部书记工作室（已公示）。

"药理学" 课程思政教学示范课程案例

（药学院　徐卫东　李静　高静等）

一、 课程简介与课程思政育人目标

课程简介："药理学"是研究药物与机体相互作用规律及其原理的学科，同时也是药学基础课与医学临床课之间的桥梁课程。

育人目标："课程思政"是"药理学"课程教学的一种尝试，将价值引领与专业课知识有机融合，在突出专业技术技能培养的同时，实现知识传授与价值引领的统一，从而贯彻全员、全过程、全方位育人。

二、 教学内容与教学设计

通过"药理学"的发展简史介绍，列举国内外药理学发展的典型案例，使学生具有时代紧迫感和责任感，增强家国情怀及民族自豪感。

"药理学"主要讲授药物作用机制、药理作用、主要临床应用、严重不良反应和中毒解救原则等药理知识，在讲授中列举相关案例：如青蒿素的发现、阿片受体的发现、麻黄碱的发现等，理解药理学知识的同时，逐步培养学生的民族自信心、爱国主义情怀、正确的法制观念、使命担当和勇于创新的科学精神。

"药理学"是一门实验学科，在实验中讲解实验设计原则、实验操作时，开展实验医学伦理教育，培养学生严谨求实的科研素养，训练学生逻辑思维能力，倡导"敬畏生命、感恩奉献、珍爱生命"的理念和"医者仁心"的职业要求。

三、 教学方法与手段改革

我们在"药理学"中对于思政内容既精于设计，又巧于融通。在授课中积极改变原来"填鸭式"教学，创新授课形式，充分调动学生积极性，达到了良好的授课效果。如设计典型案例提出问题引导学生讨论；引领学生分析课程内容和思想政治教育的关联；小组讨论式教学等。总之，教学设计中充分应用学生喜闻乐见的教学方法展示，通过全方位的教学互动，注重学生知识和思政内容的内化和吸收，增加学生学习兴趣，提高教学效果。"药理学"知识教育和思政教育水乳交融，在"药理学"教学中做到"润物细无声"，从而实现最大化思政教育。

四、 课程思政的主要特色、 创新点和教学成效

"药理学"教学过程中将思想政治教育与专业知识教学内容有机融合。在

教学中充分挖掘授课内容的思政内涵要素，有计划有目的地设计教学内容，通过与教学内容的融合，在课堂教学中注重知识、技能的培养与价值引领的统一，提升了学生的爱国主义情操，提高了职业操守及道德水准。

药理教学组致力于"课程思政"教学探索，得到了学校有关部门的支持和认可，获批"课程思政"课题两项。2020年，"药理学"入选江苏大学课程育人示范教学设计暨教学改革典型案例，这是对"药理学""课程思政"教学成绩的一种肯定和鼓励。我们在今后的教学中将进一步积极探索，期望形成系统化、理论化的可推广的经验。

"制药过程安全与环保"课程思政教学示范课程案例

（药学院　徐秀泉　王明齐　于小凤等）

一、 课程简介与课程思政育人目标

"制药过程安全与环保"是制药工程专业核心课程，目的是让学生了解安全生产及环境保护在制药生产中的重要性，掌握安全生产及环境保护的基本法律、基本理论和技术，培养学生对制药过程中危险因素的判断能力，提高学生分析和解决制药过程中有关安全与环境保护问题的能力。

育人目标1：通过制药"三废"处理、绿色制药技术的学习，使学生树立牢固的环境保护意识，了解蓝天白云保卫战、水污染防治计划等文件政策，践行清洁生产、科学治污和可持续发展理念。

育人目标2：通过制药生产安全技术的学习，理解习近平总书记关于安全与环保的讲话精神，树立"以人为本、安全生产重于泰山"的理念，并能在以后的制药工作中自觉地把制药污染控制及安全生产放在首位，培养制药专业工程师的职业道德和行为规范。

二、 教学内容与教学设计

为达到以上教学目标，团队基于价值引领、能力培养、知识传授"三位一体"的人才培养模式，从安全生产案例分析培养学生的工程伦理道德，提高学生安全素养和实践能力。同时，设立制药风云人物专题，借助名人案例，培养

学生的家国情怀，提升职业素养。特别是将奉献于祖国制药安全生产和环境保护的科学家、实业家的先进事迹有机融入该课程教学内容中，让学生了解、学习他们力学笃行、无私奉献的崇高精神和爱国情操。以绿色化学创新知识的讲授引导学生了解本专业研究的前沿动态，增强学生学习专业从事专业的热情。课程还通过视频的形式将"北京交通大学实验室爆炸事故"等案例呈现在学生面前，让他们直观感受实验室潜藏的危险就在身边，增强他们的安全防范意识，提高对危险源的辨识能力。

三、 教学方法与手段改革

推行"翻转课堂"教学手段，学生以小组形式对该案例进行分析讨论，增强学生对安全生产相关法律、法规和标准的理解。通过小组讨论和成果汇报，以及课下的"寻找生活中的安全隐患"作业培养了学生的自主学习和创新学习的能力。

四、 主要特色、 创新点和教学成效

主要特色、创新点：本课程紧密围绕习近平总书记对安全生产的重要指示，以"生命重于泰山，务必把安全生产摆到重要位置"和"绿水青山就是金山银山的可持续发展观"等重要论述为指导思想，通过教学内容和模式手段改革实施课程思政。

教学成效：通过问卷调查分析，学生对"课程思政"改革的反应积极，易于接受这种渗透式、潜移默化的教育方式，对安全生产信念、生态文明思想、职业素养、科学发展观更易于认同，在专业课程知识和技能学习上的积极性和主动性有了较大程度提高。

"大学足球（选项课）"课程思政教学示范课程案例

（体育部　程一军　解黎明　黄淮雷等）

一、 课程简介与课程思政育人目标

"大学足球（选项课）"是运用足球教育范式促进学生人格发展的课程，

基于立德树人的教育理念，以习近平总书记提出的"享受兴趣、增强体质、完善人格、锤炼意志"为课程思政目标，围绕"学会、勤练、常赛"的教学规范，通过技能传授、竞技比赛、素质强化等模块有效提升学生足球认知、技能水平与身体素质，消除"技能传授与价值塑造分离""改造身体与完善人格剥离""课堂教学与课外活动混淆"的陋习，形成"体格与人格并重、技能与品德同频"的新发展格局，探索提升铸魂育人，促进学生全面发展的"足球"方案。

二、 教学内容与教学设计

教学内容体现为坚持问题导向，直面"痛点"。围绕以体育人，从"教什么"与"如何教"两个向度，通过"微课堂"的思想灌溉、"新体验"的技能提升与"竞技场"的育人浓缩，引导学生在提升运动技能和促进身体素质的进程中完善健康人格，厚植人文情怀，型塑道德修养，凝练价值取向，深化课程思政"落地"，实现"寓价值引导于知识传授和能力培养之中"的内涵式发展。

教学设计遵循"一个逻辑"，探索"两条路径"，营造"三类场景"。即紧紧围绕立德树人的教育共识，遵循体格为基、人格为本的教学理念，创设以教师为主导、学生为主体的教学共同体，构建"探究式教学""沉浸式课堂""优质化讲授"等教学场景，实践以体育人，实现立德树人。

三、 聚焦教学 "堵点"， 创新方法手段

从纠正"考什么就教什么"的应试教学切入，创新教学模式和方法。首先，"微课堂"是本课的亮点之一，通过"讲故事、评现象、论观点"，对学生进行思想灌溉。其次，聚焦"如何教"的策略，创新"五条件传控球""四人两球传控"等体验情境，将足球运动所隐含的德性涵养、智慧成分与思想境界嵌入足球技能教学。第三，运用"小视频"的方式向学生反馈自身技术问题，师生互动更加直观，教学效果明显改善，有效延伸教学"最后一公里"，化解课内外"孤岛"现象。

四、 课程思政主要特色、 创新点及教学成效

对教师而言，强调"身份"转型，即从重视讲解示范的"演员"向创设

体验情境让学生感受足球之道的"导演"转型；对学生而言，旨在通过课堂体验营造的"自愿克服不必要的障碍"中获得某种"延迟满足"；教学中运用"微课堂"对学生进行思想提纯；确立"态度决定一切、过程重于结果、细节决定成败"的教学评价原则等，这些都是课程思政的有益尝试和积极探索。2018年，本课程获校级教学改革示范课（课程思政）。2019年，《教学满意度调查问卷》结果显示：有近90%的学生认可"'大学足球'是'以体育人'的课"。而更多有价值的评价来自于多年后师生重逢时对这门课的回忆。就如同陶行知在《教育的滞后性》中所言："教学效果很难即刻被考证，但会在数年后以某种方式'爆发'。"